Apicius
De re coquinaria

W0094506

Marcus Gavius Apicius

De re coquinaria
Über die Kochkunst

Lateinisch / Deutsch

Herausgegeben,
übersetzt und kommentiert
von Robert Maier

Philipp Reclam jun. Stuttgart

Universal-Bibliothek Nr. 8710
Alle Rechte vorbehalten
© 1991 Philipp Reclam jun. GmbH & Co., Stuttgart
Umschlaggestaltung: Nik Rothfuchs
unter Verwendung eines Mosaiks aus Karthago (2. Jh. n. Chr.),
das einen Kultdiener der Isis zeigt
Gesamtherstellung: Reclam, Ditzingen. Printed in Germany 2000
RECLAM und UNIVERSAL-BIBLIOTHEK sind eingetragene Marken
der Philipp Reclam jun. GmbH & Co., Stuttgart
ISBN 3-15-008710-4

APICII
LIBRI DECEM
QUI DICUNTUR DE RE COQUINARIA
ET
EXCERPTA A VINIDARIO

Die zehn Bücher des
Apicius
über die Kochkunst
und die Auszüge des
Vinidarius

Apicii libri X

INCIP⟨IT⟩ API⟨CI⟩ CAE⟨NA⟩

⟨I. Epimeles. II. Sarcoptes. III. Cepuros. IV. Pandecter. V. Ospreos. VI. Aeropetes.⟩ ⟨V⟩ II. Polyteles voluntaria volatilia. ⟨V⟩ III. Tetrapus quadripedia. ⟨IX⟩. Thalassa mare. ⟨X⟩. Halieus piscatura.

Apicii EPIMELES liber primus:

I. Conditum paradoxum. II. Conditum melizomum. III. Absinthium Romanum. IV. Rosatum et violatium. V. Oleum Liburnicum sic facies. VI. Vinum ex atro candidum facies. VII. De liquamine. VIII. Ut carnes sine sale quovis tempore recentes sint. IX. Callum porcinum vel bubulum et unguellae coctae ut diu durent. X. Ut carnem salsam dulcem facias. XI. Pisces fricti ut diu durent. XII. Ostrea ut diu durent. XIII. Ut uncia laseris toto tempore uti possis. XIV. Ut dulcia de melle diu durent. XV. Ut mel malum bonum facias. XVI. Mel corruptum ut probes. XVII. Uvae ut diu serventur. XVIII. Ut mala et mala granata diu durent. XIX. Ut mala Cydonia diu serventur. XX. Ficum recentem mala pruna pira cerasia ut diu serves. XXI. Citria ut diu durent. XXII. Mora ut diu durent. XXIII. Holera ut diu serventur. XXIV. Rapae ut diu serventur. XXV. Tubera ut

10 Bücher des Apicius

Es beginnt ⟨das Mahl?⟩ des Apicius (?)[1]

⟨ I. Der sparsame Wirtschafter. II. Gehacktes. III. Der Gärtner. IV. Verschiedenes. V. Hülsenfrüchte. VI. Geflügel.⟩
VII. Der Gourmet. VIII. Der Vierfüßler. IX. Das Meer.
X. Die Fischerei.

Erstes Buch des Apicius: Der sparsame Wirtschafter

I. Paradoxer Gewürzwein. II. Gewürzte Honigsuppe.
III. Römischer Absinth. IV. Rosenwein und Veilchenwein.
V. Liburnisches Öl mache folgendermaßen. VI. Aus Rotwein mach Weißwein. VII. Über Liquamen. VIII. Wie
Fleisch ohne Salz zu jeder Zeit frisch ist. IX. Wie sich
Schweine- und Rinderschwarte und gekochte Schweinshaxen
lange halten. X. Wie du Salzfleisch mild machst. XI. Wie
sich gebratene Fische lange halten. XII. Wie sich Austern
lange halten. XIII. Wie du eine Unze (ca. 27,3 g) Laser
unbegrenzt verwenden kannst. XIV. Wie sich Süßigkeiten
mit Honig (= Honigplätzchen) lange halten. XV. Wie du
aus schlechtem Honig guten machst. XVI. Wie du verdorbenen Honig prüfst. XVII. Wie sich Weintrauben lange aufbewahren lassen. XVIII. Wie sich Äpfel und Granatäpfel
lange halten. XIX. Wie sich Quitten lange aufbewahren lassen. XX. Wie du frische Feigen, Äpfel, Pflaumen, Birnen
und Kirschen lange aufbewahren kannst. XXI. Wie sich
Zitronatzitronen[2] lange halten. XXII. Wie sich Maulbeeren (?) lange halten. XXIII. Wie sich Gemüse lange aufbewahren läßt. XXIV. Wie sich Rüben lange aufbewahren

diu serventur. XXVI. Duracina persica ut diu serventur.
XXVII. Sales conditos ad multa. XXVIII. Olivas virides servare ut quovis tempore oleum facias. XXIX. Cuminatum in
ostrea et conchyliis. XXX. Laseratum. XXXI. Oenogarum
in tubera. XXXII. Oxypor[i]um. XXXIII. Hypotrimma.
XXXIV. Oxygarum digestibile. XXXV. Mortaria.

[Expliciunt capitula]

1) Conditum paradoxum: conditi paradoxi compositio: mellis pondo XV in aeneum vas mittuntur, praemissi⟨s⟩ vini
sextariis duobus, ut in cocturam mellis vinum decoquas.
Quod igni lento et aridis lignis calefactum, commotum ferula
dum coquitur, si effervere coeperit, vini rore compescitur,
praeter quod subtracto igni in se redit. Cum perfrixerit, rur-
sus accenditur. Hoc secundo ac tertio fiet, ac tum demum
remotum a foco postridie despumatur. Tum ⟨mittis⟩ piperis
uncias IV iam triti, masticis scripulos III, folii et croci drag-
mas singulas, dactylorum ossibus torridis quinque, isdemque
dactylis vino mollitis, intercedente prius suffusione vini de
suo modo ac numero, ut tritura lenis habeatur. His omnibus
paratis supermittis vini lenis sextarios XVIII. Carbones per-
fecto aderunt [†duo milia†].

2) Conditum melizomum viatorium. Conditum melizomum
perpetuum, quod subministratur per viam peregrinanti: piper

[Ende der Kapitelüberschriften]

1) Paradoxer Gewürzwein: Zubereitung von paradoxem Gewürzwein: 15 Pfund Honig (ca. 4,9 kg) werden zu zwei Sextarien Wein (ca. 1,1 l) in ein ehernes Gefäß gegeben, so daß du den Wein zu einer Honigbrühe einkochst. Dieser wird auf einer kleinen Flamme von trockenem Holz erhitzt und mit einem Schneebesen umgerührt, während er kocht. Wenn er anfängt aufzuschäumen, wird er durch Besprengen mit Wein abgelöscht, außer was in sich zurückgeht, wenn das Feuer nicht mehr einwirkt. Wenn er abgekühlt ist, wird das Feuer wieder angefacht. Das geschieht noch ein zweites und drittes Mal, und dann erst wird er vom Herd genommen und am folgenden Tag abgeschäumt. Dann ⟨gib⟩ 4 Unzen (ca. 110 g) Pfeffer dazu, 3 Skrupel (ca. 3,4 g) gemahlenen Mastix, je eine Drachme (ca. 4,4 g) (Narden- oder Lorbeer-)Blätter und Safran, fünf geröstete Dattelkerne samt der vorher in Wein eingeweichten Datteln, vorher aber gib nach Menge und Anzahl soviel Wein dazu, daß man eine milde Gewürzmischung erhält. Wenn das alles fertig ist, gib 18 Sextarien (ca. 9,9 l) milden Weines dazu. Kohle wird helfen, es zu vollenden [†, während es aufkocht†][3].

2) Gewürzte Honigsuppe für die Reise: lang haltbare gewürzte Honigsuppe, die dem Reisenden auf dem Weg dar-

tritum cum melle despumato in cupellam mittis conditi loco,
et ad momentum quantum sit bibendum, tantum aut mellis
proferas aut vini misceas. Sed si ⟨maius⟩ vas erit, nonnihil
vini melizomo mittas, adiciendum propter mellis exitum so-
lutiorem.

3) Apsinthium Romanum: apsinthium Romanum sic facies:
conditi Camerini praeceptis, utique [pro] apsinthio cessante;
in cuius vicem apsinthi Pontici purgati terendique uncias
⟨singulas et unam⟩ Thebaicam dabis, masticis ⟨et⟩ folii ⟨scri-
pulos⟩ III, costi scripulos senos, croci scripulos III, vini eiusmodi sextarios XVIII. Carbones amaritudo non exigit.

4) ⟨Rosatum et violatium⟩ 1. Rosatum sic facies: folias
rosarum, albo sublato, lino inseris et sutilis facias, et vino
quam plurimas infundes, ut septem diebus in vino sint. Post
septem dies rosam de vino tollis, et alias sutiles recentes similiter mittis, ut per dies septem in vino requiescant, et rosam
eximis. Similiter et tertio facies, et rosam eximis, et vinum
colas, et, cum ad bibendum voles uti, addito melle rosatum
conficies, sane custodito ut rosam a rore siccam et optimam
mittas. Similiter, ut supra, et de ⟨viola⟩ violatium facies, et
eodem modo melle temperabis. 2. Rosatum sine rosa sic
facies: folia citri viridia in sportella palmea in dolium musti
mittes antequam ferveat, et post quadraginta dies exime. Cum
necesse fuerit, mel addes et pro rosato utere.

gereicht wird: Gib gemahlenen Pfeffer mit abgeschäumtem Honig an Stelle von Gewürzwein in einen kleinen Kessel, und wenn etwas getrunken werden soll, nimm soviel Honig heraus oder mische soviel Wein dazu, wie du brauchst. Wenn du aber ein ⟨größeres⟩ Gefäß hast, gib etwas Wein zu der Honigsuppe, damit sich der Honig besser löst.

3) Römischer Absinth[4]: Römischen Absinth mache auf folgende Art und Weise: nach den Rezepten für Camerinischen Gewürzwein, jedenfalls, wenn der Wermut ausgegangen ist; an Stelle von diesem gib ⟨je eine⟩ Unze (ca. 27,3 g) gereinigten und gemahlenen Pontischen Absinth (Wermut) ⟨sowie eine⟩ thebaische Dattel dazu, 3 ⟨Skrupel⟩ (ca. 3,4 g) Mastixblätter (oder Mastix und Blätter?)[5], 6 Skrupel Kostwurz (ca. 6,8 g), 3 Skrupel Safran (ca. 3,4 g), und 18 Sextarien alten Wein[6] (ca. 9,9 l). Kohlen verlangt die Bitterkeit nicht.

4) ⟨Rosen- und Veilchenwein⟩[7]: 1. Rosenwein bereite auf folgende Art: Reihe Rosenblätter, nachdem du das Weiße abgemacht hast, auf einen Faden und binde sie zusammen, und gib so viele wie möglich zum Wein, so daß sie sieben Tage lang im Wein sind. Nimm die Rosenblätter nach sieben Tagen aus dem Wein heraus und gib andere frische zusammengebundene genauso dazu, damit sie sieben Tage lang im Wein ruhen, und nimm dann die Rosenblätter wieder heraus und seihe den Wein durch und mache den Rosenwein, wenn du ihn zum Trinken benutzen willst, unter Zugabe von Honig fertig. Achte genau darauf, daß du völlig trockene und sehr gute Rosen dazugibst. Ähnlich wie oben mache auch mit Veilchen Veilchenwein, und schmecke ihn auf dieselbe Art mit Honig ab. 2. Rosenwein ohne Rosen mache folgendermaßen: Gib Blätter vom Zitronenbaum in einem Körbchen aus Palmbast in ein Faß Most, bevor er vergärt, und nimm sie nach vierzig Tagen heraus. Wenn es nötig ist, gib Honig dazu und verwende ihn statt Rosenwein.

5) Oleum Liburnicum sic facies: in oleo Spano mittes helenium et cyperi et folia lauri non vetusta, tunsa omnia et cribellata, ad levissimum pulverem redacta, et sales frictos et tritos, et per triduum vel plus promisce diligenter. Post haec aliquanto tempore patere requiescere, et Liburnicum omnes putabunt.

6) Vinum ex atro candidum facies: lomentum ex faba factum vel ovorum tritum alborem in lagonam mittis et diutissime agitas; alia die erit candidum. Et cineres vitis albae idem faciunt.

7) De liquamine emendando: liquamen si odorem malum fecerit, vas inane inversum fumiga lauro et cupresso, et in hoc liquamen infunde ante ventilatum. Si salsum fuerit, mellis sextarium mittis et moves, picas, et emendasti, sed et mustum recens idem praestat.

8) Ut carnes sine sale quovis tempore recentes sint: carnes recentes quales volueris melle tegantur, sed vas pendeat, et, quando volueris, utere. Hoc hieme melius fit, aestate paucis diebus dura⟨b⟩it. Et in carne cocta itidem facies.

9) Callum porcinum vel bubulum et unguellae coctae ut diu durent: in sinapi ex aceto, sale, melle facta mittis ut tegantur, et quando volueris, utere: miraberis.

10) Ut carnem salsam dulcem facias: carnem salsam dulcem facies, si prius in lacte coquas et postea in aqua[m].

5) Liburnisches Öl bereite folgendermaßen: Gib zu spanischem Öl Gamander (?), Zyperngras und nicht zu alte Lorbeerblätter, alles zerstoßen, durchgesiebt und staubfein gemahlen, und zerriebenes und gemahlenes Salz, und mische es in einem Zeitraum von drei Tagen oder mehr sorgfältig durch. Danach laß es eine Zeitlang ruhen, und alle werden es für Liburnisches Öl halten.

6) Aus Rotwein mach Weißwein: Gib Paste aus Bohnenmehl oder drei Eiweiß in die Flasche und schüttle sehr lange. Am nächsten Tag wird er weiß sein. Asche von weißem Rebenholz macht dasselbe.

7) Wie man Liquamen verbessert: Wenn Liquamen einen schlechten Geruch bekommen hat, räuchere ein leeres Gefäß von unten mit Lorbeer- und Zypressenholz aus und gieße das vorher gelüftete Liquamen hinein. Wenn es gesalzen ist, gib einen Sextar (ca. 0,55 l) Honig dazu, rühre es um, verpiche es[8], und du hast es verbessert. Aber auch frischer Most zeigt dasselbe.

8) Wie Fleisch ohne Salz zu jeder Zeit frisch ist: Die frischen Fleischstücke, was für welche du auch möchtest, sollen mit Honig bedeckt werden, aber das Gefäß soll aufgehängt sein. Verwende sie dann, wann du willst. Das geschieht besser im Winter, im Sommer hält es sich nur wenige Tage. Dasselbe mache auch bei gekochtem Fleisch.

9) Wie sich Schweine- und Rinderschwarte und gekochte Schweinshaxen lange halten: Gib sie in Senf, der mit Essig, Salz und Honig zubereitet ist, so daß sie bedeckt sind, und verwende sie, wann du willst: du wirst erstaunt sein.

10) Wie du Salzfleisch mild machst: Salzfleisch kannst du mild machen, wenn du es zuerst in Milch und danach in Wasser kochst.

11) Ut pisces fricti diu durent: eodem momento, quo friguntur et levantur, ab aceto calido perfunduntur.

12) Ostrea ut diu durent: vas ab aceto, aut ex aceto vasculum
picitum lavas, et ostrea compone.

13) Ut unciam laseris toto tempore utaris: laser in spatiosum
doliolum vitreum mittis et nucleos pineos ut puta viginti,
cumque utendum fuerit lasere, nucleos conteres, et in cibis
miraberis sapores; et tantum numero nucleorum doliolo re-
serentur.

14) Ut dulcia ⟨de⟩ melle diu durent: accipies quod Graeci
dicunt cnecon et facies farinam et admisces cum melle e⟨o⟩
tempore quo dulcia facturus es.

15) Ut mel malum bonum facias: mel malum bonum facies ad
vendendum, unam partem mali et duas boni si simul mis-
cueris.

16) Mel corruptum ut probes: helenium infundes in melle et
incende: si incorruptum est, lucet.

17) Uvae ut diu serventur: accipies uvas de vite inlaesas, et
aquam pluvialem ad tertias dequoques, et mittis in vas, in quo
et uvas mittis. Vas picari et gypsari facies, et in locum frigidum, ubi sol[i] accessum non habet, reponi facies, et, quando
volueris, uvas virides invenies. Et ipsam aquam pro hydromeli aegris dabis. Et si in hordeo obruas, inlaesas invenies.

11) Wie sich gebratene Fische lange halten: Zur selben Zeit, wenn sie gebraten und aus dem Topf genommen werden, werden sie mit heißem Essig übergossen.

12) Wie sich Austern lange halten: Wasche sie mit Essig oder wasche mit Essig ein verpichtes (mit Pech abgedichtetes) Gefäß aus und mache die Austern darin ein.

13) Wie du eine Unze Laser unbegrenzt verwenden kannst: Gib das Laser in ein geräumiges Einmachglas und dazu ungefähr zwanzig Pinienkerne; wenn das Laser verwendet werden soll, mahle die Kerne und du wirst den Geschmack in den Speisen bewundern. Eine entsprechende Menge an Kernen muß dann wieder in das Glas getan werden.

14) Wie sich Honigplätzchen lange halten: Nimm das, was die Griechen Cnecos (Saflor) nennen, mahle es zu Mehl und mische es mit Honig dann, wenn du Honigplätzchen machen willst.

15) Wie du schlechten Honig zu gutem machen kannst: Aus schlechtem Honig kannst du guten zum Verkaufen[9] machen, wenn du einen Teil schlechten Honig mit zwei Teilen gutem mischst.

16) Wie du verdorbenen Honig prüfen kannst: Gib Gamander[10] zum Honig und zünde ihn an: wenn er unverdorben ist, leuchtet er.

17) Wie sich Weintrauben lange aufbewahren lassen: Nimm unverletzte Weintrauben, koche Regenwasser auf ein Drittel ein und gib es in ein Gefäß, in das du auch die Trauben gibst. Verpiche und vergipse das Gefäß und stelle es an einen kühlen Ort, wo die Sonne nicht hinkommt, und du wirst, wann du willst, grüne Trauben finden. Das Wasser selbst kannst du statt Honigmet den Kranken geben. Auch wenn du sie in Gerste vergräbst, wirst du sie unbeschädigt finden.

18) Ut mala et granata diu durent: in calidam ferventem merge, et statim leva et suspende.

19) Ut mala Cydonia diu serventur: eligis mala sine vitio cum ramulis et foliis, et condes in vas, et suffundes mel et defritum et diu servabis.

20) Ficum recentem, mala, pruna, pira, cerasia ut diu serves: omnia cum peciolis diligenter legito et in melle ponito, ne se contingant.

21) Citria ut diu durent: in vas citrium mitte, gypsa et suspende.

22) Mora ut diu durent: ex moris sucum facito, et cum sapa misce, et in vitrio vaso cum mora mitte: custodies multo tempore.

23) Holera ut diu serventur: holera electa non satis matura in vas picitum repone.

24) Rapae ut diu serventur: 1. Ante accuratas et compositas per⟨fun⟩des myrtae bacis cum melle et aceto. 2. Aliter: sinapi tempera melle, aceto, sale, et super compositas rapas infundes.

25) Tubera ut diu serventur: tubera, quae aquae non vexaverint, componis in vas alternis, alternis scobem siccam mittis, ⟨coope⟩ris et gypsas, et loco frigido pones.

18) Wie sich Äpfel und Granatäpfel lange halten: Tauche sie in kochendes Wasser, nimm sie gleich wieder heraus und hänge sie auf.

19) Wie sich Quitten lange aufbewahren lassen: Suche Quitten ohne Fehler mit Zweigen und Blättern aus und gib sie in ein Gefäß und gieße Honig und Defritum darüber. Du wirst sie lange aufbewahren können.

20) Wie du frische Feigen, Äpfel, Pflaumen, Birnen und Kirschen lange aufbewahren kannst: Lies alle zusammen mit den Stielen sorgfältig aus und lege sie in Honig ein, ohne daß sie sich berühren.

21) Wie sich Zitronatzitronen[11] lange halten: Gib sie in ein Glasgefäß, vergipse es und hänge es auf.

22) Wie sich Maulbeeren lange halten: Mache Saft aus Maulbeeren, mische ihn mit Sapa, und gib ihn zusammen mit den Maulbeeren in ein Glasgefäß: du wirst sie lange Zeit aufbewahren können.

23) Wie sich Gemüse lange aufheben läßt: Lege ausgesuchtes, nicht ganz reifes Gemüse in ein mit Pech abgedichtetes Gefäß.

24) Wie sich Rüben lange aufbewahren lassen: 1. Schütte über die vorher sorgfältig gereinigten und zurechtgelegten Rüben Myrtenbeeren mit Honig und Essig. 2. Auf andere Art: Schmecke Senf mit Honig, Essig und Salz ab und gieße ihn über die zurechtgelegten Rüben.

25) Wie sich Trüffel lange aufbewahren lassen: Lege in ein Gefäß abwechselnd je eine Schicht Trüffeln, die kein Wasser berührt hat, und eine Schicht trockene Sägespäne, verschließe und vergipse es und stelle es an einen kühlen Ort.

26) Duracina Persica ut diu durent: eligito optima, et mitte in
muriam. Postera die exime, et i⟨n⟩sfongiabis diligenter, et
collocabis in vas. Fundes salem, acetum, satureiam.

27) Sales conditos ad multa: sales conditi ad digestionem, ad
ventrem movendum, et omnes morbos et pestilentiam et
omnia frigora prohibent generari, sunt autem et suavissimi
ultra quam speras. Sales communes frictos lib. I, sales ammo-
nicos frictos lib. II, piperis albi unc. III, gingiber unc. II,
ammeos unc. I semis, timi unc. I semis, apii seminis unc. I
semis (si apii semen mittere nolueris, petroselini mittis unc.
III), origani unc. III, erucae semen unc. I semis, piperis nigri
unc. III, croci unc. I, hysopi Cretici unc. II, folium unc. II,
petrosilenum unc. II, anethi unc. II.

28) Olivas virides servare ut quovis tempore oleum facias:
olivas de arbore sublatas in illud mittis, et erunt tales quovis
tempore quasi mox de arbore redemptae. De quibus, si volueris, oleum viridem facies.

29) Cuminatum in ostrea et conchylia: 1. Piper, ligusticum, petroselinum, mentam siccam, folium, malabathrum,
cuminum plusculum, mel acetum et liquamen. 2. Aliter:
piper, ligusticum, petroselinum, mentam siccam, cuminum
plusculum, mel, acetum liquamen.

30) Laseratum: 1. Laser Cyrenaicum vel Particum tepida dissolvis cum aceto, liquamine temperatum, vel piper, petroselinum, mentam siccam, laseris radicem, mel, acetum, liqua-

26) Wie sich Nektarinen lange halten: Suche die besten aus und gib sie in Salzlake. Am folgenden Tag nimm sie heraus, wische sie sorgfältig mit einem Schwamm ab, und lege sie in ein Gefäß. Gieße Salz, Essig und Saturei darüber.

27) Gewürzsalze für viele Dinge: Gewürzsalze zur Verdauung und um den Magen anzuregen, verhindern das Entstehen aller Krankheiten, Seuchen und aller Erkältungen, sie sind aber auch sehr süß, mehr als du hoffst. 1 Pfund (ca. 327,5 g) normales gemahlenes Salz, 2 Pfund (ca. 655 g) Pökelsalz (?)[12], 3 Unzen (ca. 82 g) weißen Pfeffer, 2 Unzen (ca. 55 g) Ingwer, 1½ Unzen (ca. 41 g) Ammei, 1½ Unzen Thymian, 1½ Unzen Selleriesamen (wenn du keinen Selleriesamen dazugeben willst, gib 3 Unzen Petersilie dazu), 3 Unzen Oregano, 1½ Unzen Samen von wilder Rauke, 3 Unzen schwarzen Pfeffer, 1 Unze (ca. 27,3 g) Safran, 2 Unzen Kretischen Ysop, 2 Unzen Gewürzblätter (Lorbeerblätter ?)[13], 2 Unzen Petersilie und 2 Unzen Dill.

28) Aufbewahren von grünen Oliven, damit du zu jeder Zeit Öl machen kannst: Gib die vom Baum abgepflückten Oliven in dieses[14], und sie werden zu jeder Zeit so sein, als ob sie gerade geerntet worden wären. Aus diesen mache, wann du willst, grünes Öl.

29) Kümmelsauce für Austern und ⟨andere⟩ Schalentiere: 1. Pfeffer, Liebstöckel, Petersilie, getrocknete Minze, Gewürzblätter, Mutterzimt (?), etwas mehr Kümmel, Honig, Essig und Liquamen. 2. Auf andere Art: Pfeffer, Liebstöckel, Petersilie, getrocknete Minze, etwas mehr Kümmel, Honig, Essig und Liquamen.

30) Lasersauce: 1. Löse cyrenäisches oder parthisches Laser[15] in lauwarmen Wasser und schmecke es mit Essig und Liquamen ab, oder: Pfeffer, Petersilie, getrocknete Minze, Laserwurzel, Honig, Essig und Liquamen. 2. Auf andere Art:

men. 2. Aliter: piper, careum, anethum, petroselinum, mentam siccam, silfi, folium, malabathrum, spicam Indicam, costum modicum, mel, acetum, liquamen.

31) Oenogarum in tubera: 1. Piper, ligusticum, coriandrum, rutam, liquamen, mel et oleum modice. 2. Aliter: thymum, satureiam, piper, ligusticum, mel, liquamen et oleum.

32) Oxypor⟨i⟩um: cumini unc. II, zingiberis unc. I, rutae viridis unc. I, nitri scripulos VI, dactylorum pinguium scripulos XII, piperis unc. I, mellis unc. IX, cuminum vel Aethiopicum aut Syriacum aut Libycum aceto infundes, sicca et sic tundes. Postea melle comprehendis. Cum necesse fuerit, oxygaro uteris.

33) ⟨H⟩ypotrim⟨m⟩a: piper, ligusticum, mentam aridam, nucleos pineos, uvam passam, caryotam, caseum dulcem, mel, acetum, liquamen, oleum, vinum, defritum aut cariotam.

34) Oxygarum digestibilem: 1. Piperis semunciam, silfi Gallici scripulos III, cardamomi scripulos VI, cumini scripulos VI, folii [i]scripulum I, menta sicca scripulos VI tunsa cribrataque melle colligis. Cum opus fuerit, liquamen et acetum addis. 2. Aliter: piperis unc. I, petroselini, carei, ligustici unc. singulas. Melle colliguntur, cum opus fuerit, liquamen et acetum addes.

35) Mortaria: mentam, rutam, coriandrum, feniculum, omnia viridia, ligusticum, piper, mel, liquamen. Si opus fuerit, acetum addes.

Pfeffer, Feldkümmel, Dill, Petersilie, getrocknete Minze, Silphium, Gewürzblätter, Mutterzimt (?), Nardenspitzen (?),
etwas Kostwurz, Honig, Essig und Liquamen.

31) Oenogarum für Trüffel: 1. Pfeffer, Liebstöckel, Koriander, Raute, Liquamen, Honig und etwas Öl. 2. Auf andere
Art: Thymian, Saturei, Pfeffer, Liebstöckel, Honig, Liquamen und Öl.

32) Eine scharfe Sauce[16]: 2 Unzen (ca. 55 g) Kümmel, 1 Unze
(ca. 27,3 g) Ingwer, 1 Unze grüne Raute, 6 Skrupel (ca. 6,8 g)
Soda, 12 Skrupel (ca. 13,6 g) dicke Datteln, 1 Unze Pfeffer,
9 Unzen (ca. 245 g) Honig. Gib Äthiopischen, Syrischen oder
Libyschen Kümmel in Essig, lasse ihn trocknen und zerreibe
ihn. Danach tue ihn mit dem Honig zusammen. Wenn es
nötig ist, nimm Oxygarum.

33) Hypotrimma (eine scharfe Kräutersauce): Pfeffer, Liebstöckel, trockene Minze, Pinienkerne, Rosinen, Datteln,
milden Käse, Honig, Essig, Liquamen, Öl, Wein, Defritum
oder Dattelsirup (?)[17]

34) Oxygarum, das die Verdauung fördert: 1. Eine halbe
Unze (ca. 13,6 g) Pfeffer, 3 Skrupel (ca. 3,4 g) gallischen Sil-
phiums (oder Sesels ?)[18], 6 Skrupel (ca. 6,8 g) Cardamom,
6 Skrupel Kümmel, 1 Skrupel (ca. 1,14 g) Gewürzblätter,
6 Skrupel getrocknete Minze. Das alles zerreibe und siebe es
durch und binde es mit Honig. Wenn es nötig ist, gib Liquamen und Essig dazu. 2. Auf andere Art: 1 Unze (ca. 27,3 g)
Pfeffer und je eine Unze Petersilie, Feldkümmel, und Liebstöckel werden mit Honig gebunden. Wenn es nötig ist, gib
Liquamen und Essig dazu.

35) Zutaten zum Mörsergewürz: Minze, Raute, Koriander,
Fenchel, dies alles frisch, und außerdem Liebstöckel, Pfeffer,
Honig und Liquamen. Wenn nötig, gib Essig dazu.

Liber II: Sarcoptes

I. Isicia. II. Hidrogarum et apotermum et amulatum.
III. Vulvulae, botelli. IV. Lucanicae. V. Farcimina.

1) Isicia: 1. Isicia fiunt marina de cammaris et astacis, de lolligine, de sepia, de lucusta. Isicium condies pipere, ligustico,
cumino, laseris radice. 2. Esicium de lolligine: sublatis crini-
bus in fulmento tundes, sicuti adsolet. Pulpa et in mortario et
in liquamine diligenter fricatur, et exinde isicia plassantur.
3. Isicia de [i]scillis vel de cammaris amplis: cammari vel
[i]scillae de testa sua eximuntur, et in mortario teruntur
cum pipere et liquamine optimo. Pulpae isicia plassantur.
4. Omentata ita fiunt: assas iecur porcinum et eum enervas.
Ante tamen teres piper, rutam, liquamen, et sic superinmittis
iecur et teres et misces. Sicut pulpa omentata, et singula involvuntur folia lauri, et ad fumum suspenduntur quamdiu voles.
Cum manducare volueris, tolles de fumum et denuo assas.
5. Et sicium (?): adicies in mortarium piper, ligusticum, origanum, fricabis, suffundes liquamen, adicies cerebella cocta,
teres diligenter, ne astulas habeat. Adicies ova quinque et
dissolves diligenter, ut unum corpus efficias. Liquamine temperas et in patella aenea exinanies, coques. Cum coctum fuerit, versas in tabula munda, tessellas concides. Adicies in mortarium piper, ligusticum, origanum, fricabis in se, commisces
in caccabum, facies ut ferveat. Cum ferverit, tractu⟨m⟩ confringes, obligas, coagitabis, et exinanies in boletari. Piper

2. Buch: Gehacktes

I. Frikadellen. II. Mit Hydrogarum, Apothermum und Amulum (Stärkemehl). III. Fleischwürste. IV. Lukanische Würstchen. V. Würste.

1) Frikadellen: 1. Frikadellen von Seetieren macht man aus Hummer, aus Tintenfisch und aus Langusten. Würze das Gehackte mit Pfeffer, Liebstöckel, Kümmel und Laserwurzel. 2. Frikadellen von Tintenfisch: Zerhacke ihn, nachdem du die Fangarme abgeschnitten hast, auf einem Hackklotz, wie man es gewöhnlich macht. Das Fleisch wird dann im Mörser sorgfältig in Liquamen zerrieben und daraus werden die Frikadellen geformt. 3. Frikadellen aus Riesengarnelen (?)[19] oder großen Hummern: Die Hummer oder Riesengarnelen werden von ihrer Schale befreit und im Mörser mit Pfeffer und bestem Liquamen zerstoßen. Aus dem Fleisch werden die Frikadellen geformt. 4. Wurst von Gehacktem macht man so: Brate Schweineleber und entferne die Sehnen. Vorher aber mahle Pfeffer, Raute und Liquamen und gib dann die Leber dazu, zerstampfe und mische es, wie Fleisch in Fettnetz[20], und es werden einzelne Lorbeerblätter mit hineingewickelt (?)[21] und sie dann in den Rauch gehängt, solange du willst. Wenn du sie verspeisen willst, nimm sie aus dem Rauch und brate sie abermals. 5. Frikadellen auf andere Art: Gib in einen Mörser Pfeffer, Liebstöckel, Oregano, zerreibe es, gieße Liquamen dazu, gib gekochtes Hirn dazu und zerstampfe es gründlich, damit es keine Klümpchen bildet. Gib fünf Eier dazu und verrühre sie sorgfältig, um eine glatte Masse zu machen. Schmecke mit Liquamen ab, kippe es in eine Bronzeschüssel und koche es. Wenn es gar ist, stürze es auf eine saubere Platte, schneide Würfelchen, gib in einen Mörser Pfeffer, Liebstöckel und Oregano, zerstoße es untereinander, mische es im Topf dazu und laß es aufkochen. Wenn es aufgekocht ist, mache Teigkrümel, binde es damit

asparges et appones. 6. Isicia ex sfondilis: elixatos sfondilos contere, et nervos eorum eximes, deinde cum eis alicam elixatam, ova conteres, pipere. In omento assabis, oenogaro profundes, et pro isiciis inferes. 7. Isicia omentata: pulpam concisam teres cum medulla siligine⟨i⟩ in vino infusi. Piper, liquamen, si velis, et bacam mirteam extenteratam simul conteres. Pusilla isicia formabis, intus nucleis et pipere positis. Involuta omento subassabis cum caroeno.

2) Hidrogarum et apotermum et amulatum: 1. Isicia plena: accipies adipes fasiani recentes, praeduras et facis ex eo tessellas, cum pipere, liquamine, caroeno in isicio includes, et hydrogaro coques et inferes. 2. Hydrogarata isicia sic facies: teres piper, ligusticum, pyrethrum minimum, suffundes liquamen, temperas aqua[m] cisternina[m], dum inducet, exinanies in caccabo, et tum isicia ad vaporem ignis pones, et caleat, et sic sorbendum inferes. 3. In isiciato pullo: olei floris lib. I, liquaminis quartarium, piperis semuncia. 4. Aliter de pullo: piperis grana XXXI conteres, mittis liquaminis optimi calicem, caroeni tantundem, aquae undecim mittis, et ad vaporem ignis pones. 5. Isicium simplex: ad unum liquaminis acetabulum aquae septem mittes, modicum apii viridis, triti piperis cocleare. Isiciola inquoques, et sic ad ventrem solvendum dabis. Hydrogaro f⟨a⟩eces conditi addes. 6. Isicia de pavo primum locum habent, ita si fricta fuerint, ut callum

und kippe es in eine Schüssel. Streue Pfeffer darauf und serviere. 6. Frikadellen aus Lazarusklappen (Muschelart): Zerstoße gekochte Muscheln und entferne die Sehnen, dann stampfe damit zusammen gekochte Grütze, Eier und Pfeffer. Grille sie in einer Fettnetz, begieße sie mit Oenogarum und trage sie als Frikadellen auf. 7. Frikadellen in Fettnetz: Zerstoße Hackfleisch mit in Wein eingeweichtem Weißbrot ohne Kruste[22]. Zerstoße damit zugleich Pfeffer, Liquamen und, wenn du möchtest, auch entkernte Myrtenbeeren. Forme kleine Frikadellen, in die du ⟨Pinien⟩kerne und Pfefferkörner hineinsteckst. Hülle es in Fettnetz und grille es leicht mit Caroenum.

2) Mit Hydrogarum, Apothermum und Amulum (Stärkemehl): 1. Gefüllte Frikadellen: Nimm frische Schmalzstücke vom Fasan, trockne sie und mache daraus Würfelchen, schließe sie mit Pfeffer, Liquamen und Caroenum in den Frikadellen ein, koche in Hydrogarum (Liquamen mit Wasser) und trage auf. 2. Frikadellen mit Hydrogarum mache folgendermaßen: Mahle Pfeffer, Liebstöckel und Bertram sehr fein und gieße Liquamen dazu, mildere es mit Regenwasser, solange es einzieht, schütte es in einen Topf und lege die Frikadellen dann in die Hitze über das Feuer, und es soll dort garen, und trage es so als Suppe auf. 3. Für ein mit Fleischbällchen gefülltes Hühnchen: 1 Pfund (ca. 327,5 g) Jungfernöl, ein Quartarius (ca. 0,137 l) Liquamen, ½ Unze Pfeffer. 4. Hühnchen anders: Zerstoße 31 Pfefferkörner, gib ein Glas bestes Liquamen dazu, ebensoviel Caroenum, gib elf Gläser (ca. 1,5 l) Wasser dazu und stelle es in die Hitze des Feuers[23]. 5. Einfache Frikadellen: Zu einer Saucière Liquamen (ca. 0,07 l) gib sieben (ca. 0,48 l) mit Wasser, etwas grünen Sellerie, einen Eßlöffel gemahlenen Pfeffer. Koche darin kleine Frikadellen und serviere sie so gegen Verdauungsstörungen. Gib zu diesem Hydrogarum Hefe (Bodensatz) von Würzwein (?)[24]. 6. Frikadellen vom Pfau halten den ersten Platz, wenn sie so gebraten werden, daß sie die Zähigkeit verlieren.

vincant. Item secundum locum habent de fasianis, item tertium locum habent de cuniculis, item quartum locum habent de pullis, item quintum locum habent de porcello tenero. 7. Isicia ⟨a⟩mul⟨a⟩ta ab aheno sic facies: teres piper, ligusticum, origanum, modicum silfi, zingiber minimum, mellis modicum, liquamine temperabis, misces, adicies super isicia, facies ut ferveat. Cum bene bolluerit, amulo obligas spisso, et sorbendum feres. 8. Amul⟨at⟩um aliter: piper teres pridie infusum, cui subinde liquamen suffundes ita, ut bene tritum ac lutulentum facies piperatum. Cui defritum admisces, quod fit de coctomiis, quod sole torrente in mellis substantiam cogitur. Quid si non fuerit, vel caunearum defritum mittes, quod Romani "colorem" vocant, ac deinceps amulum infusum adicies vel orizae sucum et lento igni fervere facias. 9. Amulatum aliter: ossucla de pullis exbromas. Deinde mittis in caccabum porros, anethum, salem, cum cocta fuerit, addes piper, apii semen, deinde oridiam (= oryzam) infusam teres, addes liquamen et passum vel defritum, omnia misces et cum isiciis inferes. 10. Apotermu⟨m⟩ sic facies: alicam elixam, nucleis et amindalis (= amygdalis) depilatis et in aqua infusis et lotis ex creta argentaria, ut ad candorem pariter perducantur, cum iamiam miscebis uvam passam, caroenum vel passum, desuper confractum asparges, ⟨et⟩ in boletari inferes.

3) Vulvulae, botelli: 1. Vulvulae esiciata⟨e⟩, et sic fiunt: piper tritum et cuminum, capita porrorum brevia duo ad molle purgata, rutam, liquamen admiscetur pulpae bene tunsae et fricatae. Denuo [denuo] ipso subtrito ita ut commisceri pos-

Ebenso halten den zweiten Platz die von Fasanen, ebenso
halten den dritten Platz die von Kaninchen, ebenso halten den
vierten Platz die von Hühnern und den fünften Platz die von
zartem Spanferkel. 7. Frikadellen mit Stärkemehl aus dem
Kessel mache folgendermaßen: Mahle Pfeffer, Liebstöckel,
Oregano, ein wenig Silphium, sehr wenig Ingwer, ein wenig
Honig. Schmecke mit Liquamen ab und mische es. Gib es
über die Frikadellen und laß es kochen. Wenn es gut aufgekocht ist, binde es mit viel Stärkemehl und serviere es als
Eintopf. 8. Mit Stärkemehl auf andere Art: Mahle über Nacht
eingeweichten Pfeffer, zu dem du dann Liquamen dazugießt,
so daß du eine sehr feine und dunkle Pfeffersauce machst.
Dazu mische Defritum, das aus Feigen gemacht wird und in
der brennenden Sonne zu der Konsistenz von Honig eingedickt wird. Wenn es das nicht gibt, kannst du auch Defritum
aus kaunischen Feigen dazugeben, das die Römer Color
(= dunkle Farbe) nennen, und darauf gib eingeweichtes Stärkemehl oder angerührtes Reismehl dazu und laß es auf kleiner
Flamme kochen. 9. Mit Stärkemehl auf andere Art: Weiche
Hühnerknochen ein (vielleicht: Koche Hühnerknochen aus).
Dann gib Lauchstangen, Dill und Salz in den Topf. Wenn es
gargekocht ist, gib Pfeffer und Selleriesamen dazu, und dann
zerstoße eingeweichten Reis, füge Liquamen und Passum
oder Defritum hinzu, mische alles und trage es mit den Frikadellen auf. 10. Apothermum bereite folgendermaßen: Mische
gekochte Grütze mit geschälten, in Wasser eingeweichten
und, damit sie gleichmäßig weiß werden, mit Kreide zum
Silberputzen gewaschenen Nüssen und Mandeln, schließlich
mit Rosinen, Caroenum oder Passum, außerdem streue Brösel darüber und trage in einer Schüssel (boletar) auf.

3) Fleischwürste: 1. Gefüllte Wursthaut, und so wird sie
gemacht: Gemahlener Pfeffer und Kümmel, zwei kurze
Lauchstangen, die bis zum Weichen geputzt sind, Raute und
Liquamen werden zu fein geschnittenem und gemahlenem
Fleisch gemischt. Nachdem dieses immer wieder fein gemah-

sit, mittas piperis grana et nuclei, et calcabis in materia bene
lota. Et sic coquuntur ex aqua, oleo, liquamine, fasciculo
porrorum et anetho. 2. Botellum sic facies: ex ovi vitellis coctis, nucleis pineis concisis, cepam, porrum concisum, tus crudum misces, piper minutum, et sic intestinum fa⟨r⟩cies. Adicies liquamen et vinum, et sic coques.

4) Lucanicae: Lucanicas similiter ut supra scriptum est:
[Lucanicarum confectio] teritur piper, cominum, satureia,
ruta, petroselinum, condimentum, bacae lauri, liquamen, et
admiscetur pulpa bene tunsa, ita ut denuo bene cum ipso
subtrito fricetur. Cum liquamine admixto, pipere integro et
abundanti pinguedine et nucleis inicies in intestinum perquam tenuatim perductum, et sic ad fumum suspenditur.

5) Farcimina: 1. Ova et cerebella teres, nucleos pineos, piper,
liquamen, laser modicum, et his intestinum implebis. Elixas,
postea assas et inferes. 2. Aliter: coctam alicam et trita cum
pulpa concisa et trita⟨m⟩ una cum piper⟨e⟩ et liquamine et
nucleis. Farcies intestinum et elixabis, deinde cum sale assabis
et cum sinapi inferes, vel sic concisum in disco. 3. Aliter:
alicam purgas et cum liquamine intestini et albamine porri
concisi minutatim simul elixas. Elixato tolles, pinguedinem
concides et copadia pulpae, in se omnia commisces. Teres
piper, ligusticum, ova tria, haec omnia in mortario permisces
cum nucleis et pipere integro. Liquamen suffundes, intestina
imples, elixas et subassas, vel elixa[m] tantum appones.

len worden ist[25], so daß es sich vermischen läßt, gib Pfefferkörner und Pinienkerne dazu und stopfe es in eine gut gewaschene Wursthaut (?)[26]. Und so werden sie in Wasser mit Öl,
Liquamen, einem Büschel Lauch und Dill gekocht. 2. Würstchen mache auf folgende Art: aus gekochten Eidottern, gehackten Pinienkernen, mische Zwiebel, geschnittenen Lauch
und rohes Weihrauchharz (?)[27] und zerkleinerte Pfefferkörner damit und stopfe so die Wursthaut. Gib Liquamen und
Wein dazu und koche sie so.

4) Lukanische Würstchen: Lukanische Würstchen, ähnlich
wie es oben geschrieben steht: [Zubereitung von lukanischen
Würstchen] Man mahlt Pfeffer, Kümmel, Saturei, Raute,
Petersilie, Gewürzkraut, Lorbeeren, Liquamen, und es wird
feingeschnittenes Fleisch dazugemischt, so daß es wieder
damit zusammen gemahlen und zerrieben wird. Zusammen
mit dazugemischtem Liquamen, ganzen Pfefferkörnern und
reichlich Fett und Pinienkernen fülle es in die Wursthaut, die
überaus dünn gezogen sein soll, und so wird es zum Räuchern
aufgehängt.

5) Würste: 1. Stampfe Eier und Hirnchen, Pinienkerne, Pfeffer, Liquamen, ein wenig Laser, und damit fülle die Wursthaut. Koche sie in Wasser, danach grille sie und trage auf.
2. Auf andere Art: gekochte Grütze gestampft mit gehacktem
Fleisch und mit Pfeffer und Liquamen und Pinienkernen.
Stopfe damit die Wursthaut und koche sie, dann grille sie mit
Salz und trage sie mit Senf auf, oder einfach so geschnitten auf
einer Platte. 3. Auf andere Art: Reinige die Grütze und koche
sie zusammen mit Liquamen aus Eingeweiden[28] und dem
weißen Teil von gehacktem Lauch. Wenn es gar ist, nimm es
heraus, schneide Fett und Fleischstücke klein, vermische
alles, mahle Pfeffer, Liebstöckel, drei Eier, das alles mische
im Mörser mit Pinienkernen und ganzen Pfefferkörnern
zusammen. Gieße Liquamen dazu, fülle die Wursthaut,
koche und grille sie, oder serviere sie nur gekocht. 4. Knack-

4. Aliter circellos isiciatos: reples intestinum inpensam isicii et circellum facies rotundum, fumas. Cum miniaverit, subassas, exornas, oenogaro fasiani profundes, sed cuminum addes.

würstchen auf andere Art: Fülle die Wurst mit einer Füllung aus Fleischbällchen und mache das Knackwürstchen rund. Räuchere es. Wenn es rot geworden ist, grille es leicht, richte es an, begieße es mit Oenogarum wie für Fasan (?)[29], aber gib Kümmel dazu.

Liber III: Cepuros

Incipit eiusdem cepuros de oleribus lib. III

I. Ut omne holus smaragdinum fiat. II. Pulmentarium ad ventrem. III. Asparagos. IV. Cucurbitas. V. Cidrium. VI. Cucumeres. VII. Pepones, melones. VIII. Malvas. IX. Cymas et cauliclos. X. Porros. XI. Betas. XII. Holisera. XIII. Rapas sive napos. XIV. Raphanos. XV. Olus molle. XVI. Herbae rusticae. XVII. Urticae. XVIII. Intuba et lactucae. XIX. Cardui. XX. [Funduli sive] spondili. XXI. Caroetae.

1) De holeribus: Ut omne holus smaragdinum fiat: omne holus smaragdinum fi[a]t, si cum nitro coquatur.

2) Pulmentarium ad ventrem: 1. Betas minutas et porros requietos elixabis, in patina compones. Teres piper, cuminum, suffundes liquamen, passum, ut quaedam dulcedo sit. Facias ut ferveat. Cum fervuerit, inferes. 2. Similiter: polypodium in tepidam mittis. Ubi mollierit, rades, et minutum cum pipere et cuminum tritum in patinam ferventem mittes et uteris. 3. Aliter ad ventrem: facies betaciorum fasces detergi, ne laves. In eorum medium nigrum asparges et alligas singulos fasces. Mittes in aquam. Cum coxeris, condies patinam, cum eadem passum vel caroenum et cuminum et super asparges et oleum modicum. Ubi ferbuerit, polypodium et frustra nucum cum liquamine teres, ferventem patinam fundes, cooperies. Statim depones ⟨et⟩ uteris. [4. Aliter betacios

3. Buch: Der Gärtner

Es beginnt das des Gärtners über Gemüse, 3. Buch

1) Über Gemüse: Wie alles Gemüse smaragdgrün wird: Alles Gemüse wird smaragdgrün, wenn es mit Natron gekocht wird.

2) Eine Beilage für die Verdauung: 1. Siede gehackte rote Bete und abgehangene Lauchstangen, lege sie in eine Pfanne, stoße Pfeffer und Kümmel, gieße Liquamen dazu und Passum, damit eine gewisse Süße entstehe. Laß es aufkochen. Wenn es aufgekocht ist, trage auf. 2. Auf ähnliche Art: Gib Engelfüß[30] in lauwarmes Wasser. Wenn es eingeweicht ist, putze es und gib es kleingeschnitten mit gestoßenen Pfeffer und Kümmel in eine heiße Pfanne und verwende es. 3. Etwas anderes für die Verdauung: Mache Bündelchen roter Rüben und schrubbe sie, ohne sie zu waschen. Streue schwarzen ⟨Pfeffer?⟩ in die Mitte und binde die einzelnen Bündelchen zusammen. Gib sie in Wasser. Wenn du sie gekocht hast, gib Gewürz in die Pfanne, nämlich Passum oder Caroenum, streue Kümmel darüber und gib ein wenig Öl dazu. Sobald es gekocht hat, zerstampfe Engelfüß(?) und Nußstücke mit Liquamen und gib es in die heiße Pfanne und decke zu. Nimm sie sogleich vom Feuer und verwende es. [4. Rote Rüben

Varronis: Varro: 'betacios, sed nigros, quorum detersas radices et mulso decoctas cum sale modico et oleo vel sale, aqua et oleo in se cocta iusculum facere et potari, melius etiam, si in eo pullus sit decoctus'.] 5. Aliter ad ventrem: apios virides cum suis radicibus lavabis et siccabis ad solem. Deinde albam⟨en⟩ et capita porrorum simul elixabis in caccabo novo, ita ut aqua ad tertios deferveat [id est ut ex tribus eminis aquae una remaneat]. Postea teres piper, liquamen et aliquantum mellis humore temperabis, et aquam apiorum decoctorum colabis in mortario, et superfundes apio. Cum simul ferbuerit, appones, et, si libitum fuerit, apios adicies.

3) Asparagos: asparagos siccabis, sursum sursum in calidam summittas: callossiores reddes.

4) Cucurbitas: 1. Gustum de cucurbitas: cucurbitas coctas expressas in patinam compones. Adicies in mortarium piper[e], cuminum, silfi modice, [id est laseris radicem], rutam: modicum, liquamine et aceto temperabis, mittes defrito: modicum, ut coloretur, ius exinanies in patinam. Cum fervuerit iterum ac tertio, depones et piper minutum asparges. 2. Aliter cucurbitas iure colocasiorum: cucurbitas coques ex aqua in modum colocasiorum. Teres piper, cuminum, rutam, suffundes acetum, liquamen, temperabis in caccabum, cui adicies ⟨oleum modicum⟩, et eas cucurbitas incisas expressas in ius mittes ut ferveant. Amulo obligas, piper asparges, et inferes. 3. Cucurbitas more Alexandrino: elixatas cucurbitas exprimis, sale asparges, in patinam com-

anders nach Art des Varro[31]: Varro: ›Rüben, aber schwarze, deren Wurzeln und süße Teile abgeschnitten und gekocht mit ein wenig Salz und Öl, oder Salz, Wasser und Öl, zusammen gekocht machen eine Suppe und werden getrunken, besser noch, wenn darin ein Huhn gekocht worden ist.‹] 5. Auf andere Art für die Verdauung: Wasche grünen Sellerie mit Knolle und trockne ihn an der Sonne. Dann koche das Weiße und die Wurzeln (?)[32] von Lauchstangen gleichzeitig in einem neuen (Ton-)Topf, so daß das Wasser bis auf ein Drittel einkocht [das heißt, daß von drei Litern (Heminen) Wasser einer übrigbleibt]. Danach stoße Pfeffer und Liquamen und schmecke es mit ein bißchen flüssigem Honig ab und gieße das Wasser von den abgekochten Sellerieknollen durch einen Durchschlag in den Mörser und gieße es wieder über den Sellerie. Wenn es damit gekocht hat, trage auf, und wenn es beliebt, tue die Sellerieknollen dazu.

3) Spargel: Trockne die Spargel und gib sie mehrmals kurz in heißes Wasser: du wirst sie fester behalten.

4) Kürbisse: 1. Vorspeise von Kürbissen: Lege ausgepreßte gekochte Kürbisse in eine Pfanne. Gib in einen Mörser Pfeffer, Kümmel, ein wenig Silphium [das heißt Laserwurzel], ein wenig Raute, schmecke mit Liquamen und Essig ab, gib ein wenig Defritum dazu, damit es Farbe bekommt, gieße die Sauce in die Pfanne. Wenn es zum zweiten und dritten Mal aufgekocht ist, nimm es vom Feuer und streue zerkleinerten Pfeffer darauf. 2. Kürbisse auf andere Art mit einer Sauce für Nelumbo-Wurzeln (?)[33]: Koche die Kürbisse in Wasser nach Art von Nelumbo-Wurzeln. Stoße Pfeffer, Kümmel, Raute, gieße Essig dazu und Liquamen und schmecke es in einem Topf ab, in den du ⟨ein wenig Öl⟩ hineingibst, und gib die Kürbisse zerschnitten und ausgepreßt in die Sauce, damit sie kochen. Binde mit Stärkemehl, streue Pfeffer darauf und trage auf. 3. Kürbisse auf alexandrinische Art: Presse die gekochten Kürbisse aus, streue Salz darüber und lege sie in

pones. Teres piper, cuminum, coriandri semen, mentam viridem, laseris radicem, suffundes acetum, adicies cariotam, nucleum, teres, melle, acetum, liquamine, defrito et oleum temperabis, et cucurbitas perfundes. Cum ferbuerint, piper asparges et inferes. 4. Aliter cucurbitas elixatas: ex liquamine, oleo, mero. 5. Aliter cucurbitas frictas: oenogaro simplici, et piperem. 6. Aliter cucurbitas elixatas et frictas: in patina compones, cuminatum superfundes, modico oleo super adiecto. Fervere facies et inferes. 7. Aliter cucurbitas frictas et tritas: piper, ligusticum, cuminum, origanum, cepam, vinum, liquamen et oleum. Amulo obligabis in patina et inferes. 8. Aliter cucurbitas cum gallina: duracina, tubera, piper, careum, cuminum, silfi, condimenta viridia, mentam, apium, coriandrum, puleium, caromentam, mel, vinum, liquamen, oleum et acetum.

5) Citrium: sil montanum, silfi, mentam siccam, acetum, liquamen.

6) Cucumeres: 1. Cucumeres rasos: sive ex liquamine, sive ex ⟨o⟩enogaro: sine ructu et gravitudine teneriores senties. 2. Aliter cucumeres rasos: elixabis cum cerebellis elixis, cumino et melle modico, apii semen, liquamine et oleo. Ovis obligabis, piper asparges et inferes. 3. Aliter cucumeres: piper, puleium, mel vel passum, liquamen et acetum. Interdum et silfi accedit.

7) Pepones et melones: piper, puleium, mel vel passum, liquamen, acetum: interdum et silfi accedit.

eine Pfanne. Zerstoße Pfeffer, Kümmel, Koriandersamen, grüne Minze und Laserwurzel, gieße Essig dazu und gib Datteln und Pinienkerne dazu und zerstampfe es, schmecke mit Honig, Essig, Liquamen, Defritum und Öl ab und übergieße die Kürbisse damit. Wenn es gekocht hat, streue Pfeffer darüber und trage auf. 4. Gekochte Kürbisse auf andere Art: mit Liquamen, Öl und unvermischtem Wein. 5. Gebratene Kürbisse auf andere Art: mit einfachem Oenogarum und Pfeffer. 6. Gekochte und gebratene Kürbisse auf andere Art: Lege sie in die Pfanne und gieße Kümmelsauce darüber, zu der du außerdem ein bißchen Öl gegeben hast. Laß es kochen und trage auf. 7. Zerstampfte, gebratene Kürbisse auf andere Art: Pfeffer, Liebstöckel, Kümmel, Oregano, Zwiebel, Wein, Liquamen und Öl. Binde es in der Pfanne mit Stärkemehl und trage auf. 8. Kürbisse mit Hühnchen auf andere Art: Nektarinen, Trüffel, Pfeffer, Feldkümmel, Kümmel, Silphium, frische Gewürzkräuter, Minze, Sellerie, Koriander, Poleiminze, Caromenta (eine Minzenart?), Honig, Wein, Liquamen, Öl und Essig.

5) Zitronatzitrone (?)[34]: Bergsesel, Silphium, getrocknete Minze, Essig, Liquamen.

6) Gurken: 1. Geschälte Gurken: entweder mit Liquamen oder mit Oenogarum: du wirst sie zarter finden und kein Aufstoßen und keine Bauchschmerzen verspüren. 2. Geschälte Gurken anders: Koche sie mit gekochtem Hirnchen, Kümmel und ein wenig Honig, Selleriesamen, Liquamen und Öl. Binde sie ⟨mit Eiern⟩[35], bestreue sie mit Pfeffer und trage auf. 3. Gurken auf andere Art: Pfeffer, Poleiminze, Honig oder Passum, Liquamen und Essig; manchmal kommt auch Silphium dazu.

7) Wasser- und Honigmelonen: Pfeffer, Poleiminze, Honig oder Passum, Liquamen und Essig; manchmal kommt auch Silphium hinzu.

8) Malvas: malvas minores de grano, ex liquamine, oleo, acetum – malvas maiores in oenogara, piper, liquamine, caroeno vel passo.

9) Cymas et coliclos: 1. Cymas: cuminum, salem, vinum vetus et oleum. Si voles, addes piper et ligusticum, mentam, rutam, coriandrum, folia colic⟨ul⟩orum, liquamen, vinum, oleum. 2. Aliter: culiculos elixatos mediabis, summa foliarum teres cum coriandro, cepa, cumino, piper, passo vel caroeno et oleo modico. 3. Aliter: culiculi elixati in patina conpositi condiuntur liquamine, oleo, mero, cumino. Super asparges porrum, cuminum, coriandrum viride super concides. 4. Aliter: coliculi conditi ut supra cum elixis porris coquantur. 5. Aliter: culiculos condies ut supra, admisces olibas (= olivas) virides et simul ferveant. 6. Aliter: culiculis conditis ut supra superfundes alicam elixam cum nucleis et uva passa; super asparges porros.

10) Porros: 1. Porros maturos fieri: pugnum salis, aquam et oleum: mixtum facies et ibi coques et eximes. Cum oleo, liquamine, mero et inferes. 2. Aliter porros: opertos foliis coliculorum et in prunis coques, ut supra, et inferes. 3. Aliter porros: in baca coctos ut supra inferes. 4. Aliter porros: in aqua[m] elixati erunt, fabae nondum conditae plurimum admisce conditurae, in qua eos manducaturus es.

11) Betas: 1. Concides porrum, coriandrum, cuminum, uvam passam, farinam et omnia in medullam mittes. Ligabis et ita

8) Malven: Kleinere Malven mit einer Sauce aus Liquamen, Öl und Essig – größere Malven in Oenogarum, Pfeffer, Liquamen, Caroenum oder Passum.

9) Brokkoli und Kohlsprößlinge: 1. Brokkoli: Kümmel, Salz, alten Wein und Öl. Wenn du willst, gib Pfeffer und Liebstöckel, Minze, Raute, Koriander, Kohlblätter, Liquamen, Wein und Öl dazu. 2. Auf andere Art: Halbiere gekochte Kohlsprößlinge und zerstampfe die Blattspitzen mit Koriander, Zwiebel, Kümmel, Pfeffer, Passum oder Caroenum und ein wenig Öl. 3. Auf andere Art: Gekochte und in eine Pfanne gelegte Kohlsprößlinge werden mit Liquamen, Öl, unvermischtem Wein und Kümmel gewürzt. Darüber streue Lauch, Kümmel und schneide frischen Koriander darüber. 4. Auf andere Art: Kohlsprößlinge, gewürzt wie oben, werden mit abgebrühten Lauchstangen gekocht. 5. Auf andere Art: Würze die Kohlsprößlinge wie oben, mische grüne Oliven dazu, und laß es zusammen kochen. 6. Auf andere Art: Über Kohlsprößlinge, die wie oben gewürzt sind, wird gekochte Grütze mit Pinienkernen und Rosinen gegossen; darüber streue Lauch.

10) Lauch: 1. Reifer Lauch wird so zubereitet: eine Handvoll Salz, Wasser und Öl, mische es und koche ihn darin und nimm ihn heraus. Serviere ihn mit Öl, Liquamen und unvermischtem Wein. 2. Lauch anders: Koche ihn wie oben, aber bedeckt mit Kohlblättern und in Pflaumen, und trage ihn auf. 3. Lauch anders: Serviere ihn mit ⟨Myrten-⟩Beeren gekocht wie oben. 4. Lauch anders: Er soll in Wasser gekocht werden. Mische sehr viele ungewürzte Saubohnen zu der Gewürzsauce, in der du ihn essen willst.

11) Rote Bete: 1. Hacke Lauch, Koriander, Kümmel, Rosinen und Mehl und gib alles zum Mark (der roten Bete), binde es und trage es so mit Liquamen, Öl und Essig auf. 2. Ge-

inferes ex liquamine, oleo et aceto. 2. Aliter betas elixas: ex sinapi, oleo modico et aceto bene inferuntur.

12) Olisera: olisera in fasciculum redacta manu ex liquamine, oleo et mero bene inferuntur, vel cum piscibus assis.

13) Rapas sive napos: 1. Rapas sive napos: elixatos exprimes, deinde teres cuminum plurimum, rutam minus, laser Parthicum, mel, acetum, liquamen, defritum et oleum modice. Fervere facies et inferes. 2. Aliter rapas sive napos: elixas inferes. Oleum super istillabis (= instillabis). Si voles, acetum adde.

14) Rafanos: rafanos cum piperato: ita piper cum liquamine ter[e]as.

15) Holus molle: 1. Holus molle ex olisatro cocto ex aqua nitrata expressum concides minutum, et teres piper, ligusticum, satureiam siccam cum cepa sicca, liquamen, oleum et vinum. 2. Aliter olus molle: apium coques ex aqua nitrata, exprimes et concides minutatim. In mortario teres piper, ligusticum, origanum, cepam, vinum, liquamen et oleum. Coques in pultario, et sic apium commisces. 3. Aliter olus molle ex foliis lactucarum cum cepis: quoques ex aqua nitrata, expressa concides minutatim. In mortario teres piper, ligusticum, apii semen, mentam siccam, cepam, liquamen, oleum et vinum. – Aliter: holus molle ne arescat, summa quaeque amputantur, et purgamenta et caules madefactos in aqua absenti (= absinthi) contegito.

kochte rote Bete auf andere Art: Mit Senf, ein wenig Öl und Essig lassen sie sich gut servieren.

12) Schwarzkohl: Schwarzkohl, den man mit der Hand zu einem Büschel geordnet hat, läßt sich gut mit Liquamen, Öl und unvermischtem Wein servieren oder mit gegrillten Fischen.

13) Rüben oder Steckrüben: 1. Rüben oder Steckrüben: Presse sie aus, wenn sie gekocht sind, dann zerstoße sehr viel Kümmel, weniger Raute, parthisches Laser, Honig, Essig, Liquamen, Defritum und ein wenig Öl. Laß es kochen und trage auf. 2. Rüben oder Steckrüben anders: Koche sie und trage auf. Darüber träufle Öl; wenn du willst, gib Essig hinzu.

14) Rettich: Rettich mit Pfeffersauce: dafür zerstoße Pfeffer mit Liquamen.

15) Weiches Gemüse: 1. Weiches Gemüse aus in Sodawasser gekochtem Schwarzkohl schneide nach dem Auspressen klein und zerstoße Pfeffer, Liebstöckel, getrocknete Saturei mit getrockneter Zwiebel, Liquamen, Öl und Wein. 2. Weiches Gemüse auf andere Art: Koche Sellerie in Sodawasser, presse ihn aus und schneide ihn klein. Zerstoße im Mörser Pfeffer, Liebstöckel, Oregano, Zwiebel, Wein, Liquamen und Öl. Koche es in einem Tontopf und mische es so mit dem Sellerie. 3. Ein weiches Gemüse aus Lattichblättern mit Zwiebeln: Koche sie in Sodawasser und schneide sie nach dem Auspressen klein. Zerstoße in einem Mörser Pfeffer, Liebstöckel, Selleriesamen, getrocknete Minze, Zwiebel, Liquamen, Öl und Wein. – Auf andere Art: Damit das weiche Gemüse nicht austrocknet, werden jeweils die Spitzen abgeschnitten, und die Abfälle bedecke wie die eingeweichten Strünke mit Wermutwasser.

16) Herbae rusticae: liquamine, oleo, aceto a manu vel in patina piper, cumino, bacis lentisci.

17) Urticae: urticam feminam, sole in ariete posito, adversus aegritudinem ṣumes, si voles.

18) Intubae et lactucae: 1. Intuba ex liquamine, oleo modico me⟨ro⟩, cepa concisa. Pro lactucis vere hieme intubae ex enbammate vel melle et aceto acri. 2. Lactucas cum oxyporio, aceto et modico liquamine. 3. Ad digestionem et inflationem et ne lactucae laedant: cumini unc. II, gingiberis unc. I, rutae viridis unc. I, dactylorum pinguium scripulos XII, piperis unc. I, mellis unc. IX, cuminum aut Aethiopicum aut Syriacum aut Libycum. Tundes cuminum et postea infundes in aceto, cum siccaverit, postea melle omnia comprehendes. Cum necesse fuerit, dimidium coclearium cum aceto et liquamine modico misces aut post cenam dimidium coclearem accipies.

19) Cardui: 1. Carduos: liquamine, oleo et ovis concisis. 2. Aliter carduos: rutam, mentam, coriandrum, feniculum, omnia viridia teres. Addes piper, ligusticum, mel, liquamen et oleum. 3. Aliter carduos elixos: piper, cuminum, liquamen et oleum.

20) Sfondili [vel fundili]: 1. Sfondili fricti ex oenogaro simplici. 2. Aliter: sfondili elixi ex sale, oleo, mero, coriandro viridi conciso et piper⟨e⟩ integro. 3. Aliter: sfondilos elixos perfundes amulato infra scripto: apii semen, rutam, mel,

16) Feldkräuter: Mit Liquamen, Öl und Essig aus der Hand oder in der Pfanne mit Pfeffer, Kümmel und Mastixbeeren.

17) Brennesseln: Weibliche Brennesseln nimm, wenn die Sonne im Widder steht, gegen Krankheit, wenn du willst.

18) Endivien und Lattich: 1. Endivien mit Liquamen, ein wenig Öl ⟨unvermischtem Wein?⟩[36] und geschnittener Zwiebel. Anstatt Lattich aber im Winter Endivien mit Salatsauce oder Honig und scharfem Essig. 2. Lattich mit Oxyporium, Essig und ein wenig Liquamen. 3. Zur Verdauung und gegen Blähungen und damit Lattich nicht schadet: zwei Unzen (ca. 55 g) Kümmel, eine Unze (ca. 27,3 g) Ingwer, eine Unze frische Raute, 12 Skrupel (ca. 13,7 g) dicke Datteln, eine Unze Pfeffer, neun Unzen (ca. 246 g) Honig. Entweder äthiopischen, syrischen oder libyschen Kümmel. Zerkleinere den Kümmel und schütte ihn danach in Essig, wenn er getrocknet ist. Danach verbinde alles mit Honig. Wenn es nötig sein wird, mische einen halben Eßlöffel mit Essig und ein wenig Liquamen oder nimm nach dem Abendessen einen halben Eßlöffel.

19) Wilde Artischocken: 1. Wilde Artischocken: mit Liquamen, Öl und gehackten Eiern. 2. Wilde Artischocken anders: Raute, Minze, Koriander und Fenchel, zerstoße alles frisch. Gib Pfeffer, Liebstöckel, Honig, Liquamen und Öl dazu. 3. Gekochte wilde Artischocken auf andere Art: Pfeffer, Kümmel, Liquamen und Öl.

20) Lazarusklappen (eine Muschelart)[37]: 1. Gebratene Lazarusklappen mit einfachem Oenogarum. 2. Auf andere Art: gekochte Lazarusklappen mit Salz, Öl, unvermischtem Wein, frischem, gehacktem Koriander und ganzen Pfefferkörnern. 3. Auf andere Art: Begieße gekochte Lazarusklappen mit der unten beschriebenen dicken Sauce: Zerstoße Selleriesamen, Raute, Honig und Pfeffer, Passum, Liquamen

piper teres, passum, liquamen et oleum modice, amulo obligas, piper asparges et inferes. 4. Aliter sfondilos: teres cuminum, rutam, liquamen, caroenum modice, oleum, coriandrum viridem et porrum. Et sfondilos inferes pro salso. 5. Aliter: sfondilos elixatos praedurabis, mittes in caccabum oleum, liquamen, piper, passum, colorabis et obligas. 6. Aliter: sfondilos oleum liquamine complebis, vel oleo et sale assabis. Piper asparges et inferes. 7. Aliter: sfondilos elixatos conteres et nervos eorum eximes. Deinde cum eis alicam elixatam et ova conteres, liquamen, piper. Isicia ex his facies cum nucleis et pipere in augmento. Assabis, oenogaro continges et pro isiciis inferes.

21) Caroetae seu pastinacae: 1. Caroetae frictae oenogaro inferuntur. 2. Aliter caroetas: sale, oleo puro et aceto. 3. Aliter: caroetas elixatas concisas in cuminato oleo modico coques et inferes. Cuminatum colorium facies.

und etwas Öl, binde mit Stärkemehl, streue Pfeffer darauf
und serviere. 4. Lazarusklappen auf andere Art: Zerstoße
Kümmel, Raute, Liquamen etwas Caroenum, Öl, frischen
Koriander und Lauch, und trage die Lazarusklappen statt
Salzfisch auf. 5. Auf andere Art: Brate die gekochten Lazarusklappen an, gib in einen Topf Öl, Liquamen, Pfeffer
und Passum, färbe und binde es. 6. Auf andere Art: Bedecke
die Lazarusklappen mit Öl und Liquamen[38] oder grille sie mit
Öl und Salz. Streue Pfeffer darauf und serviere. 7. Auf andere
Art: Zerstampfe gekochte Lazarusklappen und entferne
deren Sehnen. Dann zerstampfe zusammen mit ihnen
gekochte Grütze und Eier, Liquamen und Pfeffer. Mache
daraus mit Pinienkernen und Pfeffer in einem Darm[39] Würste. Grille sie, befeuchte sie mit Oenogarum und serviere sie
als Frikadellen.

21) Karotten oder Pastinaken: 1. Gebratene Karotten werden
mit Oenogarum serviert. 2. Karotten auf andere Art: mit
Salz, reinem Öl und Essig. 3. Auf andere Art: Koche abge-
brühte und kleingeschnittene Karotten in ein wenig Kümmelöl und trage auf. Mache eine braune Kümmelsauce (ein brau-
nes Kümmelöl?)[40].

Liber IV: Pandecter

I. Sala cattabia. II. Patinae piscium, holerum, pomorum.
III. Minutal de piscibus vel esiciis. IV. Tisana vel sucum.
V. Gustum.

1) Sala cattabia: 1. Sala cattabia: piper, mentam, apium,
puleium aridum, caseum, nucleos pineos, mel, acetum, liquamen, ovorum vitella, aquam recentem, panem ex posca mace-
ratum exprimes, caseum bubulum, cucumeres in caccabulo
compones, interpositis nucleis. Mittes concisi capparis
minuti ⟨cum⟩ iocusculis gallinarum. Ius profundes, super
frigidam collocabis et sic appones. 2. Aliter sala cattabia Api-
ciana: adicies in mortario apii semen, puleium aridum, mentam aridam, gingiber, coriandrum viridem, uvam passam
enucleatam, mel, acetum, oleum et vinum. Conteres. Adicies
in caccabulo panis Picentini frustra, interpones pulpas pulli,
glandulas haedinas, caseum Vestinum, nucleos pineos, cucumeres, cepas aridas minute concisas. Ius supra perfundes.
Insuper nivem sub ora asparges et inferes. 3. Aliter sala cattabia: panem Alexandrinum excavabis, in posca macerabis.
Adicies in mortarium piper, mel, mentam, alium, coriandrum viridem, caseum bubulum sale conditum, aquam,
oleum. Insuper vinum, et inferes.

2) Patinae piscium, holerum, pomorum: 1. Patina cotidiana:
cerebella elixata teres cum piper⟨e⟩. Cuminum, laser cum
liquamine, car⟨o⟩enum, lacte in ovis. Ad ignem lenem vel ad
aquam calidam coques. 2. Aliter patina versatilis: nucleos,
nuces fractas. Torres eas et teres cum melle, pipere, liquamine, lacte et ovis. Olei modicum. 3. Aliter patina: tyrsum

4. Buch: Verschiedenes

I. Kachelsülze. II. Aufläufe von Fischen, Gemüsen und Baumfrüchten. III. Frikassee von Fischen oder Geschnetzeltem. IV. Gerstengrütze oder Brei. V. Vorspeise.

1) Kachelsülze: 1. Kachelsülze: Pfeffer, Minze, Sellerie, trokkene Poleiminze, Käse, Pinienkerne, Honig, Essig, Liquamen, Eidotter und frisches Wasser. Presse in Essigwasser[41] eingeweichtes Brot aus und lege Kuhkäse und Gurken mit dazugemischten Pinienkernen in einem kleinen Topf zurecht. Gib kleingeschnittene Kapern zusammen mit Hühnerleber dazu. Gieße die Sauce darüber, stelle es auf Eis und serviere es so. 2. Auf andere Art Kachelsülze à la Apicius: Gib in einen Mörser Selleriesamen, trockene Poleiminze, trockene Minze, Ingwer, frischen Koriander, entkernte Rosinen, Honig, Essig, Öl und Wein und zerstampfe es. Gib in einen kleinen Topf Stückchen von pizentinischem Brot, gib Hühnerfleisch, Halsstück von jungen Ziegenböcken, vestinischen Käse, Pinienkerne, Gurken und kleingeschnittene trockene Zwiebeln dazu. Gieße die Sauce darüber. Bestreue den Rand mit Schnee und trage auf. 3. Kachelsülze auf andere Art: Höhle alexandrinisches Brot aus und weiche es in Essigwasser ein. Gib in einen Mörser Pfeffer, Honig, Minze, Knoblauch, frischen Koriander, mit Salz gewürzten Kuhkäse, Wasser und Öl. ⟨Gieße⟩ Wein darüber und trage auf.

2) Aufläufe von Fischen, Gemüsen und Baumfrüchten: 1. Alltäglicher Auflauf: Zerstampfe gekochte Hirnchen mit Pfeffer. ⟨Dazu gib⟩ Kümmel, Laser mit Liquamen, Caroenum und mit Milch verrührte Eier. Koche auf kleiner Flamme oder in einem Wasserbad. 2. Auf andere Art ein gestürzter Auflauf[42]: Pinienkerne und geknackte Nüsse; zerstoße sie und stampfe sie mit Honig, Pfeffer, Liquamen, Milch und Eiern. ⟨Gib⟩ ein wenig Öl ⟨dazu⟩. 3. Ein Auflauf

lactucae teres cum pipere, liquamine, car⟨o⟩eno, aqua[m],
oleo. Coques, ovis obligabis. Piper asparges et inferes. 4. Aliter patina fusilis: accipies olisatra, purgas, lavas, coques, re-
frigerabis, restringues. Accipies cerebella IV, enervabis,
coques. Adicies in mortario piper, scripulos VI, suffundes
liquamen, fricabis. Postea adicies cerebella, fricabis iterum.
Adicies holisatra et simul conteres. Postea franges ova VIII,
adicias cyathum liquaminis, vini cyathum, passi cyathum,
contrita simul temperabis. Patinam perunges, impones in
thermospodio. Postea quod coctum fuerit, piper asparges et
inferes. 5. Aliter patina de asparagis frigida: accipies asparagos purgatos, in mortario fricabis, aquam suffundes, perfrica-
bis, per colum colabis, et mittes ficetulas curtas. Teres in
mortario piperis scripulos sex, adicies liquamen, fricabis, vini
cyathum unum, vini passi cyathum unum, mittes in caccabum olei uncias III. Illic ferveant. Perunges patinam, in ea
ova VI cum oenogaro misces, cum suco asparagi impones
cineri calido, mittes impensam supra scriptam. Tunc ficetulas
compones. Coques, piper asperges et inferes. 6. Aliter patina
de asparagis: adicies in mortario asparagorum praecisuras,
quae proiciuntur, teres, suffundes vinum, colas. Teres piper,
ligusticum, coriandrum viridem, satureiam, cepam, vinum,
liquamen et oleum. Sucum transferes in patellam perunctam,
et, si volueris, ova dissolves ad ignem, ut obliget. Piper minutum asperges. 7. Patinam ex rusticis, sive tannis sive sinapi
viridi sive cucumeres sive cauliculis ita facies: si volueris,

auf andere Art: Zerstampfe Lattichstengel mit Pfeffer, Liquamen, Caroenum, Wasser, Öl, koche, und binde mit Eiern;
streue Pfeffer darauf und serviere. 4. Auf andere Art ein flüssiger[43] Auflauf: Nimm Schwarzkohl, säubere, wasche und
koche ihn und laß ihn abkühlen und presse ihn aus. Nimm
vier Hirnchen, enthäute und koche sie. Gib in einen Mörser
sechs Skrupel (ca. 6,8 g) Pfeffer, gieße Liquamen dazu und
zermahle es. Nachher gib die Hirnchen dazu und zermahle es
wieder. Gib den Schwarzkohl dazu und zerstampfe es zusammen. Danach schlage acht Eier auf, gib ein Gläschen (ca.
0,045 l) Liquamen, ein Gläschen Wein, ein Gläschen Passum
dazu und schmecke den Brei damit ab. Fette eine Auflaufform ein und stelle sie in ein Kohlebecken. Nachher, wenn es
gar ist, streue Pfeffer darauf und serviere. 5. Auf andere Art
ein kalter Spargelauflauf: Nimm geputzte Spargel und zerreibe sie in einem Mörser, gieße Wasser dazu und zerreibe es
gut und passiere es durch einen Durchschlag. Und gib zer-
legte Feigendrosseln (Wacholderdrosseln) dazu. Zerstoße in
einem Mörser sechs Skrupel (ca. 6,8 g) Pfeffer, gib Liquamen
dazu, zerreibe es, gib ein Gläschen (ca. 0,045 l) Wein, ein
Gläschen Passum und drei Unzen (ca. 82 g) Öl in den Topf.
Dort soll es kochen. Fette ein Backblech ein, mische darauf
sechs Eier mit Oenogarum und lege es zusammen mit dem
Spargelbrei in heiße Asche und gib die oben beschriebene
Füllung darauf. Dann ordne die Feigendrosseln darauf an.
Backe es, streue Pfeffer darauf und serviere. 6. Ein Spargelauflauf auf andere Art: Gib in einen Mörser die abgeschnitte-
nen Teile von Spargeln, die sonst weggeworfen werden, zerstampfe sie, gieße Wein hinzu und passiere es. Zerstoße Pfeffer, Liebstöckel, frischen Koriander, Saturei, Zwiebel, Wein,
Liquamen und Öl. Gib den Brei hinüber in eine eingefettete
Auflaufform und verrühre, wenn du willst, am Feuer Eier
darin, um es zu binden. Streue gemahlenen Pfeffer darauf.
7. Auflauf aus Feldgewächsen wie Schmerwurz oder grünem
Senf (= Blätter der Senfpflanze) oder Gurken oder Kohl-
sprößlingen: Mache es ebenso (?)[44]; wenn du willst, verteile

substernes pulpas piscium vel pullorum. 8. Aliter patina de
sabuco calida et frigida: accipies semen de sabuco, purgabis,
ex aqua decoques, per colum exsiccabis, patinam perunges et
in patinam compones ad surcellum. Adicies piperis scripulos
VI, suffundes liquamen, postea adicies liquaminis cyathum
unum, vini cyathum, passi cyathum, teres, tantum in patinam
mittes olei: unc. IV, pones in termospodio et facies ut ferveat.
Cum ferbuerit, franges postea ova VI, agitabis et patinam sic
obligabis, cum obligaveris, piper asparges et inferes. 9. Patinam decoris: accipies rosas et exfoliabis. Album tolles, mittes
in mortarium, suffundes liquamen, fricabis. Postea mittes
liquaminis cyathum unum s(emis), et sucum per colum colabis. Accipies cerebella IV, enervabis et teres piperis scripulos
VIII. Suffundes ex suco, fricabis. Postea ova VIII frangis, vini
cyathum unum semis et passi cyathum unum, olei modicum.
Postea patinam perunges [et eam perunges] et eam impones
cinere calido, et sic impensam supra scriptam mittes. Cum
cocta fuerit in termospodio, piperis pulverem super asperges
et inferes. 10. Patina de cucurbitas: cucurbitas elixas et frictas
in patina compones, cuminatum superfundes, modico oleo
super adiecto. Fervere facias et inferes. 11. Patina de apua:
apuam lavas, ex oleo maceras, in Cumana compones, adicies
oleum, liquamen, vinum. Alligas fasciculos rutae et origanum, et subinde fasciculos apababtidiabis (= baptizabis).
Cum cocta fuerit, proicies fasciculos, et piper asperges et
inferes. 12. Patina de apua sine apua: pulpas piscis assi vel elixi
minutatim facies ita abundanter, ut patinam quale⟨m⟩ voles

darin Fischfilet oder Hühnerfleisch. 8. Auf andere Art ein
warmer oder kalter Auflauf von Holunder: Nimm Holunderfrüchte, reinige sie, koche sie in Wasser gar, lasse sie durch
einen Durchschlag abtropfen, fette ein Backblech ein und
ordne sie auf Spießchen auf dem Backblech an. Gib sechs
Skrupel (ca. 6,8 g) Pfeffer dazu, gieße Liquamen dazu,
danach gib ein Gläschen (ca. 0,046 l) Liquamen, ein Gläschen
Wein, ein Gläschen Passum dazu, zerstoße es und gib folgende Menge Öl auf das Backblech: vier Unzen (ca. 110 g).
Lege es in ein Kohlebecken und laß es kochen. Nachher,
wenn es gargekocht ist, schlage sechs Eier auf, rühre, und
binde den Auflauf auf diese Weise. Wenn du es gebunden
hast, streue Pfeffer darauf und serviere. 9. Ein Schauauf-
lauf[45]: Nimm Rosen und mache die Blätter ab. Entferne das
Weiße, gib sie in einen Mörser, gieße Liquamen dazu und
zermahle sie. Danach gib 1 ½ Gläschen (ca. 0,068 l) Liquamen
dazu und passiere den Brei durch einen Durchschlag. Nimm
vier Hirnchen, enthäute sie und zerstoße acht Skrupel (ca.
9,1 g) Pfeffer. Gib von dem Brei dazu und mache es sämig.
Danach schlage acht Eier auf, ⟨gib⟩ 1 ½ Gläschen Wein und
ein Gläschen (ca. 0,045 l) Passum ⟨dazu⟩ und ein wenig Öl.
Danach fette ein Backblech ein, setze es in heiße Asche und
gib dann die oben beschriebene Masse darauf. Wenn es im
Kohlebecken gargebacken ist, streue Pfefferstaub darüber
und trage auf. 10. Ein Auflauf von Kürbissen: Ordne gekochte und gebratene Kürbisse in einer Pfanne an und gieße
Kümmelsauce darüber, nachdem du ein wenig Öl darüber
gegeben hast. Laß es kochen und trage auf. 11. Sardellenauflauf: Wasche die Sardelle, benetze sie mit Öl, lege sie in eine
Tonkasserolle und gib Öl, Liquamen und Wein dazu. Binde
Büschelchen aus Raute und Oregano und benetze dann die
Büschelchen ⟨und die Sardelle mit Essig und koche sie (?)⟩.
Wenn sie gar ist, wirf die Büschelchen weg, streue Pfeffer
darauf und serviere. 12. Ein Sardellenauflauf ohne Sardelle:
Mache Filet von gegrilltem oder gekochtem Fisch klein und
zwar so reichlich, daß es jede Auflaufform, die du willst,

implere possit. Teres piper et modicum rutae, suffundes
liquamen quod satis erit et olei modicum, et commisces in
patina cum pulpis, sic et ova cruda confracta, ut unum corpus
fiat. Desuper leniter compones urticas marinas, ut non cum
ovis misceantur. Impones ad vaporem, ut cum ovis ire non
possint, et, cum siccaverint, super aspergis piper tritum et
inferes. Ad mensam nemo agnoscet, quid manducet. 13. Patinam ex lacte: nucleos infundes et siccas. E⟨chin⟩os recentes
inpraeparatos habebis. Accipies patinam, et in eam compones
singula infra scripta: mediana malvarum et betarum et porros
maturos, apios, holus molle et viridia elixa, pullum raptum et
iure coctum, cerebella elixa, Lucani⟨c⟩a, ova dura per medium
incisa. Mittes longaones porcinos ex iure Terentino farsos
coctos concisos, iecinera pullorum, pulpas piscis as[c]elli
fricti, urticas marinas, pulpas ostreorum, caseos recentes.
Alternis compones, nucleos et piper integrum asparges. Ius
tale perfundes: piper, ligusticum, apii semen, silfi. Coques.
At ubi cocta fuerit, lactem colas, cui cruda ova commisces, ut
unum corpus fiat, et super illa omnia perfundes. Cum cocta
fuerit, ⟨addes⟩ echinos recentiores, piper asperges et inferes.
14. Patinam Apicianam sic facies: frustra suminis cocti, pulpas piscium, pulpas pulli, ficedulas vel pectora turdorum
cocta et quaecumque optima fuerint. Haec omnia concides
diligenter praeter ficedulas. Ova vero cruda cum oleo dissolvis. Teres piper, ligusticum, suffundes liquamen, vinum, passum, et in caccabum mittis ut calefiat, et amulo obligas. Antea
tamen pulpas concisas universas illuc mittes, et sic bulliat. At
ubi coctum fuerit, levabis cum iure suo et in patella alternis de

ausfüllen kann. Zerstoße Pfeffer und etwas Raute, gieße Liquamen in ausreichender Menge und ein wenig Öl dazu und mische es in der Auflaufform mit dem Filet und ebenso rohe aufgeschlagene Eier, so daß eine glatte Masse entsteht. Darauf lege vorsichtig Quallen, so daß sie sich nicht mit den Eiern mischen. Hänge es in den Dampf, so daß sich die Quallen nicht mit den Eiern verbinden und streue darauf, wenn sie getrocknet sind, gemahlenen Pfeffer und trage auf. Am Tisch wird niemand erkennen, was er ißt. 13. Ein Auflauf mit Milch: Weiche Pinienkerne ein und trockne sie. Du brauchst frische unvorbehandelte Seeigel[46]. Nimm ein Backblech und lege die einzelnen unten aufgelisteten Sachen hinein: die Mittelstücke von Malven und Beten und reifen Lauch, Sellerieknollen, weiches Gemüse und gekochtes Grünzeug, ein gerupftes und in Suppe gekochtes Huhn, gekochte Hirnchen, lukanische Würstchen, halbierte hartgekochte Eier, gib gekochte, zerschnittene und mit Sauce à la Terenz[47] gefüllte Schweinemastdärme dazu, Hühnerleber und Filet von gebratenem Dorsch (?)[48], Quallen, Austernfleisch, frische Käse, ordne es abwechselnd an und streue die Pinienkerne und ganze Pfefferkörner darüber. Folgende Sauce gieße darüber: ⟨gib⟩ Pfeffer, Liebstöckel, Selleriesamen und Silphium ⟨dazu⟩ und koche es. Wenn es aber gekocht hat, seihe Milch durch, zu der du rohe Eier mischst, so daß eine glatte Masse entsteht, und gieße sie über das alles. Wenn es gekocht hat, ⟨gib⟩ sehr frische Seeigel ⟨dazu⟩, streue Pfeffer darüber und trage auf. 14. Einen Auflauf à la Apicius bereite folgendermaßen: Stücke von gekochtem Euter, Fischfilets, Hühnchenfleisch, Feigendrosseln oder gekochtes Brustfleisch von Drosseln und was auch immer sehr gut ist. Das alles schneide sorgfältig klein außer den Feigendrosseln. Verrühre aber rohe Eier mit Öl. Mahle Pfeffer und Liebstöckel, gieße Liquamen, Wein und Passum dazu und gib es in einen Topf, damit es heiß wird und binde mit Stärkemehl. Vorher aber gib alle Fleischstücke dort hinein und dann soll es aufkochen. Aber wenn es aufgekocht hat, nimm es mit seiner Sauce heraus und

trulla refundes cum piperis grana integra et nucleis pineis, ita ut per singula coria substernas diploidem, in laganum similiter. Quotquot lagana posueris, tot trullas imples, desuper adicies. Unum vero laganum fistula percuties et super impones. Piper asparges, ante tamen illas pulpas ovis confractis obligabis et sic in caccabum mittes cum impensam. Patellam aeneam qualem debes habere infra ostenditur.

15. Patina cotidiana: accipies frustra suminis cocta, pulpas piscium coctas, pulpas pulli coctas. Haec omnia concides diligenter. Accipies patellam aeneam, ova confringes in caccabum et dissolves. Adicies in mortarium piper, ligusticum, fricabis, suffundes liquamen, vinum, passum, oleum modice, reexinanies in caccabum, facies ut ferveat. Cum ferbuerit, et (?) obligas. Pulpas, quas subcultrasti, in ius mittis. Substerne[re] diploides patinam aeneam, et trullam plenam pulpae, et disparges oleum, laganum pones similiter. Quotquot lagana posueris, tot trullas impensae adicies. Unum laganum fistula percuties, a superficie versas in discum, in superficiem pones. Piper asparges et inferes. 16. Patina versatilis vice dulci(s): nucleos pineos, nuces fractas et purgatas, attorrebis eas, teres cum melle, pipere, liquamine, lacte, ovis, modico mero et oleo. 17. Patellam tirotaricham ex quocumque salso volueris: coques ex oleo, exossabis, et cerebella cocta, pulpas piscium, iocuscula pullorum, ova dura, caseum mollem excaldatum, haec omnia calefacies in patella. Teres piper, ligusticum, origanum, rutae bacam, vinum, mulsum, oleum, patella ad len

fülle es mit einem Schöpflöffel zusammen mit ganzen Pfefferkörnern und Pinienkernen abwechselnd auf ein Backblech, so
daß du unter die einzelnen Lagen einen Teigboden (?)[49] legst,
ähnlich ⟨mache es⟩ mit Ölfladen. So viele Ölfladen du gelegt
hast, ebenso viele Schöpflöffel fülle darauf und lege immer
wieder einen darauf. Einen Ölfladen aber durchlöchere mit
einem Röhrchen und lege ihn oben darauf. Streue Pfeffer
darauf, vorher aber binde jene Fleischstücke mit aufgeschlagenen Eiern, und gib es so zusammen mit der Füllung in einen
Topf. Was für ein ehernes Backblech du haben mußt, ist
unten gezeigt.

⟨Die Zeichnung fehlt in den Handschriften.⟩

15. Alltagsauflauf: Nimm gekochte Stücke vom Euter, gekochte Fischfilets und gehacktes Hühnerfleisch. Das alles
schneide sorgfältig klein. Nimm ein ehernes Backblech,
schlage Eier in einen Topf und verrühre sie. Gib in einen
Mörser Pfeffer, Liebstöckel, zerreibe es, gieße Liquamen,
Wein und Passum und etwas Öl dazu, schütte es in den Topf
und laß es aufkochen. Wenn es aufgekocht ist, binde es. Gib
die Fleischstücke, die du geschnitten hast, in die Sauce. Lege
auf das eherne Backblech doppelte Teiglagen und einen vollen
Schöpflöffel Fleisch und sprenge Öl darüber, einen Ölfladen
lege ähnlich zurecht. So viele Ölfladen du übereinander gelegt
hast, ebenso viele Schöpflöffel Füllung gib dazu. Durchlöchere einen Ölfladen mit einem Röhrchen, wende alles mit
der Oberseite auf eine runde Platte und lege ihn auf die Oberseite. Streue Pfeffer darauf und trage auf. 16. Ein gestürzter
Auflauf an Stelle einer Süßspeise: Pinienkerne und geknackte
und gesäuberte Nüsse, röste sie an und stampfe sie mit
Honig, Pfeffer, Liquamen, Milch, Eiern, etwas unvermischtem Wein und Öl. 17. Ein Käse-Fisch-Auflauf aus welchem
Salzfisch du willst: Koche ihn in Öl und entgräte ihn. Und
dazu gekochte Hirnchen, Hühnerleber, hartgekochte Eier,
weichen, leicht angekochten Käse, das alles erhitze in einer
Auflaufform. Stoße Pfeffer, Liebstöckel, Oregano, Rauten-

tum ignem ut coquatur. Ovis crudis obligabis, adordinabis, cuminum minutum asparges et inferes. 18. Patellam siccam: esicia de tursione: enervabis, concides minutatim. Teres piper, ligusticum, origanum, petroselinum, coriandrum, cuminum, rutae bacam, mentam siccam, ipsum tursionem. Isicia deformabis. Vinum, liquamen, oleum. Coques. Coctum in patellam collocabis. Ius in ea facies: piper, ligusticum, satureiam, cepam, vinum, liquamen, oleum. Patellam pones ut coquatur. Ovis obligabis, piper asparges et inferes. 19. Patella ex olisatro: elixas ex aqua nitrata, exprimis in patellam. Teres piper, ligusticum, coriandrum, satrueiam, cepam, vinum, liquamen, acetum, oleum. Transferes in patellam, coques, amulo obligas. Thymum et piper minutum asparges. Et de quacumque herba, si volueris, facies ut supra. 20. Patina de apua fricta: apua⟨m⟩ lavas, ova confringes et cum apua commisces. Adicies liquamen, vinum, oleum, facies ut ferveat, et cum ferbuerit, mittes apuam. Cum duxerit, subtiliter versas. Facies ut coloret, oenogarum simplex perfundes. Piper asparges et inferes. 21. Patina ex lagitis et cerebellis: friges ova dura, cerebella elixas et enervas, gizeria pullorum quoques. Haec omnia divides praeter piscem, compones in patina praemixta, salsum coctum in medio pones. Teres piper, ligusticum, suffundes ⟨passum⟩, ut dulce sit. Piperatum mittes in patinam, facies ut ferveat. Cum ferbuerit, ramo rutae agitabis et amulo obligabis. 22. Patina mullorum loco salsi: mullos rades, in patina munda compones, adicies ⟨olei quod satis est et salsum interpones. Facies⟩ ut ferveat. Cum ferbuerit, mulsum mittes aut passum. Piper asparges et infe-

beeren, Wein, Mulsum, Öl und ⟨setze⟩ die Auflaufform auf
kleine Flamme, damit es kocht. Binde mit rohen Eiern, richte
an, streue gemahlenen Kümmel darauf und serviere. 18. Ein
trockener Auflauf: Frikadellen von Braunfisch: Entgräte ihn
und schneide ihn klein. Mahle Pfeffer, Liebstöckel, Oregano,
Petersilie, Koriander, Kümmel, Rautenbeeren, getrocknete
Minze und den Braunfisch selbst. Forme Frikadellen. ⟨Dazu⟩
Wein, Liquamen und Öl. Koche es. Nach dem Kochen lege
ihn auf ein Blech. Mache dafür folgende Sauce: Pfeffer, Liebstöckel, Saturei, Zwiebel, Wein, Liquamen und Öl. Setze die
Auflaufform zum Kochen auf. Binde mit Eiern, streue Pfeffer
darauf und serviere. 19. Ein Auflauf aus Schwarzkohl: Koche
ihn in Sodawasser und presse ihn auf eine Auflaufform aus.
Stoße Pfeffer, Liebstöckel, Koriander, Saturei, Zwiebel,
Wein, Liquamen, Essig und Öl. Gib es hinüber in die Auflaufform, koche und binde mit Stärkemehl; streue Thymian
und gemahlenen Pfeffer darauf. Und mit jedem beliebigen
Gemüse mache es so wie oben, wenn du willst. 20. Ein Auflauf von gebratener Sardelle: Wasche die Sardelle, schlage
Eier auf und mische sie mit der Sardelle. Gib Liquamen, Wein
und Öl dazu, laß es kochen, und wenn es gekocht hat, gib die
Sardelle dazu. Wenn sie darin gezogen hat, wende sie vorsichtig. Laß sie braun werden und gib einfaches Oenogarum darüber. Streue Pfeffer darauf und serviere. 21. Auflauf aus Stök-
kern (?)[50] und Hirnchen: Brate hartgekochte Eier, koche
Hirnchen und enthäute sie, koche die Innereien von Hühnern. Zerteile das alles außer dem Fisch und verteile es, vorher vermischt, auf einem Backblech, den gekochten Salzfisch
lege in die Mitte. Stoße Pfeffer, Liebstöckel und gieße ⟨Pas-
sum⟩ dazu, damit es süß wird. Gib Pfeffersauce auf das Blech
und laß es kochen. Wenn es gekocht hat, rühre mit einem
Rautenzweig um und binde mit Stärkemehl. 22. Auflauf von
Meerbarben an Stelle von Salzfisch: Entschuppe die Meerbarben und lege sie auf ein sauberes Backblech, gib dazu ⟨genü-
gend Öl und lege den Salzfisch dazwischen. Laß es⟩[51] kochen.
Wenn es gekocht hat, gib Mulsum oder Passum dazu. Streue

res. 23. Patina piscium loco salsi: pisces qualeslibet curatos
friges, in patinam compones, adicies olei quod satis est et
salsum interpones. Facies ut ferveat. Cum ferbuerit, mittes
mulsam et ius agitabis. 24. Patina piscium: pisces qualeslibet
rades et duratos mittes. Cepas siccas Ascalonas vel alterius
generis concides in patinam et pisces super compones. Adicies liquamen, oleum. Cum coctum fuerit, salsum coctum in
medio pones. Addendum acetum. Asparges et coronam
bubulam. 25. Patellam Lucretianam: cepas pallachanas purgas (viridia earum proicies), in patinam concides. Liquaminis
modicum, oleum et aquam. Dum coquitur, salsum crudum in
medium ponis. At ubi cum salso prope cocta fuerit, melle
cocleare asparges, aceti et defriti pusillum. Gustas. Si fatuum
fuerit, liquamen adicies, si salsum, mellis modicum, et coronam bubulam aspergis, ut bulliat. 26. Patinam de lagitis: lagi-
tas rades, lavas, ova confringis et cum lagitis conmiscis. Adicies liquamen, vinum, oleum, facies ut ferveat. Cum ferbuerit, oenogarum simplex perfundis. Piper asperges et inferes.
27. Patina zomoteganona: crudos quoslibet pisces in patina
compones. Adicies oleum, liquamen, vinum coctum, fasciculum porri, coriandri. Dum coquitur, teres piper, ligustici,
origani fasciculum, de suo sibi fricabis, suffundes ius de suo
sibi, ova cruda dissolves, temperas. Exinanies in patinam,
facies ut obligetur. Cum tenuerit, piper aspargas et inferes.
28. Patina solearum: soleas battues et curatas compones in
patina. Adicies oleum, liquamen, vinum. Dum coquitur,
teres piper, ligusticum, origanum, fricabis, suffundes ius, ova
cruda, ut unum corpus facies. Super soleas refundes, lento

Pfeffer darauf und serviere. 23. Ein Auflauf von Fischen an
Stelle von Salzfisch: Brate beliebige zubereitete Fische, lege
sie auf ein Backblech und gib genügend Öl dazu und lege den
Salzfisch dazwischen. Laß es kochen. Wenn es gekocht hat,
gib Mulsum (oder Honigwasser?) dazu und rühre die Soße
um. 24. Ein Fischauflauf: Entschuppe beliebige Fische und
lege sie, wenn sie vorbereitet sind, beiseite. Schneide trockene
Schalotten oder Zwiebeln einer anderen Art auf das Blech und
lege die Fische darauf. Gib Liquamen und Öl dazu. Wenn es
gar ist, lege gekochten Salzfisch in die Mitte. Dazu muß noch
Essig gegeben werden. Streue auch großen Saturei (?) darauf.
25. Auflauf à la Lukrez[52]: Reinige die Zwiebeln von Schnittlauch (wirf die grünen Teile davon weg) und schneide sie auf
ein Blech. ⟨Dazu⟩ ein wenig Liquamen, Öl und Wasser.
Wenn es kocht, lege rohen Salzfisch in die Mitte. Aber wenn es
zusammen mit dem Salzfisch fast gar ist, träufle einen Eßlöffel Honigwasser darüber und ein ganz klein wenig Essig und
Defritum. Koste. Wenn es zu fade ist, gib Liquamen dazu,
wenn salzig, ein wenig Honig, und streue großen Saturei zum
Aufkochen darauf. 26. Auflauf von Stöckern: Entschuppe die
Stöcker und wasche sie, schlage Eier auf und vermische sie
mit den Stöckern. Gib Liquamen, Wein und Öl dazu und laß
es kochen. Wenn es gekocht hat, gieße einfaches Oenogarum
darüber. Streue Pfeffer darauf und serviere. 27. Auflauf von
gesottenen Fischen: Lege beliebige rohe Fische auf ein Backblech. Gib Öl, Liquamen, ⟨ein⟩gekochten[53] Wein und ein
Büschelchen Lauch und Koriander dazu. Während es kocht,
stoße Pfeffer, Liebstöckel, ein Büschelchen Oregano und
zermahle alles miteinander, gieße vom eigenen Saft (von dem
der Fische) dazu, verrühre rohe Eier damit und schmecke ab.
Schütte es auf das Blech und binde es. Wenn es fest geworden
ist, streue Pfeffer darauf und serviere. 28. Schollenauflauf:
Klopfe die Schollen und lege sie vorbereitet auf ein Backblech. Gib dazu Öl, Liquamen und Wein[54]. Während es
kocht, stoße Pfeffer, Liebstöckel, Oregano, zermahle es und
gieße Sauce dazu und rohe Eier, um eine glatte Masse zu

igni coques. Cum duxerit, piper asparges et inferes. 29. Patina
de piscibus: piperis unciam, caroeni heminam, conditi heminam, olei unc. II. 30. Patina de pisciculis: uvam passam,
piper, ligusticum, origanum, cepam, vinum, liquamen,
oleum. Transferes in patellam. Cum cocta fuerit, adicies in
ipsam pisciculos coctos. Amulo obligas et inferes. 31. Patina
de piscibus: denticem, auratam et mugilem. Accipies pisces,
curatos subassabis, postea eos in pulpas carpeas. Deinde ostrea curabis. Adicies in mortarium piperis scripulos VI, suffundes liquamen, fricabis. Postea adicies liquaminis cyathum
unum, vini cyathum unum, mittes in caccabum, et olei unc.
III et ostrea. Oenogarum facies fervere. Cum ferbuerit, patinam perungis et in pulpam supra scriptam mittes et in condituram de ostreis. Facies ut ferveat. Cum ferbuerit, franges ova
XL, infundes super ostrea. Cum strinxerint, piper asparges et
inferes. 32. Patina de pisce lupo: teres piper, cuminum, petroselinum, rutam, cepam, mel, liquamen, passum, olei guttas.
33. Patina de sorbas calida et frigida: accipies sorba, purgas, in
mortario fricabis, per colum colabis. Cerebella enervabis IV
cocta, mittes in mortario piperis scripulos VIII, suffundes
liquamen, fricabis. Adicies sorba, in se contemperabis, frangis ova VIII, adicies cyathum liquaminis unum. Patinam
mundam perunges et in termospodio pones, et sic eam impensam mittes, ac ⟨ut?⟩ subtus supra termospodium habeat.
Cum cocta fuerit, piper minutum aspargis et inferes.
34. Patina de Persicis: Persica duriora purgabis, frustratim
concides, elixas, in patina compones, olei modicum superstil-

machen. Gieße es über die Schollen und koche auf kleiner
Flamme. Wenn es gezogen hat, streue Pfeffer darauf und
serviere. 29. Fischauflauf: eine Unze (ca. 27,3 g) Pfeffer, ein
Quartarius (ca. 0,27 l) Caroenum, ein Quartarius Würzwein
und zwei Unzen (ca. 54,6 g) Öl. 30. Auflauf von kleinen
Fischen: Rosinen, Pfeffer, Liebstöckel, Oregano, Zwiebel,
Wein, Liquamen und Öl. Gib das in eine Auflaufform. Wenn
es gar ist, gib kleine gekochte Fische da hinein. Binde mit
Stärkemehl und trage auf. 31. Fischauflauf: Zahnbrasse,
Goldbrasse und Meeräsche: Nimm die Fische, grille sie an,
wenn sie zubereitet sind, und zerpflücke sie nachher in Filet-
stückchen. Dann bereite Austern zu. Gib in einen Mörser
6 Skrupel (ca. 6,8 g) Pfeffer, gieße Liquamen dazu und zermahle ihn, dann gib ein Gläschen (ca. 0,045 l) Liquamen und
ein Gläschen Wein dazu, gib es in den Topf, ebenso 3 Unzen
(ca. 82 g) Öl und die Austern. Laß das Oenogarum aufkochen. Wenn es aufgekocht ist, fette ein Backblech ein und gib
es zu dem oben beschriebenen Fischragout und in die
Gewürzsauce aus Austern. Laß es kochen. Wenn es gekocht
hat, schlage 40 Eier auf und gieße sie über die Austern. Wenn
es steif geworden ist, streue Pfeffer darauf und serviere.
32. Auflauf von Seebarsch: Stoße Pfeffer, Kümmel, Petersilie, Raute, Zwiebel, Honig, Liquamen, Passum und einige
Tropfen Öl. 33. Warmer und kalter Auflauf von Speierling:
Nimm Früchte vom Speierling, säubere sie, zerstampfe sie im
Mörser und passiere sie durch einen Durchschlag. Enthäute
vier gekochte Hirnchen, gib in einen Mörser 8 Skrupel (ca.
9,1 g) Pfeffer, gieße Liquamen hinzu und zermahle es. Gib
die Speierlingsfrüchte dazu und stimme es in sich ab, schlage
8 Eier auf und gib ein Gläschen Liquamen dazu. Fette ein
sauberes Backblech ein und lege es in ein Kohlebecken und
gib diese Masse so darauf, daß sie das Kohlebecken direkt an
der Unterseite hat (?)[55]. Wenn es gar ist, streue zerkleinerten
Pfeffer darauf und serviere. 34. Pfirsichauflauf: Saubere etwas
härtere Pfirsiche und schneide sie in Stücke, koche sie, lege sie
auf ein Backblech, träufle ein wenig Öl darüber und serviere

labis et cum cuminato inferes. 35. Patina de piris: pira elixa et
purgata e medio teres cum pipere, cumino, melle, passo,
liquamine, oleo modico. Ovis missis patinam facies, piper
super asparges et inferes. 36. Patina urticarum calida et frigida: urticam accipies, lavas, colas per colum, exsiccabis in
tabula, eam concides. Teres piperis scripulos X, suffundes
liquamen, fricabis. Postea adicies liquaminis cyathos II, olei
uncias VI. Caccabus ferveat. Cum ferbuerit, coctum tolles ut
refrigescat. Postea patinam mundam perungues, franges ova
VIII et agitabis. Perfundes, subtus supra cinerem calidam
habeat. Coctam piper minutum asparges et inferes. 37. Patina
de Cidoneis: mala Cydonia cum porris, melle, liquamine,
oleo, defri[ca]to coques et inferes, vel elixata ex melle.

3) Minutal de piscibus vel isiciis: 1. Minutal marinum: pisces
in caccabum, adicies liquamen, oleum, vinum, cocturam.
Porros capitatos, coriandrum minutatim concides, isiciola de
pisce minuta facies et pulpas piscis cocti concapis, urticas
marinas bene lotas mittes. Haec omnia cum cocta fuerint,
teres piper, ligusticum, origanum, fricabis, liquamen suffundes, ius de suo sibi, exinanies in caccabum. Cum fervuerit,
tractam confringes, obligas, agitas. Piper aspargis et inferes.
2. Minutal Terentinum: concides in caccabum albamen de
porris minutatim, adicies oleum, liquamen, cocturam, isiciola vel deminuta, et sic temperas ut tenerum sit. Isicium
Terentinum facies: inter esicia confectionem invenies. Ius tale
facies: piper, ligusticum, origanum, fricabis, liquamen suffundes, ius de suo sibi, vino et passo temperabis. Mittes ⟨in⟩

sie mit Kümmelsauce. 35. Birnenauflauf: Zerstampfe ge-
kochte und entkernte Birnen mit Pfeffer, Kümmel, Honig,
Passum, Liquamen und ein wenig Öl. Nach Zugabe von
Eiern mache einen Auflauf, streue Pfeffer darauf und serviere. 36. Warmer und kalter Brennesselauflauf: Nimm
Brennesseln, wasche sie, lasse sie durch einen Durchschlag
abtropfen, trockne sie auf dem Tisch und schneide sie klein.
Zerstoße 10 Skrupel (ca. 11,4 g) Pfeffer, gieße Liquamen dazu
und zermahle es. Nachher gib zwei Gläschen (ca. 0,091 l)
Liquamen und sechs Unzen (ca. 164 g) Öl dazu. Laß es in
einem Topf kochen. Wenn es gekocht hat und gar ist, nimm
es vom Feuer, so daß es abkühlt. Nachher fette die saubere
Auflaufform ein, schlage acht Eier auf und rühre es um.
Gieße es ⟨in die Form⟩ aus, direkt an der Unterseite soll es
heiße Asche haben[56]. Wenn es gar ist[57], streue zerkleinerten
Pfeffer darauf und serviere. 37. Quittenauflauf: Koche Quitten mit Lauch, Honig, Liquamen, Öl und Defritum (?)[58] und
serviere sie, oder in Honig gekocht.

3) Frikassee von Fischen oder Geschnetzeltem: 1. Meeres-
frikassee: ⟨Lege⟩ die Fische in einen Topf, gib Liquamen,
Öl, Wein und Brühe dazu. Schneide Lauchstangen mit den
Knollen (?)[59] und Koriander klein, mache kleingeschnittenes
Gulasch aus Fisch und nimm Filet von gekochtem Fisch und
gib gut gewaschene Quallen dazu. Wenn das alles gar ist,
stoße Pfeffer, Liebstöckel und Oregano und zermahle es,
gieße Liquamen und vom eigenen Saft dazu und gieße es in
den Topf. Wenn es gekocht hat, zerbrösele Teig, binde es und
rühre um. Streue Pfeffer darauf und serviere. 2. Frikassee à la
Terenz[60]: Schneide die weißen Enden von Lauchstangen
klein in einen Topf, gib dazu Öl, Liquamen, Brühe, Fleischbällchen oder kleingeschnittenes Fleisch und schmecke so ab,
daß es mild ist. Mache Gulasch à la Terenz: die Zubereitung
findest du bei den Frikadellen[61]. Mache folgende Sauce: Pfeffer, Liebstöckel und Oregano, zermahle es, gieße Liquamen
dazu, vom eigenen Saft und schmecke mit Wein und Passum

caccabum. Cum fervuerit, tracta⟨m⟩ confringes, obligas.
Piperis aspergis et inferes. 3. Minutal Apicianum: oleum,
liquamen, vinum, porrum capitatum, mentam, pisciculos,
isiciola minuta, testiculos caprorum, glandulas porcellinas.
Haec omnia in se quoqua⟨n⟩tur. Teres piper, ligusticum,
coriandrum viride vel semen, suffundis liquamen, adicies
mellis modicum et ius de suo sibi, vino et melle temperabis.
Facies ut ferveat. Cum fervuerit, tractam confringes, obligas,
coagitas. Piper aspargis et inferes. 4. Minutal Matianum: adicies in caccabum oleum, liquamen, cocturam, concides porrum, coriandrum, isicia minuta. Spatulam porcinam coctam
tessellatim concides cum sua sibi tergilla. Facies ut simul
coquantur. Media coctura mala Matiana purgata intrinsecus
concisa tessellatim mittes. Dum coquitur, teres piper,
cuminum, coriandrum viridem vel semen, mentam, laseris
radicem, suffundis acetum, mel, liquamen, defritum modice
et ius de suo sibi, aceto modico temperabis. Facies ut ferveat.
Cum ferbuerit, tractam confringes et ex ea obligas. Piper
asparges et inferes. 5. Minutal dulce ex citriis: adicies in caccabo oleum, liquamen, cocturam, porrum capitatum, concides coriandrum minutatim, spatulam porcinam coctam et isiciola minuta. Dum coquitur, teres piper, cuminum, coriandrum vel semen, ruta⟨m⟩ viridem, laseris radicem, suffundis
acetum, defritum, ius de suo sibi, aceto temperabis. Facies ut
ferveat. Cum ferbuerit, citrium purgatum intro foras, tessellatim concisum et elixatum in caccabum mittes. Tractam confringes et ex ea obligabis. Piper aspargis et inferes. 6. Minutal
ex praecoquis: adicies in caccabo oleum, liquamen, vinum,
concides cepam Ascaloniam aridam, spatulam porcinam coctam tessellatim concides. His omnibus coctis teres piper,
cuminum, mentam siccam, anethum, suffundis mel, liquamen, passum, acetum modice, ius de suo sibi, temperabis.

ab. Gib es in den Topf. Wenn es gekocht hat, zerbrösele Teig und binde. Streue Pfeffer darauf und serviere. 3. Frikassee à la Apicius: Öl, Liquamen, Lauch mit Wurzel, Minze, kleine Fische, kleingeschnittenes Gulasch, Hoden von Ziegenböcken und Brieschen[62] vom Ferkel. Das alles soll zusammen gekocht werden. Stoße Pfeffer, Liebstöckel, frischen Koriander oder Koriandersamen, gieße Liquamen dazu, gib ein wenig Honig und vom eigenen Saft dazu und schmecke mit Wein und Honig ab. Laß es aufkochen. Wenn es aufgekocht hat, zerbröckele Teig, binde und rühre um. Streue Pfeffer darauf und serviere. 4. Frikassee à la Matius[63]: Gib in einen Topf Öl, Liquamen und Brühe, schneide Lauch, Koriander und Gulasch klein. Schneide gekochte Schweineschulter zusammen mit ihrer Schwarte in Würfel. Laß es zusammen kochen. Wenn es halb gar ist, gib matianische Äpfel ohne Kerngehäuse in Würfel geschnitten dazu. Während es kocht, stoße Pfeffer, Kümmel, frischen Koriander oder Koriandersamen, Minze, Laserwurzel, gieße dazu Essig, Honig, Liquamen, ein wenig Defritum und vom eigenen Saft und schmecke mit ein wenig Essig ab. Laß es aufkochen. Wenn es aufgekocht ist, zerbröckele Teig und binde damit. Streue Pfeffer darauf und serviere. 5. Ein süßes Frikassee mit Zitronatzitronen[64]: Gib in einen Topf Öl, Liquamen, Brühe, Lauch mit Wurzel, schneide Koriander, gekochte Schweineschulter und Gulasch klein. Während es kocht, stoße Pfeffer, Kümmel, Koriander oder Koriandersamen, frische Raute, Laserwurzel, gieße Essig, Defritum und vom eigenen Saft dazu und schmecke mit Essig ab. Laß es kochen. Wenn es gekocht hat, gib eine entkernte, gewürfelte und gekochte Zitronatzitrone[65] in den Topf. Zerbröckele Teig und binde damit. Streue Pfeffer darauf und serviere. 6. Frikassee mit Aprikosen: Gib in einen Topf Öl, Liquamen, Wein, schneide trockkene Schalotten und würfele eine gekochte Schweineschulter. Wenn das alles gar ist, stoße Pfeffer, Kümmel, getrocknete Minze und Dill, gib dazu Honig, Liquamen, Passum, ein wenig Essig, vom eigenen Saft und schmecke ab. Gib ent-

Praecoquia enucleata mittis, facies ut ferveant, donec perco-
quantur. Tracta confringes, ex ea obligas. Piper aspargis et
inferes. 7. Minutal ex iecineribus et pulmonibus leporis: invenies inter lepores quemadmodum facies. Adicies ⟨in⟩ caccabum liquamen, vinum, oleum, coctura⟨m⟩, porr[or]um et
coriandrum concisum, isicia minuta, spatulam porcinam coctam tessellatim concisam, et in eundem caccabum inmittes.
Dum coquitur, teres piper, ligusticum, origanum, ius de suo
sibi, vino et passo temperabis. Facies ut ferveat. Cum ferbuerit, tractam confringes et ex ea obligas. Piper aspargis et inferes. 8. Minutal ex rosis: eodem iure supra scripto, sed passum
plus adicies.

4) Tisanam vel sucum: 1. Tisanam sic facies: tisanam lavando
fricas. Quam ante diem infundes. Impones supra ignem calidum. Cum bullierit, mittes olei satis et anethi modicum fasciculum, cepam siccam, satureiam et coloefium, ut ibi coquantur propter sucum. Mittes coriandrum viride et sale simul
tritum et facies ut ferveat. Cum bene ferbuerit, tolles fasciculum et transferes in alterum caccabum tisanam sic, ne
fundum tangat propter combusturam. Ligas ⟨bene⟩ et colas
in caccabulo supra acronem coloefium. Teres piper, ligusticum, pulei aridi modicum, cuminum et silfi frictum, ut bene
tegatur. Suffundis ⟨mel⟩, acetum, defritum, liquamen, refundis in caccabum, sed coloefium acronem facias ut ferveat
super ignem lentum. 2. Tisanam farricam (?): infundis cicer,
lenticulam, pisa defricas tisanam et cum leguminibus elixas.
Ubi bene bullierit, olei satis mittis et super viridia concidis
porrum, coriandrum, anethum, feniculum, betam, malvam,

steinte Aprikosen dazu, und laß sie aufkochen, bis sie gar
sind. Zerbröckele Teig und binde damit. Streue Pfeffer darauf
und serviere. 7. Frikassee aus Hasenleber und -lungen: Bei
den Hasen wirst du finden, wie du ihn zubereiten mußt[66].
Gib in den Topf Liquamen, Wein, Öl, Brühe, Lauch und
geschnittenen Koriander, kleingeschnittenes Gulasch, gekochte und in Würfel geschnittene Schweineschulter und gib
alles in den selben Topf hinein. Während es kocht, stoße
Pfeffer, Liebstöckel, Oregano, vom eigenen Saft und
schmecke mit Wein und Passum ab. Laß es kochen. Wenn es
gekocht hat, zerbröckele Teig und binde damit. Streue Pfeffer
darauf und serviere. 8. Frikassee mit Rosen: mit derselben
Sauce wie oben beschrieben, aber gib mehr Passum dazu.

4) Gerstengrütze oder Brei: 1. Gerstengrütze mache folgen-
dermaßen[67]: Wasche und zerstampfe die Gerste, die du einen
Tag vorher einweichst. Setze sie auf eine heiße Flamme.
Wenn es aufgekocht ist, gib genug Öl und ein nicht zu großes
Büschelchen Dill, getrocknete Zwiebel, Saturei und Hüftknochen vom Schwein dazu, damit es dort wegen des Saftes
kocht (?)[68]. Gib frischen und zusammen mit Salz gestoßenen
Koriander dazu und laß es aufkochen. Wenn es gut aufgekocht ist, nimm das Büschelchen (Dill) heraus und gib die
Gerstengrütze so in einen anderen Topf, daß sie, um nicht
anzubrennen, den Boden nicht berührt. Rühre es glatt und
passiere es in einen kleinen Topf über die Speckschicht der
Schweinehüfte (?)[69]. Stoße Pfeffer, Liebstöckel, ein wenig
trockene Poleiminze, Kümmel und gemahlenes Silphium, so
daß es gut bedeckt ist. Gieße dazu ⟨Honig?⟩, Essig, Defritum, Liquamen, gieße es in den Topf (in den größeren?)
zurück, aber die Schweinehüfte laß auf kleiner Flamme
kochen. 2. Getreidegrütze: Weiche Kichererbsen, Linsen
und Erbsen ein. Stampfe Gerstengrütze und koche sie mit den
Hülsenfrüchten. Wenn es gut aufgewallt ist, gib genügend Öl
dazu und schneide über das grüne Gemüse Lauch, Koriander, Dill, Fenchel, rote Bete, Malve, weich(gekochten?)[70]

cauliculum molle et viridia minuta concisa. In caccabum mittis cauliculos elixos et teres feniculi semen satis, origanum, silfi, ligusticum. Postquam triveris, liquamine temperabis, et super legumina refundis et agites. Colicolorum minutas super concidis.

5) Gustum: 1. Gustum versatile: albas betas minutas, porros requietos, apios, bulbos, cocleas elixas, gizeria pullorum, aucellas, isicia coques ex iure. Proungis patinam et folia malvarum substernis et praemixta holera componis sicut laxa, permisces bulbos inversos, Damascena[s], cocleas, isicia, Lucanicas breves concidis, liquamine, oleo, vino, aceto ponis ut ferveat. Cum ferbuerit, teres piper, ligusticum, zingiber, pyrethrum modicum, fricabis, suffundis et facies ut bulliat patina. Ova complura confringis et ius mortarii reliquum commoves, conmiscis, patinam obligabis. Dum ducit, oenogarum ad eam sic facies: teres piper, ligusticum, fricabis, suffundis liquamen et vinum, passo temperabis vel vino dulce. Temperabis in caccabulo, mittis olei modicum, facies ut ferveat. Cum ferbuerit, amulo obligas. Patinam versas in lancem, folia malvarum ante tollis, oenogaro profundis, insuper piper aspargis et inferes. 2. Gustum de holeribus: condies bulbos liquamine, oleo et vino. Cum cocti fuerint, iecinera porcelli et gallinarum et ungellas et aucellas divisas: haec omnia cum bulbis fervea⟨n⟩t. Cum ferbuerint, teres piper, ligusticum, suffundis liquamen, vinum et passum, ut dulce sit, ius de suo sibi suffundis, revocas in bulbos. Cum ferbue-

Kohl und kleingeschnittene frische Kräuter. Gib in einen Topf gekochte Kohlsprößlinge und stampfe genügend Fenchelsamen, Oregano, Silphium und Liebstöckel. Wenn du es gestampft hast, schmecke mit Liquamen ab und gieße es über die Hülsenfrüchte und rühre um. Hacke darüber kleingeschnittene Kohlsprößlinge.

5) Vorspeise: 1. Eine gestürzte Vorspeise: Koche kleingeschnittene weiße Rüben, abgehangenen Lauch, Sellerieknollen, Zwiebeln, gekochte Schnecken, Innereien von Hühnern, Wachteln (?)[71] und Geschnetzeltes in Sauce. Fette ein Backblech ein und streue Malvenblätter als Unterlage darauf und lege darauf vorher gemischtes Gemüse nicht zu dicht, mische unzerschnittene Zwiebeln, Damaszenerpflaumen, die Schnecken, das Geschnetzelte, zerschneide kurze lukanische Würstchen[72] mit Liquamen, Öl, Wein und Essig und setze es auf, damit es kocht. Wenn es aufgekocht ist, stoße Pfeffer, Liebstöckel, Ingwer, ein wenig Bertram und mache es sämig, gieße es dazu und laß den Auflauf aufwallen. Schlage mehrere Eier auf und rühre die übrige Sauce im Mörser damit an, mische es und binde den Auflauf ⟨damit⟩. Während du es ziehen läßt (oder: Während es zieht?), mache folgendermaßen Oenogarum dazu: Stoße Pfeffer, Liebstöckel, mahle es, gieße Liquamen und Wein dazu und schmecke mit Passum oder süßem Wein ab. Schmecke es im Topf ab, gib ein wenig Öl dazu und laß es aufkochen. Wenn es aufgekocht ist, binde mit Stärkemehl. Stürze den Auflauf auf eine Platte, nimm die Malvenblätter vorher weg, begieße es dann mit dem Oenogarum, streue Pfeffer darüber und serviere. 2. Vorspeise von Gemüse: Würze Zwiebeln (eine Art Gemüsezwiebeln) mit Liquamen, Öl und Wein. Wenn sie gar sind, Leber vom Ferkel und von Hühnern und Schweinshaxen und zerteilte Wachteln[73]: das alles soll mit den Zwiebeln aufkochen. Wenn es aufgekocht ist, stoße Pfeffer, Liebstöckel, gieße Liquamen, Wein und Passum, damit es süß wird, dazu, gieße vom eigenen Saft dazu und gieße es wieder auf die Zwiebeln. Wenn

rint, ad momentum amulo obligas. 3. Gustum de cucurbitas farsiles: cucurbitas a latere subtiliter ad modum tessellae oblongae decidas et excavas et mittis in frigidam. Impensam ad eam sic facies: teres piper, ligusticum, origanum, suffundis liquamen, cerebella cocta teres, ova cruda dissolves et mittes ut unum corpus efficias; liquamine temperabis. Et cucurbitas supra scriptas non plene coctas [et] ex ea impensa imples, de tessella sua recludis, surclas et coctas eximes et frigis. Oenogarum sic facies: teres piper, ligusticum, suffundis vinum et liquamen, passo temperabis, olei modicum, mittis in caccabum et facies ut ferveat. Cum ferbuerit, amulo obligas, et cucurbitas frictas oenogaro perfundis et piper aspargis et inferes. 4. Gustum de praecoquiis: duracina primotica [pusilla praecoquia] purgas, enucleas, in frigidam mittis, in patina componis. Teres piper, mentam siccam, suffundis liquamen, adicies mel, passum, vinum et acetum. Refundis in patina super praecoquia, olei modicum mittis et lento igni ferveat. Cum ferbuerit, amulo obligas. Piper aspargis et inferes.

es aufgekocht ist, binde es sofort mit Stärkemehl. 3. Vorspeise von gefüllten Kürbissen: Schneide die Kürbisse vorsichtig von der Seite nach Art eines länglichen Vierecks auf,
höhle sie aus und gib sie in kaltes Wasser. Die Füllung dafür
bereite folgendermaßen: Stoße Pfeffer, Liebstöckel, Oregano, gieße Liquamen dazu, stampfe gekochte Hirnchen,
verrühre rohe Eier und gib sie dazu, um eine glatte Masse zu
machen; schmecke mit Liquamen ab und fülle die oben
beschriebenen Kürbisse, wenn sie noch nicht ganz gar sind,
mit dieser Masse, schließe sie wieder mit ihrem Viereck,
stecke sie auf Spießchen und nimm sie heraus, wenn sie gar
sind, und grille sie. Das Oenogarum bereite folgendermaßen:
Stoße Pfeffer und Liebstöckel, gieße Wein und Liquamen
dazu, schmecke mit Passum ab, ein wenig Öl dazu, gib es in
den Topf und laß es aufkochen. Wenn es aufgekocht ist,
binde mit Stärkemehl und übergieße die gegrillten Kürbisse
mit dem Oenogarum, streue Pfeffer darauf und serviere.
4. Vorspeise von Aprikosen: Säubere gerade reife, feste Aprikosen, entsteine sie, gib sie in kaltes Wasser und lege sie in
eine Pfanne. Stoße Pfeffer, getrocknete Minze, gieße Liquamen dazu und gib Honig, Passum, Wein und Essig dazu.
Gieße es in die Pfanne über die Aprikosen, gib ein wenig Öl
dazu und koche auf kleiner Flamme. Wenn es gekocht hat,
binde mit Stärkemehl. Streue Pfeffer darauf und serviere.

Liber V: Ospreo⟨s⟩

I. Pultes. II. Lenticula. III. Pisa. IV. Concicla. V. Tisana et alica. VI. Fabaciae virides et Baianae. VII. Faenum Graecum. VIII. Faseoli et cicer.

1) Pultes: 1. Pultes Iulianae sic coquuntur: alica⟨m⟩ purgata⟨m⟩ infundis, coques, facies ut ferveat. Cum ferbuerit, oleum mittis, cum spissaverit, li[g]as diligenter. Adicies cerebella duo cocta et selibram pulpae quasi ad isicia liatae, cum cerebellis teres et in caccabum mittis. Teres piper, ligusticum, feniculi semen, suffundis liquamen et vinum modice, mittis in caccabum supra cerebella et pulpam. Ubi satis f⟨erb⟩uerit, cum iure misces. Ex hoc paulatim alicam condies et ad trullam permisces et lias, ut quasi sucus videatur. 2. Pultes cum iure oenococti: pultes oenococti iure condies, copadia, similam sive alicam coctam hoc iure condies, et cum copadiis porcinis apponis oenococti iure conditis. 3. Pultes tractogalatae: lactis sextarium et aquae modicum mittes in caccabo novo et lento igni ferveat. Tres orbiculos tractae siccas et confringis et partibus in lac summittis. Ne uratur, aquam miscendo agitabis. Cum cocta fuerit, ut est, super ignem mittis. Melle ex musteis cum lacte similiter facies, salem et oleum minus mittis. 4. Pultes: alica⟨m⟩ purgata⟨m⟩ infundis, coques. Cum ferbuerit, oleum mittis. Cum spissaverit, adicies cerebella duo cocta et selibram pulpae quasi ad isicia liatae, cum cerebellis teres et in caccabum mittes. Teres piper, ligusticum, feniculi semen, suffundis liquamen et meri modicum, et mittis in caccabum

5. Buch: Hülsenfrüchte

I. Brei. II. Linsen. III. Erbsen. IV. Bohnentopf. V. Gersten und Speltgrütze. VI. Grüne und baianische Puffbohnen. VII. Hornklee. VIII. Grüne Bohnen und Kichererbsen.

1) Brei: 1. Iulianischer[74] Brei wird folgendermaßen gekocht: Weiche gereinigte Grütze ein, koche sie und lasse sie aufkochen. Wenn sie aufgekocht ist, gib Öl dazu, und wenn sie steif geworden ist, rühre sie sorgfältig glatt. Gib zwei gekochte Hirnchen hinzu und ein halbes Pfund (ca. 164 g) fast zu Hackfleisch zerrupftes Fleisch(?), zerstampfe es mit den Hirnchen und gib es in den Topf. Stoße Pfeffer, Liebstöckel, Fenchelsamen, gieße Liquamen und ein wenig Wein dazu und gib es in den Topf über die Hirnchen und das Fleisch. Wenn es genügend ⟨gekocht⟩ hat, mische es mit der Sauce. Damit würze nach und nach die Grütze, mische mit(?) einem Schöpflöffel durch und rühre es glatt, so daß es wie ein dicker Brei aussieht. 2. Brei mit gekochter Weinsauce(?): Würze den Brei mit gekochter Weinsauce, würze Schnitzel, feinstes Weizenmehl oder gekochte Grütze mit dieser Sauce und serviere mit Schweineschnitzeln, die mit gekochter Weinsauce gewürzt sind. 3. Milchteigbrei: Gib in einen neuen (Ton-) Topf einen Sextar (ca. 0,55 l) Milch und ein wenig Wasser, und laß es auf kleiner Flamme kochen. Trockne drei Teigklößchen und zerbröckele sie und gib sie in Teilen in die Milch. Damit es nicht anbrennt, rühre unter Zugabe von Wasser um. Wenn es gar ist, gib es, wie es ist, über das Feuer. Mache es ähnlich aus Mostbrötchen mit Honig und Milch, gib aber weniger Salz und Öl dazu. 4. Brei: Weiche gereinigte Grütze ein und koche sie. Wenn es gekocht hat, gib Öl dazu. Wenn es steif geworden ist, gib zwei gekochte Hirnchen hinzu und Fleisch, das fast zu Gulasch zerpflückt ist, zerstampfe es mit den Hirnchen und gib es in einen Topf. Stoße Pfeffer, Liebstöckel, Fenchelsamen, gieße Liquamen dazu

supra cerebella et pulpam. Ubi satis f⟨erb⟩uerit, cum iure misces. Ex hoc paulatim alicam condies, sed ius ut quasi sucus videatur.

2) Lenticula: 1. Lenticula ex sfondilos [sive sfondilis]: accipies caccabum mundum. Adicies in [in] mortarium piper, cuminum, semen coriandri, menta, rutae, pulei, fricabis, suffundes acetum, adicies mel, liquamen et defritum, aceto temperabis, reexinanies in caccabo. Sfondilos elixatos teres et mittis ut ferveant. Cum bene ferbuerint, obligas. Adicies in boletari oleum viridem. 2. Lenticulam de castaneis: accipies caccabum novum, et castaneas purgatas diligenter mittis. Adicies aquam et nitrum modice, facies ut coquatur. Cum coquitur, mittis in mortario piper, cuminum, semen coriandri, mentam, rutae, laseris radicem, puleium, fricabis. Suffundis acetum, mel, liquamen, aceto temperabis, et super castaneas coctas refundis. Adicies oleum, facies ut ferveat. Cum bene ferbuerit, tudiclabis, ut in mortario teres. Gustas: si quid deest, addes. Cum in boletar miseris, addes oleum viridem. 3. Aliter lenticulam: coquis. Cum despumaveris, porrum et coriandrum viride supermittis, coriandri semen, puleium, laseris radicem, semen mentae et rutae suffundis, acetum adicies, melle, liquamine, aceto, defrito temperabis, adicies oleum, agitabis, si quid opus fuerit, mittis. Amulo obligas, insuper oleum viridem mittis, piper aspargis et inferes.

3) Pisa: 1. Pisum coques. Cum despumaverit, porrum, coriandrum et cuminum supra mittis. Teres piper, ligusticum, [careum, hoc est caravita] careum, anethum, ocymum viridem, suffundis liquamen, vino et liquamine temperabis,

und ein wenig unvermischten Wein und gib es in den Topf
über die Hirnchen und das Fleisch. Wenn es genügend
⟨gekocht⟩ hat, mische es mit der Sauce. Damit würze die
Grütze nach und nach, aber so, daß die Sauce fast wie ein
dicker Brei aussieht.

2) Linsen: 1. Linsen mit Lazarusklappen (eine Muschelart):
Nimm einen sauberen Topf. Gib in einen Mörser Pfeffer,
Kümmel, Koriandersamen, Minze, Raute und Poleiminze,
zerreibe es, gieße Essig hinzu, gib Honig, Liquamen und
Defritum dazu und schmecke mit Essig ab. Schütte es in den
Topf. Stampfe gekochte Lazarusklappen und gib sie dazu,
damit sie aufkochen. Wenn sie gut aufgekocht sind, binde.
Gib in die Servierschüssel grünes Öl. 2. Linsen mit Kastanien: Nimm einen neuen Topf und gib die sorgfältig gesäuberten Kastanien hinein. Gib Wasser und ein wenig Natron
dazu und laß es kochen. Wenn es kocht, gib in einen Mörser
Pfeffer, Kümmel, Koriandersamen, Minze, Raute, Laserwurzel, Poleiminze und zermahle es. Gieße Essig, Honig,
Liquamen dazu und schmecke mit Essig ab und gieße es über
die gekochten Kastanien. Gib Öl dazu und laß es aufkochen.
Wenn es gut aufgekocht ist, stampfe es, wie du im Mörser
stampfst. Koste; wenn etwas fehlt, gib es dazu. Nachdem du
es in eine Servierschüssel getan hast, gib grünes Öl dazu.
3. Linsen auf andere Art: Koche sie. Nachdem du sie abgeschäumt hast, gib Lauch und frischen Koriander darüber, tue
Poleiminze, Laserwurzel, Minzen- und Rautensamen dazu,
schmecke mit Honig, Liquamen, Essig und Defritum ab, gib
Öl dazu, rühre um und, wenn noch etwas nötig ist, gib es
hinein. Binde mit Stärkemehl, gieße grünes Öl darüber,
streue Pfeffer darauf und serviere.

3) Erbsen: 1. Koche die Erbsen. Wenn der Schaum zurückgegangen ist, gib Lauch, Koriander und Kümmel darauf. Stoße
Pfeffer, Liebstöckel, Feldkümmel, Dill, frisches Basilikum,
gieße Liquamen dazu und schmecke mit Wein und Liquamen

facies ut ferveat. Cum ferbuerit, agitabis. Si quid defuerit, mittis et inferes. 2. Pisam farsilem: coques. Cui oleum mittis, ⟨accipies⟩ abdomen et mittis in caccabum, liquamen et porrum capitatum, coriandrum viridem imponis, ut coquatur. Isicia minuta facies quadrata, et coques simul turdos vel aucellas vel de pullo conciso et cerebella prope cocta cum iuscello coques. Lucanicas assas, petasonem elixas, porro⟨s⟩ ex aqua coques, nucleorum heminam frigis. Teres piper, ligusticum, origanum, gingiber, ius abdominis fundis, lias. Angularem accipies (conversari potest) et omentis tegis, oleo profundis, deinde nucleos aspargis, et supra pisam mittis, ut tegas fundum angularis, et sic componis supra petasonis pulpas, porros, Lucanicas concisas. Iterum pisam supermittis. Item alternis aptabis obsonia, quousque impleatur angularis. Novissime pisa admittis, ut intus omnia contineat. Coques in furno vel lento igni imponis, ut ducat ad se deorsum. Ova dura facies, vitella eicies, in mortario mittis cum pipere albo, nucleis, melle, vino candido et liquamine modico. Teres et mittis in vas ut ferveat. Cum ferbuerit, pisam mittis in lancem, et hoc ius perfundis. Hoc ius candidum appellatur. 3. Pisum Indicum: pisum coques. Cum despumaverit, porrum et coriandrum concidis et mittis in caccabum ut ferveat. Et accipies sepias minutas, sic quomodo sunt cum atramento suo, ut simul coquantur. Adicies oleum, liquamen et vinum, fasciculum porri et coriandri. Facies ut coquantur. Cum coctum fuerit, teres piper, ligusticum, origanum, carei modicum, suffundis ius de suo sibi, vino et passo temperabis.

ab und laß es aufkochen. Wenn es aufgekocht hat, rühre um. Wenn etwas fehlt, gib es dazu und trage auf. 2. Erbsen mit Fleischfüllung: Koche sie. Gib Öl und Bauchfleisch dazu und gib sie in einen Topf, gib Liquamen, Lauch mit Stengel und frischen Koriander hinein und laß es kochen. Mache kleingewürfeltes Gulasch und koche gleichzeitig Drosseln oder Wachteln(?) oder gehacktes Hühnerfleisch und koche fast gare Hirnchen mit der Sauce. Grille lukanische Würstchen, koche einen Vorderschinken, koche Lauch in Wasser und röste 0,3 l (ca. 300 g) Pinienkerne. Stoße Pfeffer, Liebstöckel, Oregano und Ingwer, gieße Brühe vom Bauchfleisch dazu und rühre es glatt. Nimm eine viereckige Auflaufform (sie muß sich stürzen lassen) und bedecke sie mit Fettnetz (= Backfolie), begieße sie mit Öl, streue dann die Pinienkerne darauf, und gib die Erbsen darauf, so daß du den Boden der Auflaufform bedeckst, und lege so die Stücke vom Vorderschinken, die Lauchstangen und die kleingeschnittenen lukanischen Würstchen darauf. Gib darüber wieder Erbsen. Genauso lege die Zutaten abwechselnd übereinander, bis die Auflaufform voll ist. Ganz zuoberst lege Erbsen darauf, damit sie innen alles einschließen. Backe es im Ofen oder setze es auf kleiner Flamme auf, damit es sich nach unten setzt. Mache hartgekochte Eier, entferne die Dotter und gib sie mit weißem Pfeffer, Pinienkernen, Honig, Weißwein und ein wenig Liquamen in einen Mörser. Stoße es und gib es zum Aufkochen in ein Gefäß. Wenn es aufgekocht ist, gib den Erbsenauflauf (eigtl.: die Erbsen) auf eine Platte und übergieße ihn mit der Sauce. Diese nennt man »Weiße Sauce«. 3. Erbsen auf indische Art: Koche die Erbsen. Wenn der Schaum zurückgegangen ist, schneide Lauch und Koriander und gib es zum Aufkochen in den Topf. Und nimm kleingeschnittene Tintenfische so, wie sie sind, mit ihrer Tinte, damit sie zusammen damit kochen. Gib Öl dazu, Liquamen und Wein, ein Bündelchen Lauch und Koriander. Laß es kochen. Wenn es gar ist, stoße Pfeffer, Liebstöckel, Oregano, ein wenig Feldkümmel und gieße vom eigenen Saft dazu und

Sepias minutatim concidis et in pisum mittis. Piper asparges
⟨et inferes. 4. Aliter:⟩ pisum coques, agitabis et mittis in frigidam. Cum refrigeraverit, deinde agitabis. Concidis cepam
minutatim et albamentum ovi, oleo et sale condies, aceti
modicum adicies. In boletari vitellum ovi cocti colas, insuper
oleum viridem mittis et inferes. 5. Pisam Vitellianam sive
fabam: pisam coques, lias. Teres piper, ligusticum, gingiber,
et super condimenta mittis vitella ovorum, quae dura coxeris,
mellis unc. III [teres], liquamen vinum et acetum. Haec
omnia mittis in caccabum et condimentum, quae trivisti.
Adiecto oleo ponis ut ferveat. Condies pisam, lias, si aspera
fuerit, mel[le] mittis et inferes. 6. Aliter pisa sive faba: ubi
despumaverit, teres mel, liquamen, caroenum, cuminum,
rutam, apii semen, oleum et vinum. Tudiclabis. Cum pipere
trito et cum isiciis inferes. 7. Aliter pisam sive fabam: despu-
matam subtrito lasare Parthico, liquamen et caroeno condies.
Oleum modice superfundis et inferes. 8. Pisam adulteram
versatilem: coques pisam. Cerebella vel aucellas vel turdos
exossatos a pectore, Lucanicas, iecinera, gizeria pullorum in
caccabum mittis, liquamen, oleum. Fasciculos porri capitati,
coriandrum viride concidis, et cum cerebellis coques. Teres
piper, ligusticum et liquamen. 9. Pisam sive fabam Vitellianam: pisam sive fabam coques. Cum despumaverit, mittis
porrum, coriandrum et flores malvarum. Dum coquitur,
teres piper, ligusticum, origanum, feniculi semen, suffundis
liquamen et vinum. In caccabum ! Adicies oleum. Cum fervuerit, agitas. Oleum viridem insuper mittis et inferes.

schmecke mit Wein und Passum ab. Hacke die Tintenfische klein und gib sie zu den Erbsen. Streue Pfeffer darauf ⟨und serviere⟩. 4. ⟨Auf andere Art:⟩ Koche die Erbsen, rühre sie um und gib sie in kaltes Wasser. Wenn sie abgekühlt sind, dann rühre sie wieder um. Hacke eine Zwiebel und gekochtes Eiweiß klein, würze mit Öl und Salz und gib ein wenig Essig dazu. Drücke das gekochte Eigelb durch ein Sieb in eine Schüssel, gib darüber grünes Öl und serviere. 5. Erbsen oder Saubohnen à la Vitellius[75]: Koche die Erbsen und rühre sie glatt. Stoße Pfeffer, Liebstöckel und Ingwer und gib über die Gewürze Eidotter, die du hartgekocht hast, drei Unzen (ca. 82 g) Honig, Liquamen, Wein und Essig. Tu das alles in einen Topf und auch das Gewürz, das du zerstoßen hast. Nach Zugabe von Öl setze es auf, damit es aufkocht. Würze die Erbsen und rühre sie glatt; wenn es zu herb ist, gib Honig dazu und trage auf. 6. Erbsen oder Saubohnen auf andere Art: Wenn der Schaum zurückgegangen ist, stoße Honig, Liquamen, Caroenum, Kümmel, Raute, Selleriesamen, Öl und Wein. Stampfe es. Trage es mit gemahlenem Pfeffer oder mit Geschnetzeltem auf. 7. Erbsen oder Saubohnen auf andere Art: Würze sie, wenn sie abgeschäumt sind, mit fein gemahlenem parthischem Laser, Liquamen und Caroenum. Gieße ein wenig Öl darüber und trage auf. 8. Unechter gestürzter Erbsenauflauf: Koche Erbsen. Gib ein Hirnchen oder Wachteln oder von der Brust her ausgebeinte Drosseln, lukanische Würstchen, Leber und Innereien von Hühnern in einen Topf, dazu Liquamen und Öl. Hacke Bündelchen von Lauch mit Stengel und frischem Koriander und koche es zusammen mit den Hirnchen. Stoße Pfeffer, Liebstöckel und Liquamen. 9. Erbsen oder Saubohnen à la Vitellius[76]: Koche die Erbsen oder Saubohnen. Wenn der Schaum zurückgegangen ist, gib Lauch, Koriander und Malvenblüten dazu. Während es kocht, stoße Pfeffer, Liebstöckel, Oregano und Fenchelsamen und gieße Liquamen und Wein dazu. Das Ganze in den Topf! Gib Öl dazu, wenn es aufgekocht ist, und rühre um. Gib grünes Öl darüber und serviere.

4) Concicla: 1. Cum faba: coques. Teres piper, ligusticum, cuminum, coriandrum viride, suffundis liquamen, vino et liquamine ea temperabis, mittis in caccabum, adicies oleum. Lento igni ferveat et inferes. 2. Conciclam Apicianam: accipies Cumanam mundam, ubi coques pisum, cui mittis Lucanicas concisas, isiciola porcina, pulpas, petasonem. Teres piper, ligusticum, origanum, anethum, cepam siccam, coriandrum viride, suffundis liquamen, vino et liquamine temperabis. Mittis in Cumanam, cui adicies oleum, pungis ubique, et combibat oleum. Igni lento coques ita, ut ferveat, et inferes. 3. Conciclam de pisa simplici: pisam coques. Cum despumaverit, fasciculum porri et coriandri mittis. Dum coquitur, teres piper, ligusticum, origanum, fasciculum, de suo sibi, fricabis, liquamine temperabis, mittis. Super adicies oleum, et lento igni ferveat, et inferes. 4. Concicla Commodiana: pisam coques. Cum despumaverit, teres piper, ligusticum, anethum, cepam siccam, suffundis liquamen, vino et liquamine temperabis. Mittis in caccabum, ut combibat. Deinde ova quattuor solves, in sextarium pisae mittis, agitas, mittis in Cumana⟨m⟩, ad ignem ponis, ut ducat, et inferes. 5. Aliter conciclam sic facies: concidis pullum minutatim, liquamine, oleo et vino ferveat. Concidis cepa⟨m⟩, coriandrum minutum, cerebella enervata, mittes in eundem pullum. Cum coctus fuerit, levas et exossas. Concides minutatim cepam et coriandrum, colas ibi pisam coctam non conditam. Accipies conciclarem, pro modo componis varie. Deinde teres piper, cuminum, suffundis ius de suo sibi. Item in mortario ova duo dissolves, temperas, ius de suo sibi suffundis,

4) Bohnentopf: 1. Mit Saubohnen: Koche sie. Stoße Pfeffer, Liebstöckel, Kümmel, frischen Koriander, gieße Liquamen dazu und schmecke mit Wein und Liquamen ab ⟨?⟩, gib es in einen Topf und gib Öl dazu. Es soll auf kleiner Flamme kochen, und serviere. 2. Bohnentopf à la Apicius: Nimm eine saubere Tonkasserolle, worin du Erbsen kochst, zu denen du lukanische Würstchen, Schweinegulasch, Fleischstücke und Vorderschinken gibst. Stoße Pfeffer, Liebstöckel, Oregano, Dill, getrocknete Zwiebel und frischen Koriander, gieße Liquamen dazu und schmecke mit Wein und Liquamen ab. Gib es in die Tonkasserolle und gib dazu Öl, steche überall hinein, damit es das Öl aufsaugt. Koche es auf kleiner Flamme so, daß es aufkocht, und trage auf. 3. Bohnentopf aus einfachen (?)[77] Erbsen: Koche die Erbsen. Wenn der Schaum zurückgegangen ist, gib ein Bündelchen Lauch und Koriander dazu. Während es kocht, stoße Pfeffer, Liebstöckel, Oregano, das Bündelchen von den Erbsen, vom eigenen Saft, zermahle es [?], gieße es dazu und schmecke mit Liquamen ab und gib es hinein. Darüber gib Öl, und laß es auf kleiner Flamme kochen, und trage auf. 4. Bohnentopf à la Commodus[78]: Koche Erbsen. Wenn der Schaum zurückgegangen ist, stoße Pfeffer, Liebstöckel, Dill, getrocknete Zwiebel, gieße Liquamen dazu und schmecke mit Wein und Liquamen ab. Gib es in den Topf, damit es sich einsaugt. Dann verrühre vier Eier und gib sie auf ein Sextar (ca. 0,55 l) Erbsen, rühre um, gib es in eine Tonkasserolle, setze es aufs Feuer, damit es zieht, und trage auf. 5. Bohnentopf auf andere Art mache folgendermaßen: Schneide ein Huhn in Stücke, es soll mit Liquamen, Öl und Wein kochen. Schneide Zwiebel und Koriander klein, enthäute Hirnchen und gib sie zu selbigem Huhn. Wenn es gar ist, wasche und entbeine es. Schneide Zwiebel und Koriander klein und presse die gekochten ungewürzten Erbsen durch ein Sieb darauf. Nimm einen Topf für Bohnentopf und ordne es je nach Menge abwechselnd an. Dann stoße Pfeffer und Kümmel und gieße vom eigenen Saft dazu. Ebenso verrühre im Mörser zwei Eier, schmecke ab,

pisa integra elixa vel nucleis adornabis, et lento igni fervere
facies et inferes. 6. Aliter concicla: conciclatus pullus vel porcellus: exossabis pullum a pectore, femura eius iungis in porrectum, surculo alligas, et inpensam [concicla farsilis] paras et
farcies alternis pisam lotam, cerebella, Lucanicas et cetera.
Teres ⟨piper,⟩ ligusticum, origanum et gingiber, liquamen
suffundis, passo et vino temperabis. Facies ut ferveat, et, cum
fervuerit, mittis modice. Et ipsam cum condieris, alternis in
pullo componis, omento tegis et in operculo deponis et in
furnum mittis, ut coquantur paulatim, et inferes.

5) Tisanam vel alicam: 1. Alicam vel sucum tisanae sic facies:
tisanam vel alicam lavando fricas, quam ante diem infundis.
Imponis supra ignem. Cum bullierit, mittis olei satis et anethi
modicum fasciculum. Cepam siccam, satureiam et coloefium,
ut ibi coquantur propter sucum. Mittis coriandrum viride et
salem simul tritum et facies ut ferveat. Cum bene fervuerit,
tollis fasciculum et transferes in altero caccabo tisanam, sic ne
fundum tangat propter combusturam. Li[g]as bene et colas in
caccabo super acronem coleofium. Teres piper, ligusticum,
pulei aridi modicum, cuminum, sil (?) frictum, ut bene tegatur. Suffundis mel, acetum, defritum, liquamen, refundis in
caccabum, sed coloefium acronem facies ut ferveat super
ignem lentum. 2. Aliter tisanam: infundis cicer, lenticulam,
pisam, defricas tisanam et cum leguminibus elixas. Ubi bene

gieße vom eigenen Saft dazu und garniere mit ganzen gekochten Erbsen oder mit Pinienkernen und laß es auf kleiner Flamme aufkochen und serviere. 6. Bohnentopf anders: mit Bohnentopf gefülltes Huhn oder Spanferkel: Beine ein Huhn von der Brust her aus, binde dessen Schenkel ausgestreckt zusammen und stecke sie mit einem Spießchen zusammen, bereite die Füllung zu und fülle abwechselnd gewaschene Erbsen, Hirnchen, lukanische Würstchen und anderes hinein. Stoße Liebstöckel, Oregano und Ingwer, gieße Liquamen dazu und schmecke mit Passum und Wein ab. Laß es aufkochen und, wenn es aufgekocht ist, gib es maßvoll dazu. Wenn du die Füllung gewürzt hast, gib sie nacheinander in das Huhn, bedecke es mit Fettnetz (= Backfolie), lege es in einen Topfdeckel und gib es in den Ofen, damit es allmählich gar wird, und serviere.

5) Gersten und Speltgrütze: 1. Speltgrütze oder Gerstenbrei mache folgendermaßen[79]: Reibe Gersten oder Speltgrütze, die du einen Tag vorher einweichst, beim Waschen (?). Setze sie aufs Feuer. Wenn es gekocht hat, gib genügend Öl und ein mäßig großes Bündelchen Dill, getrocknete Zwiebel, Saturei und einen Schweinehüftknochen (?) dazu, damit es darin wegen des Saftes (?)[80] kocht. Gib frischen Koriander und damit zusammen gemahlenes Salz dazu und laß es aufkochen. Wenn es gut aufgekocht ist, nimm das Bündelchen heraus und gib die Gerstengrütze in einen anderen Topf, so daß sie den Boden nicht berührt, um nicht anzubrennen. Binde sie gut und schlage sie durch einen Durchschlag in den Topf über die Speckschwarte der Schweinehüfte. Stoße Pfeffer, Liebstöckel, ein wenig getrocknete Poleiminze, Kümmel und gemahlenes Sesel[81], so daß alles gut bedeckt wird. Gieße dazu Honig, Essig, Defritum und Liquamen, und gieße es in den Topf zurück, aber die Schweinehüfte laß auf kleiner Flamme weiterkochen. 2. Gerstengrütze auf andere Art[82]: Weiche Kichererbsen, Linsen und Erbsen ein, stampfe Gerstengrütze und koche sie mit den Hülsenfrüchten. Wenn es gut gekocht

bullierit, olei satis mittis et super viridia concidis porrum,
coriandrum, anethum, feniculum, ⟨betam, malvam, coliculum molle⟩. Haec viridia minuta concisa in caccabum mittis. Coliculos elixas et teres feniculi semen satis, origanum,
silfi, ligusticum. Postquam triveris, liquamine temperas et
super legumina refundis. Agitas. Coliculorum minutas super
concidis.

6) Fabaciae virides et Baianae: 1. Fabaciae virides ex liquamine, oleo, coriandro viridi, cumino et porro conciso coctae
inferuntur. 2. Aliter: fabaciae frictae ex liquamine inferuntur.
3. Aliter: fabaciae ex sinapi trito, melle, nucleis, ruta,
cumino. Ex aceto inferuntur. 4. Baianas elixas minutatim
concidis. Ruta, apio viridi, porro, aceto, oleo, liquamine,
caroeno vel passo modico inferes.

7) Faenum Graecum: faenum Graecum ex liquamine, oleo et
vino.

8) Faseoli et cicer: 1. Faseoli virides et cicer ex sale, cumino,
oleo et mero modico inferuntur. 2. Aliter faseolus sive cicer:
frictos ex oenogaro et piper gustabis. Et elixati, sumpto
semine cum ovis, in patella feniculo viride, piper⟨e⟩ et liquamine et caroeno modico pro salso inferuntur, vel simpliciter,
ut solet.

hat, gib genügend Öl dazu und schneide über das Gemüse
Lauch, Koriander, Dill, Fenchel[83] und weichen Kohl (?)[84].
Dieses Gemüse gib kleingeschnitten in den Topf. Koche den
Kohl und stampfe genug Fenchelsamen, Oregano, Silphium
und Liebstöckel. Nachdem du es zerstampft hast, schmecke
mit Liquamen ab und gieße es über die Hülsenfrüchte. Rühre
um. Schneide kleine Kohlstücke darüber.

6) Grüne und baianische Puffbohnen: 1. Grüne Puffbohnen
werden mit Liquamen, Öl, frischem Koriander, Kümmel
und gehacktem Lauch gekocht serviert. 2. Auf andere Art:
Gebratene Puffbohnen werden mit Liquamen serviert. 3. Auf
andere Art: Puffbohnen mit gemahlenem Senf, Honig,
Pinienkernen, Raute und Kümmel. Sie werden mit Essig serviert. 4. Gekochte baianische Puffbohnen schneide klein.
Serviere sie mit Raute, frischem Sellerie, Lauch, Essig, Öl,
Liquamen und ein wenig Caroenum oder Passum.

7) Hornklee: Hornklee mit Liquamen, Öl und Wein.

8) Grüne Bohnen (?) und Kichererbsen: 1. Frische grüne
Bohnen und Kichererbsen werden mit Salz, Kümmel, Öl und
ein wenig unvermischtem Wein serviert. 2. Grüne Bohnen
oder Kichererbsen anders: Iß sie gebraten mit Oenogarum
und Pfeffer als Vorspeise. Und sie werden, wenn man sie
ohne Schoten zusammen mit Eiern nimmt, in einer Pfanne
gekocht und mit frischem Fenchel, Pfeffer und Liquamen
und ein wenig Caroenum anstatt Salzfisch[85] serviert, oder
einfach, wie gewöhnlich.

Liber VI: Aeropetes

I. In strutione. II. In grue vel anate perdice turture palumbo columbo et diversis avibus. III. In turdis. IV. In ficedulis. V. In pavo. VI. In fasiano. VII. In ansere. VIII. In pullo.

1) In strutione: 1. In strutione elixo: piper, menta, cuminum assum, apii semen, dactylos vel caryotas, mel, acetum, passum, liquamen et oleum modice. Et in caccabo facies ut bulliat. Amulo obligas, et sic partes strutionis in lance perfundis, et desuper piper aspargis, si autem in conditura[m] coquere volueris, alicam addis. 2. Aliter ⟨in⟩ strutione elixo: piper, ligusticum, thymum aut satureiam, mel, sinape, acetum, liquamen et oleum.

2) In grue vel anate, perdice, turture, palumbo, columbo et diversis avibus: 1. Gruem vel anatem lavas, [vel] ornas et includis in olla. Adicies aquam, salem, anethum, dimidia coctura decoques, dum obduretur, levas et iterum in caccabum mittis cum oleo et liquamine, cum fasciculo origani et coriandri. Prope cocturam defritum modice mittis, ut coloret. Teres piper, ligusticum, cuminum, coriandrum, laseris radicem, rutam, caroenum, mel, suffundis ius de suo sibi, aceto temperas. In caccabo reexinanies ut calefiat, amulo obligabis. Imponis in lance et ius perfundis. 2. In grue, in anate vel in pullo: piper, cepam siccam, ligusticum, cuminum, apii semen, pruna, vel Damascena enucleata, mustum, acetum, liquamen, defritum, oleum et coques grue⟨m⟩. Cum coquis, caput eius aqua⟨m⟩ non contingat, sed sit foris ab aqua[m].

6. Buch: Geflügel[86]

I. Für Strauß. II. Für Kranich oder Ente, Rebhuhn, Turtel-
taube, Ringeltaube, Tauber und verschiedene andere Vögel.
III. Für Drosseln. IV. Für Pfau. V. Für Feigendrosseln.
VI. Für Fasan. VII. Für Gans. VIII. Für Hähnchen.

1) Für Strauß: 1. Für gekochten Strauß: Pfeffer, Minze, gerösteten Kümmel, Selleriesamen, normale oder kariotische[87]
Datteln, Honig, Essig, Passum, Liquamen und ein wenig Öl.
Und laß es in einem Topf kochen. Binde mit Stärkemehl und
übergieße so die Teile des Straußes auf der Platte und streue
Pfeffer darauf, wenn du es aber zu einer Gewürzsauce kochen
willst, gib Grütze dazu. 2. Für gekochten Strauß anders:
Pfeffer, Liebstöckel, Thymian oder Saturei (= Bohnenkraut), Honig, Senf, Essig, Liquamen und Öl.

2) Für Kranich oder Ente, Rebhuhn, Turteltaube, Ringeltaube, Tauber und verschiedene andere Vögel: 1. Wasche den
Kranich oder die Ente, garniere und verschließe sie in einem
Kessel. Gib Wasser, Salz und Dill dazu und koche sie halb
gar, solange sie fest bleibt, nimm sie heraus und gib sie wieder
mit Öl und Liquamen, mit einem Bündelchen Oregano und
Koriander in einen Topf. Wenn sie fast gar ist, gib ein wenig Defritum dazu, damit es Farbe bekommt. Stoße Pfeffer, Liebstöckel, Kümmel, Koriander, Laserwurzel, Raute,
Caroenum, Honig, gieße vom eigenen Saft dazu und
schmecke mit Essig ab. Gieße es in den Topf hinein, damit es
heiß wird und binde mit Stärkemehl. Lege sie auf eine Platte
und gieße die Sauce darüber. 2. Für Kranich, Ente oder
Hähnchen: Pfeffer, getrocknete Zwiebel, Liebstöckel, Kümmel, Selleriesamen, Pflaumen oder entsteinte Damaszenerpflaumen, Most, Essig, Liquamen, Defritum und Öl und
koche den Kranich[88]. Während du ihn kochst, soll sein Kopf
nicht ins Wasser eintauchen, sondern außerhalb des Wassers

Cum cocta fuerit, de savano (= sabano) calido involves gruem et caput eius trahe: cum nervis sequetur, ut pulpae vel ossa remaneant; cum nervis enim manducari non potest. 3. Gruem vel anatem ex rapis: lavas, ornas et in olla elixabis cum aqua, sale et anetho dimidia coctura. Rapas coque, ut exbromari possint. Levabis de olla et iterum lavabis, et in caccabum mittis anatem cum oleo et liquamine et fasciculo porri et coriandri. Rapam lotam et minutatim concisam desuper mittis, facies ut coquatur. Modica coctura mittis defritum ut coloret. Ius tale parabis: piper, cuminum, coriandrum, laseris radicem, suffundis acetum et ius de suo sibi, reexinanies super anatem ut ferveat. Cum ferbuerit, amulo obligabis, et super rapas adicies. Piper aspargis et adponis. 4. Aliter in gruem vel anatem [in] elixam: ligusticum, piper, cuminum, coriandrum siccum, mentam, origanum, nucleos, caryotam, liquamen, oleum, mel, sinape et vinum. 5. Aliter gruem vel anatem assas: eas de hoc iure perfundes: teres piper, ligusticum, origanum, liquamen, mel, aceti modicum et olei. Ferveat bene. Mittis amulum et supra ius rotulas cucurbitae elixae vel colocasiae ut bulliant. Si sunt, et ungellas coques et iecinera pullorum. In boletari piper minutum aspargis et inferes. 6. Aliter in grue vel anate elixa: piper, ligusticum, apii semen, eruca⟨m⟩ et coriandri, menta⟨m⟩, caryotam, mel, acetum, liquamen, defritum et sinape. Idem faciet et si in caccabo assas.

3) In perdice et attagena et in turture elixis: 1. ⟨In perdice⟩: piper, ligusticum, apii semen, mentam, mirta⟨e⟩ [et] bacas vel

sein. Wenn er gar ist, hülle den Kranich mit einem heißen Leinentuch ein und reiße seinen Kopf ab. Mit den Sehnen wird fortgefahren, so daß das Fleisch beziehungsweise die Knochen zurückbleiben. Mit den Sehnen kann man ihn nämlich nicht verspeisen. 3. Kranich oder Ente mit Rüben: Wasche, dressiere und koche sie in einem Kessel mit Wasser, Salz und Dill halb gar. Koche die Rüben, damit sie ihre Strenge verlieren können. Nimm sie aus dem Kessel und wasche sie nochmals und gib die Ente in einen Topf mit Öl, Liquamen und einem Bündelchen Lauch und Koriander. Gib die gewaschenen und kleingeschnittenen Rüben darauf und laß es kochen. Wenn es einigermaßen gar ist, gib Defritum dazu, damit es Farbe bekommt. Bereite folgende Sauce zu: Pfeffer, Kümmel, Koriander und Laserwurzel, gieße Essig und vom eigenen Saft dazu und gieße es zum Aufkochen über die Ente. Wenn es aufgekocht ist, binde mit Stärkemehl und gib es über die Rüben. Streue Pfeffer darauf und serviere. 4. Gekochter Kranich oder Ente auf andere Art: Liebstöckel, Pfeffer, Kümmel, getrockneten Koriander, Minze, Oregano, Pinienkerne, Datteln, Liquamen, Öl, Honig, Senf und Wein. 5. Gegrillter Kranich oder Ente auf andere Art: Übergieße sie mit folgender Sauce: Stoße Pfeffer, Liebstöckel, Oregano, Liquamen, Honig und ein wenig Essig und Öl. Es soll gut aufkochen. Gib Stärkemehl dazu und über die Sauce Scheibchen von gekochtem Kürbis oder Nelumbo-Wurzeln[89], damit sie damit aufwallen. Wenn vorhanden, koche auch Schweinshaxen und Hühnerleber darin. Streue gemahlenen Pfeffer in die Schüssel und serviere. 6. Auf andere Art für gekochten Kranich oder Ente: Pfeffer, Liebstöckel, Selleriesamen, wilde Rauke und Koriander, Minze, Datteln, Honig, Essig, Liquamen, Defritum und Senf. Dasselbe mache auch, wenn du es im Topf brätst.

3) Für gekochtes Rebhuhn, Haselhuhn und Turteltaube: 1. 〈Für Rebhuhn ?〉[90]: Pfeffer, Liebstöckel, Selleriesamen, Minze, Myrtenbeeren und andere Beeren oder Rosinen,

uvam passam, [vel] ⟨mel,⟩ vinum, acetum, liquamen et
oleum. Uteris frigido. 2. Perdicem: cum pluma sua elixas,
ibi madefactum depilabis. [perdices coctura] occisa perdix
potest ex iure coqui, ne indurescat; si dierum fuerit, elixa
coqui debet. 3. In perdice et attagena et in turture: piper,
ligusticum, mentam, rutae semen, liquamen, merum et
oleum. Calefacies.

4) In palumbis, columbis [avibus in altile et in fenicoptero]:
1. In assis: piper, ligusticum, coriandrum, careum, cepam siccam, mentam, ovi vitellum, caryotam, mel, acetum, liquamen, oleum et vinum. 2. Aliter ⟨in⟩ elixis: piper, careum, apii
semen, petroselinum, condimenta mortaria, caryotam, mel,
acetum, vinum, oleum et sinape. 3. Aliter: piper, ligusticum,
petroselinum, apii semen, rutam, nucleos, caryotam, mel,
acetum, liquamen, sinape et oleum modice. 4. Aliter: piper,
ligusticum, laser vivum, suffundis liquamen, vino et liquamine temperabis, et mittis super columbum vel palumbum.
Piper aspersum inferes.

5) Ius in diversis avibus: 1. Piper, cuminum frictum, ligusticum, mentam, uvam passam enucleatam aut Damascena, mel
modice. Vino myrt⟨e⟩o temperabis, aceto, liquamine et oleo.
Calefacies et agitabis apio et satureia. 2. Aliter ius in avibus:
piper, petroselinum, ligusticum, mentam siccam, cneci flos,
vino suffundis, adicies Ponticam vel amygdala tosta, mel
modicum, vino et aceto, liquamine temperabis. Oleum in
pultarium super ius mittis, calefacies, ius agitabis apio viridi et
nepeta. Incaraxas et perfundis. 3. Ius candidum in avem elixam: piper, ligusticum, cuminum, apii semen, Ponticam vel

Honig, Wein, Essig, Liquamen und Öl. Verwende sie (die Sauce) kalt. 2. Rebhuhn: Koche es mit seinem Gefieder, dann[91] rupfe es noch feucht. Ein eben geschlachtetes Rebhuhn kann in der Sauce gekocht werden, ohne zäh zu werden. Wenn es schon ein paar Tage alt ist, muß es vorher abgebrüht und dann gekocht werden. 3. Für Rebhuhn, Haselhuhn und Turteltaube: Pfeffer, Liebstöckel, Minze, Rautensamen, Liquamen, unvermischter Wein und Öl. Mache sie (die Sauce) heiß.

4) Für Ringeltauben und Tauber (männliche Tauben): 1. Für gegrillte: Pfeffer, Liebstöckel, Koriander, Wiesenkümmel, getrocknete Zwiebel, Minze, Eidotter, Datteln, Honig, Essig, Liquamen, Öl und Wein. 2. Anders für gekochte: Pfeffer, Wiesenkümmel, Selleriesamen, Petersilie, »Mörsergewürz«, Datteln, Honig, Essig, Wein, Öl und Senf. 3. Auf andere Art: Pfeffer, Liebstöckel, Petersilie, Selleriesamen, Raute, Pinienkerne, Datteln, Honig, Essig, Liquamen, Senf und nicht zu viel Öl. 4. Auf andere Art: Pfeffer, Liebstöckel, Laser, Wein, gieße Liquamen dazu, schmecke mit Wein und Liquamen ab und gib es über den Tauber oder die Ringeltaube. Serviere mit daraufgestreutem Pfeffer.

5) Sauce für verschiedene Vögel: 1. Pfeffer, gerösteten Kümmel, Liebstöckel, Minze, entkernte Rosinen oder Damaszenerpflaumen und ein wenig Honig. Schmecke mit Myrtenwein ab, sowie mit Essig, Liquamen und Öl. Mache sie heiß und rühre mit Sellerie und Saturei um. 2. Sauce für Vögel auf andere Art: Pfeffer, Petersilie, Liebstöckel, getrocknete Minze und Saflorblüte[92], gieße Wein dazu, gib türkische Haselnüsse oder geröstete Mandeln hinein, ein wenig Honig und schmecke mit Wein, Essig und Liquamen ab. Gib Öl in den Tontopf über die Sauce, mache sie heiß und rühre die Sauce mit grünem Sellerie und Katzenminze um. Schneide ⟨den Vogel⟩ ein und gieße die Sauce darüber. 3. Weiße Sauce für gekochtes Geflügel: Pfeffer, Liebstöckel, Kümmel, Selleriesamen, türkische Haselnüsse oder geröstete Mandeln oder

amigdalam tostam vel nuces depellatas, mel modicum, liquamen, acetum et oleum. 4. Ius viride in avibus: piper, careum,
spica Indica, cuminum, folium, condimenta viridia omne
genus, dactylum, mel, acetum, vinum modice, liquamen et
oleum. 5. Ius candidum in ansere elixo: piper, careum,
cuminum, apii semen, thymum, cepam, laseris radicem, nucleos tostos, mel, acetum, liquamen et oleum. 6. Ad aves hir-
cosas ⟨oenogarum⟩: piper, ligusticum, thymum, mentam
aridam, calvam, caryotam, mel, acetum, vinum, liquamen,
oleum, defritum, sinape. Avem sapidiorem et altiorem facies
et ei pinguedinem servabis, si eam farina[m] oleo subacta[m]
contextam in furnum miseris. 7. Aliter avem: in ventrem eius
fractas olivas novas mittis et consutam sic elixabis. Deinde
coctas olivas exime[n]s.

6) In fenicoptero: 1. Fenicopterum eliberas, lavas, ornas,
includis in caccabum, adicies aquam, salem, anethum et aceti modicum. Dimidia coctura alligas fasciculum porri et
coriandri, ut coquatur. Prope cocturam defritum mittis,
coloras. Adicies in mortarium piper, cuminum, coriandrum,
laseris radicem, mentam, rutam, fricabis, suffundis acetum,
adicies caryotam, ius de suo sibi perfundis. Reexinanies in
eundem caccabum, amulo obligas, ius perfundis et inferes.
Idem facies et in psittaco. 2. Aliter: assas avem, teres piper,
ligusticum, apii semen, sesamum frictum, petroselinum,
mentam, cepam siccam, caryotam; melle, vino, liquamine,
aceto, oleo et defrito temperabis.

7) Aves omnes ne liquescant: cum plumis elixare omnibus
melius erit. Prius tamen exinterantur per guttur vel e navi
assublatae (?).

geschälte Nüsse, ein wenig Honig, Liquamen, Essig und Öl.
4. Grüne Sauce für Geflügel: Pfeffer, Wiesenkümmel, Nardenspitze (?)[93], Kümmel, Gewürzblätter, jede Art grüner Gewürzkräuter, Datteln, Honig, Essig, ein wenig Wein, Liquamen und Öl. 5. Weiße Sauce für gekochte Gans: Pfeffer, Wiesenkümmel, Kümmel, Selleriesamen, Thymian, Zwiebel, Laserwurzel, geröstete Pinienkerne, Honig, Essig, Liquamen und Öl. 6. Oenogarum[94] zu streng schmeckenden Vögeln: Pfeffer, Liebstöckel, Thymian, getrocknete Minze, Bartnuß (?), Datteln, Honig, Essig, Wein, Liquamen, Öl, Defritum und Senf. Du wirst das Geflügel wohlschmeckender und besser machen und ihm das Fett erhalten, wenn du es mit Ölteig (mit Öl verknetetem Mehl) umhüllst in den Ofen gibst. 7. Geflügel auf andere Art: Gib in dessen Bauch zerquetschte[95] frische Oliven und koche es zugenäht auf diese Art. Danach nimm die gekochten Oliven heraus.

6) Für Flamingo: 1. Enthäute den Flamingo, wasche und dressiere ihn und verschließe ihn in einem Topf, gib Wasser, Salz, Dill und ein wenig Essig dazu. Wenn er halb gar ist, binde ein Bündelchen Lauch und Koriander zusammen, damit es damit kocht. Wenn es fast gar ist, gib Defritum hinzu und färbe es. Gib in einen Mörser Pfeffer, Kümmel, Koriander, Laserwurzel, Minze und Raute und zermahle es, gieße Essig dazu, gib Datteln hinein und gieße vom eigenen Saft darüber. Schütte es in denselben Topf, binde mit Stärkemehl, gieße die Sauce darüber und trage auf. Dasselbe mache auch für Papagei. 2. Auf andere Art: Grille den Vogel und zerstoße Pfeffer, Liebstöckel, Selleriesamen, gerösteten Sesam, Petersilie, Minze, getrocknete Zwiebel und Datteln. Schmecke mit Honig, Wein, Liquamen, Essig, Öl und Defritum ab.

7) Damit alle Vögel nicht zu weich werden: Es wird für alle besser sein, sie mit dem Gefieder zu kochen. Vorher aber werden sie durch die Gurgel ausgenommen oder, nachdem der Bürzel entfernt worden ist, von hinten[96].

8) Anserem elixum calidum ex iure frigido Apiciano: teres piper, ligusticum, coriandri semen, mentam, rutam, refundis liquamen et oleum modice, temperas. Anserem elixum ferventem sabano mundo exsiccabis, ius perfundis et inferes.

9) In pullo elixo ius crudum: 1.a) Adicies in mortarium anethi semen, mentam siccam, laseris radicem, suffundis acetum, adicies caryotam, refundis liquamen, sinapis modicum et oleum, defrito temperas et sic mittis. 1.b) Pullum anethatum mellis modice, liquamine temperabis. Levas pullum coctum et sabano mundo siccas, caraxas et ius scissuris infundis, ut combibat, et cum combiberit, assabis et suo iure pinnis tangis. Pipere aspersum inferes. 2. Pullum Particum: pullum aperies a navi et in quadrato ornas. Teres piper, ligusticum, carei modicum; suffunde liquamen; vino temperas. Componis in Cumana pullum et condituram super pullum facies. Laser vivum inradas, dissolvis, et in pullum mittis simul, et coques. Piper aspersum, inferes. 3. Pullum oxizomum: olei acetabulum maiorem, satis modice liquaminis, acetabulum minorem, aceti acetabulum perquam minorem, piperis scripulos sex, petroselinum scriptulum, porros fasciculum. 4. Pullum Numidicum: pullum curas, elixas, lavas, laseras, piper⟨as⟩ et assas. Teres piper, cuminum, coriandri semen, laseris radicem, rutam, caryotam, nucleos, suffundis acetum, mel, liquamen et oleum, temperabis. Cum ferbuerit, amulo obligas, pullum perfundis, piper aspergis et inferes. 5. Pullum laseratum: pullum aperies a navi, lavabis, ornabis et ⟨in⟩

8) ⟨Für Gans⟩: Heiße gekochte Gans mit kalter Sauce à la Apicius: Stoße Pfeffer, Liebstöckel, Koriandersamen, Minze und Raute, gieße Liquamen und ein wenig Öl dazu und schmecke ab. Trockne die heiße Gans mit einem sauberen Leinentuch ab, gieße die Sauce darüber und trage auf.

9) Ungekochte Sauce für gekochtes Huhn[97]: 1.a) Gib in einen Mörser Dillsamen, getrocknete Minze und Laserwurzel, gieße Essig dazu, gib Datteln hinein und gieße Liquamen hinzu und ein wenig Senf und Öl, schmecke mit Defritum ab und gib es so darüber. 1.b) Huhn mit Dillsauce[98]: Schmecke es mit ein wenig Honig und Liquamen ab. Nimm das gekochte Huhn aus dem Topf und trockne es mit einem sauberen Leinentuch ab, mache Schnitte hinein und gieße Sauce in die Schnitte hinein, damit es sie aufsaugt, und wenn es sie aufgesaugt hat, grille es und benetze es mit Federn mit dem eigenen Bratensaft. Streue Pfeffer darauf und serviere. 2. Parthisches Huhn: Schneide das Huhn vom Bürzel her auf und dressiere es auf einem viereckigen Brett. Stoße Pfeffer, Liebstöckel und ein wenig Wiesenkümmel. Gieße Liquamen dazu und schmecke mit Wein ab. Lege das Huhn in eine Tonkasserolle und gib die Gewürzsauce über das Huhn. Schabe ganz frisches Laser hinein, verrühre es und gib es zusammen auf das Huhn und koche es. Serviere mit daraufgestreutem Pfeffer. 3. Huhn mit scharfer Gewürzsauce: eine größere Saucière Öl (ca. 0,1 l?)[99], nicht zu viel Liquamen, eine kleinere Saucière (ca. 0,05 l?), eine noch kleinere Saucière (ca. 0,03 l?) Essig, sechs Skrupel (ca. 7 g) Pfeffer, ein Skrupel (ca. 1,1 g) Petersilie und ein Bündelchen Lauch. 4. Numidisches Huhn: Bereite das Huhn vor, koche es, wasche es, würze es mit Laser und Pfeffer und grille es. Stoße Pfeffer, Kümmel, Koriandersamen, Laserwurzel, Raute, Datteln und Pinienkerne, gieße Essig, Honig, Liquamen und Öl dazu und schmecke ab. Wenn es aufgekocht ist, binde mit Stärkemehl, begieße das Huhn damit, streue Pfeffer darauf und serviere. 5. Huhn mit Lasersauce: Schneide das Huhn vom Bürzel her

Cumana ponis. Teres piper, ligusticum, laser vivum, suffundis liquamen, vino et liquamine temperabis, et mittis pullum. Coctus si fuerit, piper aspersum, inferes. 6. Pullum paroptum: laseris modicum, piperis scripulos sex, olei acetabulum, liquaminis acetabulum, petroselini modice. 7. Pullum elixum ex iure suo: teres piper, cuminum, thymi modicum, feniculi semen, mentam, rutam, laseris radicem, suffundis acetum, adicies caryotam et teres. Melle, aceto, liquamine et oleo temperabis [8.] pullum refrigeratum et mittis siccatum, quem perfusum inferes. (?) 9. Pullum elixum cum cucurbitis elixis: iure supra scripto addito, sinape perfundis et inferes. 10. Pullum elixum cum cologasiis (= colocasiis) elixis: supra scripto iure perfundis et inferes. 11. Faci⟨s⟩ et in elixam et in olivis columbadibus, non valde, ita ut laxamentum habeat, ne dissiliat dum coquitur in olla[m], submissus in sportellam. Cum bullierit, frequenter levas et ponis ne dissiliat. 12. Pullus Vardanus ⟨Varianus ?⟩: pullum coques iure hoc: liquamine, oleo, vino, fasciculum porri, coriandri, satureia. Cum coctus fuerit, teres piper, nucleos, cyathos duos et ius de suo sibi suffundis – et fasciculos proicies – lac⟨te⟩ temperas et reexinanies in mortarium supra pullum, ut ferveat. Obligas eundem albamentis ovorum tritis, ponis in lance et iure supra scripto perfundis. Hoc ius candidum appellatur. 13. Pullum Front[on]ianum: pullum praedura, condies liquamine, oleo mixto, cui mittis fasciculum anethi, porri, satureia et coriandri viridis, et coques. Ubi coctus fuerit, levabis eum, lance⟨m⟩ defrito perunges, piper aspargis et inferes. 14. Pul-

auf, wasche und dressiere es und lege es in eine Tonkasserolle. Stoße Pfeffer, Liebstöckel, ganz frisches Laser, und gieße Liquamen dazu, schmecke mit Wein und Liquamen ab und gib das Huhn ⟨in den Ofen?⟩. Wenn es gar ist, serviere mit daraufgestreutem Pfeffer. 6. Schwach gebratenes (?) Huhn: ein wenig Laser, sechs Skrupel (ca. 7 g) Pfeffer, eine Saucière (ca. 0,07 l) Öl, eine Saucière Liquamen und ein wenig Petersilie. 7. Gekochtes Huhn im eigenen Saft: Stoße Pfeffer, Kümmel, ein wenig Thymian, Fenchelsamen, Minze, Raute und Laserwurzel, gieße Essig dazu, gib Datteln dazu und zerstampfe es. Schmecke mit Honig, Essig, Liquamen und Öl ab. [8.][100] Gib das abgekühlte und abgetrocknete Huhn dazu, das du damit übergossen servierst. 9. Gekochtes Huhn mit gekochten Kürbissen: Nach Zugabe der oben beschriebenen Sauce gib Senf und Pfeffer dazu und trage auf. 10. Gekochtes Huhn mit gekochten Nelumbo-Wurzeln: Übergieße es mit der oben beschriebenen Sauce und serviere. 11.[101] Mache es so auch mit eingemachten Oliven, nicht zu viel, so daß noch Platz bleibt, damit es nicht zerplatzt, während es, in ein Körbchen gelegt, im Kessel kocht. Wenn es aufgewallt ist, nimm es öfters vom Feuer und setze es wieder auf, damit es nicht aufplatzt. 12. Huhn à la Varius[102]: Koche das Huhn mit folgender Sauce: mit Liquamen, Öl und Wein, ein Bündelchen Lauch, Koriander und Saturei. Wenn es gar ist, stoße Pfeffer und Pinienkerne. Gieße zwei Gläschen (ca. 0,1 l) ⟨Liquamen?⟩ und vom eigenen Saft dazu – und wirf die Bündelchen weg – und stimme es mit Milch ab, schütte den Inhalt des Mörsers (?) zum Kochen über das Huhn. Binde selbiges mit zerstampften gekochten Eiweißen, lege es (das Huhn) auf eine Platte und übergieße es mit der oben beschriebenen Sauce. Diese wird »Weiße Sauce« genannt. 13. Huhn à la Fronto[103]: Brate das Huhn an und würze es mit einer Mischung aus Liquamen und Öl, zu dem du ein Bündelchen Dill, Lauch, Saturei und frischen Koriander gibst und koche es. Sobald es gar ist, nimm es vom Feuer, feuchte eine Platte mit Defritum an, streue Pfeffer darauf und serviere. 14. Huhn

lus tractogalatus: pullum coques liquamine, oleo, vino, cui
mittis fasciculum coriandri, cepam. Deinde, cum coctus fuerit, levabis eum de iure suo et mittis in caccabum novum lac et
salem modicum, mel et aquae minimum, id est tertiam partem. Ponis ad ignem lentum ut tepescat, tractum confringis et
mittis paulatim, assidue agitas, ne uratur. Pullum illic mittis
integrum vel carptum, versabis in lance, quem perfundis ius
tale: piper, ligusticum, origanum, suffundis mel et defrito
modicum, et ius de suo sibi, temperas. In caccabulo facies ut
bulliat. Cum bullierit, amulo obligas et inferes. 15. Pullus
fusilis: pullum sicuti liquaminatum a cervice expedies. Teres
piper, ligusticum, gingiber, pulpam caesam, alicam elixam,
teres cerebellum ex iure coctum, ova confringis et commiscis,
ut unum corpus efficias. Liquamine temperas et oleum
modice mittis, piper integrum, nucleos abundantes. Fac
impensam et imples pullum vel porcellum, ita ut laxamentum
habeat. Similiter in cap[s?]o facies. Ossibus eiectis coques.
16. Pullus leucozomus: accipies pullum et ornas ut supra.
Aperis illum a pectore. Accipiat aquam et oleum Spanum
(= Hispanum) abundans. Agitatur ut ex se ambulet et umorem consumat. Postea cum coctus fuerit, quodcumque porro
remanserit inde levas. Piper aspargis et inferes.

mit Milchteigbrei: Koche das Huhn mit Liquamen, Öl und
Wein und gib dazu ein Bündelchen Koriander und Zwiebel.
Dann, wenn es gar ist, nimm es aus seiner Sauce und gib in
einen neuen Tontopf Milch und ein wenig Salz, Honig und
ganz wenig, das heißt ein Drittel Wasser. Setze es auf kleiner
Flamme auf, damit es heiß wird, zerbröckele Teig und gib ihn
allmählich dazu und rühre ununterbrochen, damit es nicht
anbrennt. Gib das Huhn ganz oder zerlegt dahinein, stürze es
auf eine Platte und übergieße es mit folgender Sauce: Pfeffer,
Liebstöckel, Oregano, gieße Honig und ein wenig Defritum
und vom eigenen Saft dazu und schmecke ab. Laß es in einem
kleinen Topf aufkochen, und, wenn es aufgekocht ist, binde
mit Stärkemehl und trage auf. 15. Huhn mit flüssiger Füllung: Nimm das Huhn wie das mit Liquamen-Sauce(?)[104]
vom Hals her aus. Stoße Pfeffer, Liebstöckel, Ingwer, Hackfleisch und gekochte Grütze, stampfe ein in Brühe gekochtes
Hirnchen und schlage Eier auf und mische sie dazu, um eine
glatte Masse zu erhalten. Schmecke mit Liquamen ab und gib
ein wenig Öl dazu sowie ganze Pfefferkörner und reichlich
Pinienkerne. Mache einen Teig und fülle das Huhn oder
Spanferkel, so daß noch etwas Platz bleibt. Ähnlich mache es
in einer (Schweins-)Blase(?) ⟨oder bei Kapaun?⟩[105]. Koche
es ohne Knochen. 16. Huhn mit weißer Brühe: Nimm das
Huhn und dressiere es wie oben. Schneide es von der Brust
her auf. Es soll Wasser und reichlich spanisches Öl bekommen. Es muß gerührt werden, damit der Saft herausfließen
kann und einkocht[106]. Nachher, wenn es gar ist, nimm, was
auch immer noch übrig geblieben ist(?), da heraus. Streue
Pfeffer darauf und serviere[107].

Liber VII: Polyteles

I. Vulvae steriles, callum, libelli, coticulae et ungellae. II. Sumen. III. Ficatum. IV. Ofellae. V. Assaturae. VI. In elixam et in copadiis. VII. Ventricula. VIII. Lumbuli et renes. IX. Perna. X. Iecinora. XI. Dulcia domestica et melce. XII. Bulbi. XIII. Fungi farnei vel boleti. XIV. Tubera. XV. In colocasio. XVI. Cocleas. XVII. Ova.

1) Vulvae steriles, callum, libelli, coticulae et ungellae: 1. Vulvae steriles: lasere vulvas – sed accipies Cirenaicum vel Particum – aceto et liquamine temperato appones. 2. In vulva et sterile: piper, apii semen, mentam siccam, laseris radicem, mel, acetum et liquamen. 3. Vulvae et steriles: piper⟨e⟩ et liquamine, lasere Partico apponis. 4. Vulvae steriles: piper⟨e⟩, liquamine et condito modico apponis. 5. Callum, libelli, coticulae, ungellae: cum pipere, liquamine, laser⟨e⟩ apponis. 6. Vulvam ut tostam facias, in cantabro involve et postea in muria mitte et sic coque.

2) Sumen: 1. Sumen elixas, de cannis surclas, sale aspargis et in furnum mittis vel in graticulam. Subassas. Teres piper, ligusticum, liquamen, mero et passo ⟨temperas⟩, amulo obligas et sumen perfundis. 2. Sumen plenum: teritur piper, careum, echinus salsus, quo suitur et sic coquitur. Manducatur cum allece, sinape.

7. Buch: Der Gourmet

I. Gebärmutter von Jungsäuen, Schwarte, Rollbraten (?)[108], Koteletts und Schweinshaxen. II. Euter. III. Feigenleber. IV. Braten. V. Grillgewürze. VI. Für gekochtes Fleisch und Schnitzel. VII. Gefüllte Mägen (?)[109]. VIII. Lendenstücke und Nieren. IX. Schinken. X. Leber. XI. Hausgemachte Süßspeisen und dicke Milch. XII. Gemüsezwiebeln. XIII. Eschenpilze (?)[110] oder Champignons. XIV. Trüffel. XV. Für Nelumbo-Wurzeln. XVI. Schnecken. XVII. Eier.

1) Gebärmutter von Jungsäuen, Schwarte, Rollbraten (?)[111], Koteletts und Schweinshaxen: 1. Gebärmutter von Jungsäuen: Schmecke die Gebärmutter mit Laser – aber nimm cyrenäisches oder parthisches – Essig und Liquamen ab und serviere. 2. Für normale Gebärmutter und die von einer Jungsau (?)[112]: Pfeffer, Selleriesamen, getrocknete Minze, Laserwurzel, Honig, Essig und Liquamen. 3. Normale Gebärmutter und die von Jungsäuen: Serviere mit Pfeffer, Liquamen und parthischem Laser. 4. Gebärmutter von Jungsäuen: Serviere mit Pfeffer, Liquamen und ein wenig Würzwein. 5. Schwarte, Rollbraten (?)[113], Koteletts und Schweinshaxen: Serviere mit Pfeffer, Liquamen und Laser. 6. Um geröstete Gebärmutter zu machen: Wickle sie in Kleiebrei ein, gib sie dann in Salzlake und backe sie so.

2) Schweineeuter: 1. Koche das Euter, stecke es mit Rohrstäbchen zusammen, bestreue es mit Salz und gib es in den Ofen oder auf einen Grill. Grille es an. Stoße Pfeffer, Liebstöckel, Liquamen und ⟨schmecke⟩ mit unvermischtem Wein und Passum ⟨ab⟩, binde mit Stärkemehl und übergieße das Euter damit. 2. Gefülltes Euter: Es wird Pfeffer, Wiesenkümmel und eingesalzener Seeigel zerstoßen, mit dem ⟨gefüllt⟩ es zugenäht und so gekocht wird. Verspeist wird es mit Allec und Senf.

3) Ficatum: 1. In ficato oenogarum: piper, timum, ligusticum, liquamen, vinum modice, oleum. 2. Aliter: ficatum praecidis ad cannam, infundis in liquamine piper, ligusticum, bacas lauri duas, involves in augmento (?) et in graticula assas et inferes.

4) Ofellae: 1. Ofellas Ostienses: in ofellam (?) designa[n]s ofellas in cute, ita ut cutis sic remaneat. Teres piper, ligusticum, anethum, cuminum, silfium, bacam lauri unam, suffundis liquamen, fricas, in angularem refundis simul cum ofellis. Ubi requieverit in condimentis biduo vel triduo, ponis, surclas decussatim, et in furnum mittis. Cum coxeris, ofellas, quas designaveras, separabis et teres piper, ligusticum, suffundis liquamen et passum modicum, ut dulce fiat. Cum fervuerit, ius amulo obligas. Ofellas satias et inferes. 2. Ofellas Apicianas: ofellas exossas, in rotundum complicas, surclas, ad furnum admoves. Postea praeduras, levas et humorem exspuat, in graticula igni lento exsiccabis, ita ne uratur. Teres piper, ligusticum, ciperis, cuminum, liquamen et passo temperabis. Cum hoc iure ofellas in caccabum mittis. Cum coctae fuerint, levas et siccas, sine iure, piper(e) asperso, et inferes. Si pingues fuerint, cum surclas, tollis cutem. Potes[t] et de abdomine huiusmodi ofellas facere. 3. Ofellae aprogeneo (= aprogineo) more: ex oleo, liquamine condiuntur, et mittitur eis condimentum, cum coctae fuerint. Et super adicitur his, cum in foco sunt, conditura, et denuo bulliunt. Piper tritum, condimentum, mel, liquamen, amulum, cum iam bul-

3) Feigenleber: 1. Oenogarum für Feigenleber: Pfeffer, Thymian, Liebstöckel, Liquamen, ein wenig Wein und Öl. 2. Auf andere Art: Schneide die Feigenleber mit einem Rohrmesserchen, weiche Pfeffer[114], Liebstöckel und zwei Lorbeeren in Liquamen ein, wickle sie ⟨damit⟩ in Wursthaut und grille sie auf einem Rost und serviere.

4) Braten: 1. Braten auf Ostienser Art: Markiere auf dem Braten[115] Stücke auf der Schwarte, so daß die Schwarte ganz bleibt[116]. Stoße Pfeffer, Liebstöckel, Dill, Kümmel, Silphium und eine Lorbeere, gieße Liquamen dazu, mache es sämig und gieße es zusammen mit dem Braten in eine viereckige Auflaufform. Wenn er zwei oder drei Tage in den Gewürzen geruht hat, nimm ihn heraus, stecke ihn kreuzweise (?)[117] zusammen und gib ihn in den Ofen. Wenn du ihn gebacken hast, trenne die Bratenstücke, die du markiert hast, auseinander und stoße Pfeffer und Liebstöckel und gieße Liquamen und ein wenig Passum dazu, damit es süß wird. Wenn es aufgekocht ist, binde die Sauce mit Stärkemehl. Tränke die Bratenstücke darin und trage auf. 2. Braten à la Apicius: Entferne die Knochen vom Braten, wickle ihn zu einer Rolle zusammen und bringe ihn zum Ofen (?)[118]. Nachher brate ihn an und nimm ihn vom Feuer, er soll die Feuchtigkeit ausscheiden und trockne ihn auf einem Rost auf kleiner Flamme, ohne daß er verbrennt. Stoße Pfeffer, Liebstöckel, Zyperngras, Kümmel und Liquamen und schmecke mit Passum ab. Mit dieser Sauce gib den Braten in einen Topf. Wenn er gar ist, nimm ihn heraus und trockne ihn ohne Sauce und serviere mit daraufgestreutem Pfeffer. Wenn er fett ist, schneide die Schwarte ab, wenn du ihn zusammensteckst. Man kann einen solchen Braten auch mit Bauchfleisch machen. 3. Braten nach Art von Schwarzwild: Er wird mit Öl und Liquamen gewürzt, und dazu werden Gewürzkräuter gegeben, wenn er gar ist. Und über diesen wird, wenn er im Ofen ist, Gewürzsauce gegeben, und er muß erneut kochen. Dazu gemahlener Pfeffer, Gewürzkräuter, Honig, Liquamen

liunt. Et sine liquamine et oleo elixantur, coquuntur et sic
piper⟨e⟩ perfunduntur. Ius supra scriptum, et sic bulliunt.
4. Aliter ofellae: recte friguntur, ut paene assae reddantur.
Liquaminis summi ciato, aquae ciato, aceti ciato, olei ciato
simul mixti⟨s⟩ et immissis in patellam fictilem, frigis et inferes. 5. Aliter ofellas: in sartagine abundanti oenogaro. Piper
asparges et inferes. 6. Aliter ofellas: ofellae prius sale et
cumino infusae in aquam recte friguntur.

5) Assaturae: 1. Assaturam: assam a furno simplicem salis
plurimi conspersam cum melle inferes. 2. Aliter assaturas:
petroselini scripulos VI, laser scripulos VI, gingiberis scripulos VI, lauri bacas V, condimenti, laseris radicem scripulos
VI, origani scripulos VI, cyperis scripulos VI, costi modice,
pyrethri scripulos III, apii seminis scripulos VI, piperis scripulos XII, liquaminis et olei quod sufficit. 3. Aliter assaturas:
myrtae siccae bacam extenteratam cum cumino, pipere, mel,
liquamen, defrito et oleo teres, et fervefactum amulas. Carnem elixam sale subassatam perfundis, piper aspargis et inferes. 4. Aliter assaturas: piperis scripulos VI, ligusticum scripulos VI, petroselinum scripulos VI, apii semen scripulos VI,
anethi scripulos VI, laseris radicem scripulos VI, asareos scripulos VI, piretri (= pyrethri) modice, ciperis scripulos VI,
carei scripulos VI, cumini scripulos VI, gingiberis scripulos
VI, liquaminis eminam, olei acetabulum. 5. Assaturas in collari: elixatur et infunditur in fretali piper, condimentum, mel,
liquamen, et atteritur in clibano quousque coquatur. Elixum

und Stärkemehl, wenn er schon kocht. Er wird ohne Liquamen und Öl gesotten, gargekocht und so mit Pfeffer und der oben beschriebenen Sauce begossen, und dann muß er erneut aufkochen. 4. Braten auf andere Art: Er wird richtig gebraten, so daß er fast wie Grillbraten zubereitet wird. Mit einem Gläschen (ca. 0,05 l) bestem Liquamen, einem Gläschen Wasser, einem Gläschen Essig und einem Gläschen Öl, die zusammengemischt und in eine tönerne Auflaufform gegeben werden, brate ihn und trage auf. 5. Braten auf andere Art: in einer Kasserolle mit reichlich Oenogarum. Streue Pfeffer darauf und serviere. 6. Braten auf andere Art: Die Bratenstücke werden vorher mit Salz und Kümmel gewässert und dann richtig gebraten.

5) Grillgewürze: 1. Grillgewürz: Einfachen Grillbraten aus dem Ofen serviere mit sehr viel Salz bestreut zusammen mit Honig. 2. Grillgewürz auf andere Art: 6 Skrupel (ca. 7 g) Petersilie, 6 Skrupel Laser, 6 Skrupel Ingwer, 5 Lorbeeren, Gewürzkräuter, 6 Skrupel Laserwurzel, 6 Skrupel Oregano, 6 Skrupel Zyperngras, ein wenig Kostwurz, 3 Skrupel (ca. 3,4 g) Bertram, 6 Skrupel Selleriesamen, 12 Skrupel (ca. 13,6 g) Pfeffer und genügend Liquamen und Öl. 3. Grillgewürz auf andere Art: Stampfe entkernte, getrocknete Myrtenbeeren mit Kümmel, Pfeffer, Honig, Liquamen, Defritum und Öl und dicke es ein, wenn es aufgekocht ist. Begieße gekochtes und mit Salz angegrilltes Fleisch damit, streue Pfeffer darauf und serviere. 4. Grillgewürz auf andere Art: 6 Skrupel (ca. 7 g) Pfeffer, 6 Skrupel Liebstöckel, 6 Skrupel Petersilie, 6 Skrupel Selleriesamen, 6 Skrupel Dill, 6 Skrupel Laserwurzel, 6 Skrupel Haselwurz, ein wenig Bertram, 6 Skrupel Zyperngras, 6 Skrupel Wiesenkümmel, 6 Skrupel Kümmel, 6 Skrupel Ingwer, 0,27 l Liquamen und eine Saucière (ca. 0,07 l) Öl. 5. Grillgewürz für Halsstück: Es wird gekocht und in die Pfanne werden Pfeffer, Gewürzkräuter, Honig und Liquamen hineingegeben, und es wird in einer Backpfanne gestampft, solange es kocht.

vero collare, si voles, sine conditura assas, et siccum calidum
perfundis.

6) In elixam et copadia: 1. Ius in elixam omnem: piper, ligusticum, origanum, rutam, silfium, cepam siccam, vinum,
caroenum, mel, acetum, olei modicum. Persiccatam et
sabano expressam elixam perfundis. 2. Ius in elixam: piper,
petroselinum, liquamen, acetum, caryotam, cepullam, olei
modicum. Perfundis calido iure. 3. Ius in elixam: teres piper,
rutam aridam, feniculi semen, cepam, caryotam, liquamen et
oleum. 4. Ius candidum in elixam: piper, liquamen, vinum,
rutam, cepam, nucleos, conditum, modicum de buccellis
maceratis unde stringat, oleum. Cum coxerit, ius perfundis.
5. Aliter ius candidum in elixam: piper, careum, ligusticum,
thymum, origanum, cepullam, dactylum, mel, liquamen,
oleum. 6. In copadiis ius album: piper, cuminum, ligusticum,
rutae semen, Damascenas, infundis vinum, oenomeli et aceto
temperabis. ⟨agitabis⟩ thymo et origano. 7. Aliter ius candidum in copadiis: piper, thymum, cuminum, apii semen, feniculum, mentam, bacam myrtae, uvam passam. Mulso temperas. Agitabis ramo satureiae. 8. Ius in copadiis: piper, ligusticum, careo, mentam, nardostacium, folium, ovi vitellum,
mel, mulsam, acetum, liquamen et oleum. Agitabis satureia[m] et porro, amulabis. 9. Ius album in copadiis: piper,
ligusticum, cuminum, apii semen, thymum, nucleos infusos,
nuces infusas et purgatas, mel, acetum, liquamen et oleum.
10. Ius in copadiis: piper, apii semen, careum, satureiam,
cneci flos, cepullam, amygdala tosta, caryotam, liquamen,

Gekochtes Halsstück aber grille, wenn du willst, ohne Gewürzsauce und übergieße das abgetrocknete und heiße Halsstück damit.

6) Für gekochtes Fleisch und Schnitzel: 1. Sauce für jedes gekochte Fleisch: Pfeffer, Liebstöckel, Oregano, Raute, Silphium, getrocknete Zwiebel, Wein, Caroenum, Honig, Essig und ein wenig Öl. Übergieße das sehr gut getrocknete und mit einem Leinentuch ausgepreßte gekochte Fleisch damit. 2. Sauce für gekochtes Fleisch: Pfeffer, Petersilie, Liquamen, Essig, Datteln, kleine Zwiebeln und ein wenig Öl. Übergieße es mit der heißen Sauce. 3. Sauce für gekochtes Fleisch: Stoße Pfeffer, getrocknete Raute, Fenchelsamen, Zwiebel, Datteln, Liquamen und Öl. 4. Weiße Sauce für gekochtes Fleisch: Pfeffer, Liquamen, Wein, Raute, Zwiebel, Pinienkerne, Gewürzkräuter und ein wenig von eingeweichten Brotkrümeln, wovon es dickflüssiger werden soll, und Öl. Wenn die Sauce gar ist, gieße sie darüber. 5. Weiße Sauce für gekochtes Fleisch auf andere Art: Pfeffer, Wiesenkümmel, Liebstöckel, Thymian, Oregano, eine kleine Zwiebel, Datteln, Honig, Liquamen und Öl. 6. Weiße Sauce für Schnitzel: Pfeffer, Kümmel, Liebstöckel, Rautensamen und Damaszenerpflaumen, gieße Wein dazu und schmecke mit Weinhonig und Essig ab, ⟨rühre⟩ mit Thymian und Oregano ⟨um⟩[119]. 7. Weiße Sauce für Schnitzel auf andere Art: Pfeffer, Thymian, Kümmel, Selleriesamen, Fenchel, Minze, Myrtenbeeren und Rosinen. Schmecke mit Honigwein ab. Rühre mit einem Zweig von Saturei um. 8. Sauce für Schnitzel: Pfeffer, Liebstöckel, Wiesenkümmel, Minze, Nardenblüte, Gewürzblätter, ein Eidotter, Honig, Honigwasser, Essig, Liquamen und Öl. Rühre mit Saturei und Lauch um und dicke es ein. 9. Weiße Sauce für Schnitzel: Pfeffer, Liebstöckel, Kümmel, Selleriesamen, Thymian, eingeweichte Pinienkerne, eingeweichte und gereinigte Nüsse, Honig, Essig, Liquamen und Öl. 10. Sauce für Schnitzel: Pfeffer, Selleriesamen, Wiesenkümmel, Saturei, Saflorblüte, eine

oleum, sinapis modicum. Defrito coloras. 11. Ius in copadiis:
piper, ligusticum, petroselinum, cepullam, amygdala tosta,
dactylum, mel, acetum, liquamen, defritum, oleum. 12. Ius
in copadiis: ova dura incidis, piper, cuminum, petroselinum,
porrum coctum, mirtae bacas, plusculum mel, acetum, liquamen, oleum. 13. In elixam anetatam crudum: piper, anethi
semen, mentam siccam, laseris radicem, suffundis acetum,
adicies caryotam, mel, liquamen, sinapis modicum, defrito,
oleo temperabis. Et hoc in collari porcino. 14. Ius in elixam
allecatam: piper, ligusticum, careo, apii semen, thymum,
cepullam, dactylum, allecem colatum, melle et vino temperas. Apium viridem incisum super aspargis, oleum mittis et
inferes.

7) Ventricula: 1. Ventrem porcinum: bene exinanies, aceto et
sale, postea aqua lavas, et sic hanc impensam imples: pulpam
porcinam tunsam tritam, ita ut enervata commisceas cerebella
tria et ova cruda, cui nucleos infundis et piper integrum mittis
et hoc iure temperas: teres piper, ligusticum, silfium, anesum,
gingiber, rutae modicum, liquamen optimum et olei modicum. Reples aqualiculum sic ut laxamentum habeat, ne dissiliat in coctura. Surclas ambas et in ollam bullientem summittis. Levas et pungis acu, ne crepet. Qua dimidias coctum
fuerit, levas et ad fumum suspendis, ut coloretur. Et denuo
eum perelixabis, ut coqui possit, deinde liquamine, mero,
oleo modico, et cultello aperies et cum liquamine et ligustico

kleine Zwiebel, geröstete Mandeln, Datteln, Liquamen, Öl
und ein wenig Senf. Färbe es mit Defritum. 11. Sauce für
Schnitzel: Pfeffer, Liebstöckel, Petersilie, eine kleine Zwiebel, geröstete Mandeln, Datteln, Honig, Essig, Liquamen,
Defritum und Öl. 12. Sauce für Schnitzel: Schneide hartgekochte Eier klein, Pfeffer, Kümmel, Petersilie, gehackten
Lauch, Myrtenbeeren, nicht zu wenig Honig, Essig, Liquamen und Öl. 13. Ungekochte Sauce für gekochtes Fleisch mit
Dillsauce: Pfeffer, Dillsamen, getrocknete Minze und Laserwurzel, gieße Essig und gib Datteln, Honig, Liquamen und
ein wenig Senf dazu und schmecke mit Defritum und Öl ab.
Und das ist für Halsstück vom Schwein[120]. 14. Sauce (?) mit
Allec für gekochtes Fleisch: Pfeffer, Liebstöckel, Wiesenkümmel, Selleriesamen, Thymian, eine kleine Zwiebel, Datteln, durchgeseihtes Allec und schmecke mit Wein und
Honig ab. Streue frischen gehackten Sellerie darüber, gib Öl
dazu und trage auf.

7) Gefüllte Mägen (?): 1. Schweinsmagen: Leere ihn gut aus,
wasche ihn mit Essig und Salz, danach mit Wasser und fülle
sodann folgende Masse hinein: geklopftes und gehacktes
Schweinefleisch, wobei du drei gehäutete Hirnchen und
rohe Eier dazumischst, Pinienkerne und ganze Pfefferkörner
dazugibst, und schmecke mit folgender Sauce ab: Stoße
Pfeffer, Liebstöckel, Silphium, Anis, Ingwer, ein wenig
Raute, bestes Liquamen und ein wenig Öl. Fülle den
Schweinsmagen so, daß noch etwas Platz bleibt, damit er
beim Kochen nicht zerplatzt. Stecke beide ⟨Seiten⟩ zusammen und gib ihn in einen Kessel mit kochendem Wasser.
Nimm ihn heraus und steche mit einer Nadel hinein, damit
er nicht platzt. Wenn er halb gar ist, nimm ihn heraus und
hänge ihn in den Rauch, damit er Farbe bekommt. Und
koche ihn erneut durch, so daß er gar werden kann, dann
mit Liquamen, unvermischtem Wein und ein wenig Öl dazu
und schneide ihn mit einem Messer auf und serviere ihn mit
Liquamen und Liebstöckel. 2. Um gerösteten Magen zu

apponis. 2. Ventrem ut tostum facias, in cantabro involve, postea in muriam mittis et sic coque.

8) Lumbi et renes: 1. Lumbuli assi ita fiunt: aperiuntur in duas partes, ita ut expansi sint, et aspergitur eis piper tritum, nuclei et coriandrum concisum minutatim factum et semen feniculi tritum. Deinde lumbuli recluduntur [assi] et consuuntur et involvuntur omento et sic praedurantur in oleo et liquamine, inde assantur in clibano vel craticula.

9) Perna: 1. Pernam, ubi eam cum Caricis plurimis elixaveris et tribus lauri foliis, detracta cute tessellam incidis et melle complebis. Deinde farinam oleo subactam conteres et ei corium reddis, ut, cum farina cocta fuerit, eximas furno ut est, et inferes. 2. Pernae cocturam: ex aqua cum Caricis cocta simpliciter, ut solet, inlata cum buccellis, caroeno vel condito. Melius, si cum musteis.

10) Petasonem ex musteis: petasonem elixas cum bilibre hordei et Caricis XXV. Cum elixatus fuerit, decarnas et arvillam illius candenti vatillo uris et melle contingis. Quod melius, missum in furnum, melle obligas. Cum coloraverit, mittis in caccabum passum, piper, fasciculum rutae, merum, temperas. Cum fuerit temperatum, dimidium in petasonem perfundis et aliam partem piperati buccellas musteorum fractas perfundis. Cum sorbuerit, quod mustei recusaveri⟨n⟩t, petasoni refundis.

machen, wickle ihn in Kleiebrei ein, gib ihn danach in Salzlake und koche ihn so.

8) Lendenstücke und Nieren: 1. Gegrillte Lendenstücke werden folgendermaßen gemacht: Sie werden in zwei Teile aufgeschnitten, so daß sie auseinanderklaffen, und es wird gemahlener Pfeffer, Pinienkerne und kleingehackter Koriander und gemahlener Fenchelsamen auf sie gestreut. Dann werden die Lendenstücke wieder verschlossen und zugenäht, in Wursthaut
eingewickelt und so in Öl und Liquamen angebraten, dann
werden sie in einer Backpfanne oder auf einem Rost gegrillt.

9) Schinken: 1. Schneide in den Schinken, sobald du ihn
mit sehr vielen karischen Feigen und drei Lorbeerblättern
gekocht hast, nach Abziehen der Haut ein würfelförmiges
Loch hinein und fülle es mit Honig. Dann stampfe mit Öl
verrührtes Mehl und gib ihm die Schale wieder, so daß du ihn,
wenn das Mehl gebacken ist, aus dem Ofen nimmst, wie er
ist, und aufträgst. 2. Das Kochen von Schinken: serviert wie
gewöhnlich einfach in Wasser mit karischen Feigen gekocht
mit Brotstücken, Caroenum oder Würzwein. Besser mit
Mostbrötchen[121].

10) Vorderschinken mit Mostbrötchen[122]: Koche den Vorderschinken mit zwei Pfund Gerste und 25 karischen Feigen.
Wenn er gekocht ist, löse das Fleisch vom Knochen und röste
seine Speckschicht (?) auf einem weißglühenden Kohlebek-
ken und benetze sie mit Honig. Besser noch, wenn du es,
nachdem es in den Ofen geschoben ist, mit Honig be-
streichst[123]. Wenn er Farbe bekommen hat, gib in einen Topf
Passum, Pfeffer, ein Bündelchen Raute, unvermischten Wein
und schmecke ab. Wenn es abgestimmt ist, gieße die Hälfte
auf den Vorderschinken, und gieße den anderen Teil der Pfeffersauce über zerbröckelte Stückchen von Mostbrötchen.
Wenn sie vollgesogen sind, gieße das, was bei den Mostbrötchen übriggeblieben ist, zum Vorderschinken.

11) Laridi coctura: tectum aqua cum multo anetho coques, oleum modicum destillabis et modicum salis.

12) Iecinora sive pulmones: 1. Iecinera haedina vel agnina sic coques: aquam mulsam facies, et ova, partem lactis admiscis eis ut incisa iecinera sorbeant. Coques ex oenogaro, piper⟨e⟩ asperso, et inferes. 2. [Aliter iecinera ?] in pulmonibus: ex lacte lavas pulmones et colas quod capere possunt, et infringis ova dua (= duo) cruda, salis grana pauca, mellis ligulam, et simul conmiscis et imples pulmones. Elixas et concidis. Teres piper, suffundis liquamen, passum, merum, pulmones confringis et hoc oenogaro perfundis.

13) Dulcia domestica et melcae: 1. Dulcia domestica: palmulas vel dactylos excepto semine, nuce vel nucleis vel piper tritum infercies. Sales foris contingis, frigis in melle cocto, et inferes. 2. Aliter dulcia: musteos Afros optimos rades et in lacte infundis. Cum biberint, in furnum mittis, ne arescant, modice. Eximes eos calidos, melle perfundis, compungis ut bibant. Piper aspergis et inferes. 3. Aliter dulcia: siligineos rasos frangis, et buccellas maiores facies. In lacte infundis, frigis [et] in oleo, mel superfundis et inferes. 4. Dulcia piperata: mittis mel, merum, passum, rutam. Eo mittis nucleos, nuces, alicam elixatam. Concisas nuces Avellanas tostas adicies et inferes. 5. Aliter dulcia: piper, nucleos, mel, rutam et passum teres cum lacte et tractam coques. Coagulum coque

11) Das Kochen von Räucherschinken: Koche ihn mit Wasser bedeckt mit viel Dill und träufle ein wenig Öl darauf und ein wenig Salz.

12) Leber beziehungsweise Lunge: 1. Zicklein- oder Lammleber koche folgendermaßen: Mache Honigwasser (?) und mische Eier und einen Teil Milch zu diesen, so daß es die eingeschnittene Leber aufsaugen kann. Koche in Oenogarum und mit daraufgestreutem Pfeffer und trage auf. 2. [Leber auf andere Art] für Lunge: Wasche die Lunge mit Milch und laß abtropfen, was sie ⟨nicht⟩ fassen kann, und schlage zwei rohe Eier hinein, wenige Salzkörner und einen Teelöffel Honig, mische es zusammen und fülle die Lunge damit. Koche und schneide sie klein. Stoße Pfeffer, gieße Liquamen, Passum und unvermischten Wein dazu. Zerbröckle die Lunge und übergieße sie mit diesem Oenogarum.

13) Hausgemachte Süßspeisen und dicke Milch [?][124]: 1. Hausgemachte Süßspeise: Fülle große oder normale Datteln, nachdem der Kern entfernt ist, mit Nüssen, Pinienkernen oder fülle gemahlenen Pfeffer hinein. Bestreue sie außen mit Salz, brate sie in gekochtem Honig und serviere. 2. Eine Süßspeise auf andere Art: Entferne von besten afrikanischen Mostbrötchen die Kruste und weiche sie in Milch ein. Wenn sie vollgesogen sind, gib sie in den Ofen, aber nicht zu lange, damit sie nicht austrocknen. Nimm sie heiß heraus, übergieße sie mit Honig und steche hinein, damit sie sich vollsaugen. Streue Pfeffer darauf und serviere. 3. Eine Süßspeise auf andere Art: Zerbrich Weizenbrötchen ohne Kruste und mache größere Brocken. Weiche sie in Milch ein und brate sie in Öl, gieße Honig darüber und serviere. 4. Eine gepfefferte Süßspeise (?)[125]: Gib Honig, unvermischten Wein, Passum und Raute dazu. Dort hinein gib Pinienkerne, Nüsse und gekochte Grütze. Gib gehackte geröstete Haselnüsse dazu und serviere. 5. Eine Süßspeise auf andere Art: Stampfe Pfeffer, Pinienkerne, Honig, Raute und Passum mit Milch und

cum modicis ovis. Perfusum melle, aspersum inferes. 6. Aliter dulcia: accipies similam, coques [et] in aqua[m] calida[m], ita ut durissimam pultem facias, deinde in patellam expandis. Cum refrixerit, concidis quasi dulcia et frigis in oleo optimo. Levas, perfundis mel, piper aspergis et inferes. Melius feceris, si lac pro aqua[m] miseris. 7. Tiropatinam: accipies lac. Adversus patinam aestimabis, temperabis lac cum melle quasi ad lactantia, ova quinque ad sextarium mittis, si ad emina⟨m⟩, ova tria. In lacte dissolvis ita ut unum corpus facias, in Cumana colas et igni lento coques. Cum duxerit ad se, piper aspargis et inferes. 8. Ova sfongia ex lacte: ova quattuor, lactis eminam, olei unciam in se dissolvis, ita ut unum corpus facias. In patellam subtilem adicies olei modicum, facies ut bulliat, et adicies impensam quam [com]parasti. Una parte cum fuerit coctum, in disco vertes, melle perfundis, piper aspargis et inferes. 9. Melcas: cum pipere et liquamine vel sale, oleo et coriandro.

14) Bulbos: 1. Bulbos oleo, liquamine, aceto infere⟨s⟩, modico cumino asperso. 2. Aliter: bulbos tundis, a quo ex aqua coquis, deinde oleo frigis. Ius sic facies: thymum, puleium, piper, origanum, mel, acetum modice et, si placet, [et] modice liquamen. Piper aspargis et inferes. 3. Aliter: bulbos elixos in pultarium pressos: mittis thymum, origanum, mel, acetum, defritum, cariotam. Liquamine, oleum modice. Piper aspergis et inferes. [Varro: "si quid de bulbis, dixi: 'in aquam, qui Veneris ostium quaerunt', deinde ut legitimis

koche den Teig. Koche mit ein paar Eiern einen Brei. Serviere
ihn mit Honig begossen und ⟨mit Pfeffer ?⟩ bestreut. 6. Eine
Süßspeise auf andere Art: Nimm Weizenauszugsmehl, koche
es in heißem Wasser, so daß du einen sehr festen Brei erhältst,
und rolle ihn dann auf einem Backblech aus. Wenn er abgekühlt ist, schneide gleichsam Plätzchen aus und backe sie in
bestem Öl. Nimm sie heraus, übergieße sie mit Honig, streue
Pfeffer darauf und serviere. Besser wirst du sie noch machen,
wenn du Milch statt Wasser dazugibst. 7. Käseauflauf [?][126]:
Nimm Milch, schätze die Menge je nach Größe der Auflaufform ab, schmecke die Milch mit Honig wie für Milchbrei (?)
ab und gib fünf Eier auf 0,55 l, wenn auf 0,27 l, drei Eier dazu.
Verrühre sie so in der Milch, daß du eine glatte Masse erhältst,
passiere es in eine Tonkasserolle (?)[127] und koche auf kleiner
Flamme. Wenn sie steif geworden ist, streue Pfeffer darauf
und serviere. 8. Omeletts mit Milch: Verrühre vier Eier,
0,27 l Milch und eine Unze (ca. 27,3 g) Öl miteinander, so daß
du eine glatte Masse erhältst. Gib auf ein dünnes Backblech
etwas Öl, laß es aufkochen und gib die Masse dazu, die du
vorbereitet hast. Wenn sie von einer Seite gar ist, stürze sie auf
eine Platte, übergieße sie mit Honig, streue Pfeffer darauf und
serviere. 9. Dicke Milch (?)[128]: mit Pfeffer und Liquamen
oder mit Salz, Öl und Koriander.

14) Gemüsezwiebeln: 1. Gemüsezwiebeln serviere mit Öl,
Liquamen und Essig, mit ein wenig daraufgestreutem Kümmel. 2. Auf andere Art: Zerstampfe die Gemüsezwiebeln,
worauf du sie in Wasser kochst, dann schmore sie in Öl. Die
Sauce mache folgendermaßen: Thymian, Poleiminze, Pfeffer, Oregano, Honig, ein wenig Essig und, wenn es gefällt,
auch ein wenig Liquamen. Streue Pfeffer darauf und serviere.
3. Auf andere Art: ausgepresste gekochte Gemüsezwiebeln in
einen Tontopf: Gib Thymian, Oregano, Honig, Essig, Defritum, Datteln, Liquamen und ein wenig Öl dazu. Streue Pfeffer darauf und serviere. [Varro[129]: »Wenn irgendwas über
Gemüsezwiebeln, so habe ich gesagt: ›ins Wasser, die die

nuptiis in cena ponuntur, sed et cum nucleis pineis aut cum erucae sucum et piperem. "] 4. Aliter: bulbos frictos in garo inferes.

15) Fungi farnei vel boleti: 1. Fungi farnei: elixi, calidi, exsiccati in garo piper⟨ato⟩ accipiuntur, ita ut piper cum liquamine teres. 2. In fungis farneis: piper, caroenum, acetum et oleum. 3. Aliter fungi farnei: elixi ex sale, oleo, mero, coriandro conciso inferuntur. 4. Boletos fungos: caroenum, fasciculum coriandri viridis. Ubi ferbuerit, exempto fasciculo inferes. 5. Boletos aliter: caliculos eorum liquamine vel sale aspersos inferunt. 6. Boletos aliter: thyrsos eorum concisos in patellam novam perfundis, addito pipere, ligustico, modico melle. Liquamine temperabis. Oleum modice.

16) Tubera: 1. Tubera radis, elixas, sale aspergis, et surculo infiges. Subassas, et mittes in caccabum oleum, liquamen, caroenum, vinum, piper et mel. Cum ferbuerit, amulo obligas. Tubera exornas et inferes. 2. Aliter tubera: elixas et, asperso sale, in surculis adfigis et subassas. Et mittes in caccabum liquamen, oleum viridem, caroenum, vinum modice et piper confractum et mellis modicum, et ferveat. Cum fervuerit, amulo obligas et tubera conpungens, ut combibant illud, exornas. Cum bene ferbuerint, inferes. Si volueris, eadem tubera omento porcino involves et assabis et sic inferes. 3. Aliter tubera: oenogarum, piper, ligusticum, coriandrum, rutam, liquamen, mel, vinum, oleum modice. Calefa-

Venuspforte suchen‹, dann werden sie wie bei offiziellen
Hochzeiten zum Abendessen serviert, aber auch mit Pinienkernen oder mit Brei von wilder Rauke und Pfeffer.«] 4. Auf
andere Art: Gebratene Gemüsezwiebeln serviere mit Oenogarum.

15) Eschenpilze (?) oder Champignons: 1. Eschenpilze werden gekocht und, noch heiß, in gepfeffertem Garum genommen, so daß du den Pfeffer mit Liquamen zerstößt. 2. Für
Eschenpilze: Pfeffer, Caroenum, Essig und Öl. 3. Eschenpilze auf andere Art: Sie werden mit Salz, Öl, unvermischtem
Wein und gehacktem Koriander serviert. 4. Champignons:
Caroenum und ein Bündelchen frischen Koriander. Sobald es
aufgekocht ist, serviere, nachdem du das Bündelchen herausgenommen hast. 5. Champignons auf andere Art: Man serviert deren Hüte besprengt mit Liquamen oder Salz.
6. Champignons auf andere Art: Übergieße deren Stiele, die
du in eine neue Auflaufform geschnitten hast, unter Zugabe
von Pfeffer, Liebstöckel und ein wenig Honig. Schmecke mit
Liquamen ab. Dazu ein wenig Öl.

16) Trüffel: 1. Schäle die Trüffel, koche sie, bestreue sie mit
Salz und stecke sie auf ein Stäbchen. Grille sie an und gib in
einen Topf Öl, Liquamen, Caroenum, Wein, Pfeffer und
Honig. Wenn es aufgekocht ist, binde mit Stärkemehl. Garniere die Trüffel und serviere. 2. Trüffel auf andere Art:
Koche sie und stecke sie, nachdem du Salz daraufgestreut
hast, auf ein Stäbchen und grille sie an. Und gib in einen Topf
Liquamen, grünes Öl, Caroenum, ein wenig Wein und grob
gemahlenen Pfeffer und ein wenig Honig, und es soll aufkochen. Wenn es aufgekocht ist, binde mit Stärkemehl und steche in die Trüffel hinein, damit sie das aufsaugen, garniere sie,
wenn sie gut gekocht sind, und serviere. Wenn du willst,
wickle diese Trüffel in Wursthaut vom Schwein, grille sie und
serviere sie so. 3. Trüffel auf andere Art: Oenogarum, Pfeffer, Liebstöckel, Koriander, Raute, Liquamen, Honig, Wein

cies. 4. Aliter tubera: piper, mentam, rutam, mel, oleum, vinum modicum. Calefacies et inferes. 5. Aliter tubera: elixa cum porro, deinde sale, pipere, coriandro conciso, mero, oleo mo⟨dico⟩ inferes. 6. Aliter tubera: piper, cuminum, mentam, apium, rutam, mel, acetum vel vinum, salem vel liquamen et oleum modice.

17) In colocasio: piper, cuminum, rutam, mel, liquamen, olei modicum. Cum fervuerit, amulo obligas.

18) Cocleas: 1. Cocleas lacte pastas: accipies cocleas, ⟨s⟩fongizabis, membranam tolles, ut possint prodire. Adicies in vas lac et sale⟨m⟩ uno die, ceteris diebus in lac per se, et omni hora mundabis stercus. Cum pastae fuerint, ut non possint se retrahere, [et] ex oleo friges. Mittes oenogarum. Similiter et pulpa[s] (?) pasci possunt. 2. Cocleas: sale puro et oleo assabis cocleas: lasere, liquamine, pipere, oleo suffundis. 3. Cocleas assas: liquamine, pipere, cumino. Suffundis assidue. 4. Aliter cocleas: viventes in lac siligineum infundes: ubi pastae fuerint, coques.

19) Ova: 1. Ova frixa: oenogarata. 2. O⟨va⟩ elixa: liquamine, oleo, mero vel ex liquamine, pipere, lasere. 3. In ovis apalis: piper, ligusticum, nucleos infusos. Suffundes mel, acetum, liquamine temperabis.

und ein wenig Öl. Mache es heiß. 4. Trüffel auf andere Art:
Pfeffer, Minze, Raute, Honig, Öl und ein wenig Wein.
Mache es heiß und serviere. 5. Trüffel auf andere Art: Serviere
sie gekocht mit Lauch, dann Salz, Pfeffer, gehacktem Koriander, unvermischtem Wein und bestem Öl. 6. Trüffel auf
andere Art: Pfeffer, Kümmel, Minze, Sellerie, Raute, Honig,
Essig oder Wein, Salz oder Liquamen und ein wenig Öl.

17) Für Nelumbo-Wurzeln: Pfeffer, Kümmel, Raute, Honig,
Liquamen und ein wenig Öl. Wenn es aufgekocht ist, binde
mit Stärkemehl.

18) Schnecken: 1. Mit Milch gemästete Schnecken: Nimm
Schnecken, tupfe sie ab und nimm den Verschlußdeckel (?)[130]
weg, damit sie herauskommen können. Gib sie am ersten Tag
in ein Gefäß mit Milch und Salz, an den übrigen Tagen nur in
Milch und entferne alle Stunde den Kot. Wenn sie gemästet
sind, so daß sie sich nicht mehr zurückziehen können,
schmore sie in Öl. Gib Oenogarum dazu. Ähnlich können sie
auch mit Fleisch (oder Brei ?)[131] gemästet werden. 2. Schnek-
ken: Grille die Schnecken mit reinem Salz und Öl. Begieße sie
mit Laser, Liquamen, Pfeffer und Öl. 3. Gegrillte Schnecken:
mit Liquamen, Pfeffer und Kümmel. Begieße sie ständig.
4. Schnecken auf andere Art: Gib sie lebend in Milch mit
Weizenmehl. Sobald sie gemästet sind, koche sie.

19) Eier: 1. Spiegeleier: mit Oenogarum. 2. Gekochte Eier:
mit Liquamen, Öl, unvermischtem Wein oder mit Liquamen,
Pfeffer und Laser. 3. Für weichgekochte Eier (?)[132]: Pfeffer,
Liebstöckel und eingeweichte Pinienkerne. Gieße Honig und
Essig dazu und schmecke mit Liquamen ab.

Liber VIII: Tetrapus

I. In apro. II. In cervo. III. In caprea. IV. In ovifero. V. Bubula sive vitulina. VI. In haedo et agno. VII. In porcello. VIII. Leporem. IX. Glires.

1) In apro: 1. Aper ita conditur: sfungiatur, et sic aspergitur ei sal[e], cuminum tritum, et sic manet. Alia die mittitur in furnum. Cum coctus fuerit, perfunditur piper tritum, [condimentum aprunum] mel, liquamen, caroenum et passum. 2. Aliter in apro: aqua marina cum ramulis lauri aprum elixas quousque madescat. Corium ei tolles. Cum sale, sinapi, aceto inferes. 3. Aliter in apro: teres piper, ligusticum, origanum, bacas myrtae extenteras, coriandrum, cepas, suffundes mel, vinum, liquamen, oleum modice, calefacies, amulo obligas. Aprum in furno coctum perfundes. Hoc et in omne genus carnis ferinae facies. 4. In aprum assum iura ferventia facies sic: piper, cuminum frictum, apii semen, mentam, thymum, satureiam, cneci flos, nucleos tostos vel amygdala tosta, mel, vinum, liquamen acetabulum, oleum modice. 5. Aliter in aprum assum iura ferventia: piper, ligusticum, apii semen, mentam, thymum, nucleos tostos, vinum, acetum, liquamen, et oleum modice. Cum ius simplex bullierit, tunc triturae globum mittes et agitas cepam et rutae fasciculos. Si volueris, pinguius facere, obliga, si vis, albo ovorum liquido, moves paulatim, aspergis piper tritum et inferes. 6. Ius in aprum elixum: piper, ligusticum, cuminum, silfi, origanum, nuc-

8. Buch: Der Vierfüßler

I. Für Wildschwein. II. Für Hirsch. III. Für Reh (?)[133]. IV. Für Wildschaf. V. Rind- oder Kalbfleisch. VI. Für Zicklein oder Lamm. VII. Für Spanferkel. VIII. Hase. IX. Haselmäuse.

1) Für Wildschwein: 1. Wildschwein wird folgendermaßen gewürzt: Es wird abgetupft, und sodann wird Salz und gemahlener Kümmel darübergestreut und so bleibt es. Am nächsten Tag wird es in den Ofen gegeben. Wenn es gar ist, wird gemahlener Pfeffer, [Wildschweingewürz,] Honig, Liquamen, Caroenum und Passum darübergegossen. 2. Für Wildschwein auf andere Art: Koche das Wildschwein in Meerwasser mit Lorbeerzweigen, bis es weich wird. Ziehe ihm das Fell ab. Serviere mit Salz, Senf und Essig. 3. Für Wildschwein auf andere Art: Stoße Pfeffer, Liebstöckel, Oregano, entkernte Myrtenbeeren, Koriander und Zwiebeln, gieße Honig, Wein, Liquamen und ein wenig Öl dazu, mache es heiß und binde mit Stärkemehl. Übergieße das im Ofen gebackene Wildschwein damit. Das mache auch für jede Art von Wildbret. 4. Heiße Brühen für gegrilltes Wildschwein mache folgendermaßen: Pfeffer, gemahlenen Kümmel, Selleriesamen, Minze, Thymian, Saturei, Saflorblüte, geröstete Pinienkerne oder geröstete Mandeln, Honig und Wein, eine Saucière (ca. 0,07 l) Liquamen und ein wenig Öl. 5. Heiße Brühen für gegrilltes Wildschwein auf andere Art: Pfeffer, Liebstöckel, Selleriesamen, Minze, Thymian, geröstete Pinienkerne, Wein, Essig, Liquamen und ein wenig Öl. Wenn die einfache Brühe aufgekocht ist, dann gib einen Kloß geriebenes Gewürz[134] dazu und rühre Zwiebel hinein und Bündelchen von Raute. Wenn du eine dicke Sauce machen willst, binde, wenn du willst, mit flüssigem Eiweiß, rühre ein wenig, streue gemahlenen Pfeffer darauf. 6. Sauce für gekochtes Wildschwein: Pfeffer, Liebstöckel, Kümmel, Sil-

leos, caryotam, mel, sinape, acetum, liquamen et oleum.
7. Ius frigidum in aprum elixum: piper, careum, ligusticum,
coriandri semen frictum, anethi semen, apii semen, thymum,
origanum, cepullam, mel, acetum, sinape, liquamen, oleum.
8. Aliter ius frigidum in aprum elixum: piper, ligusticum,
cuminum, anethi semen et thymum, origanum, silfi modicum, erucae semen plusculum; suffundes merum, condimenta viridia modica, cepa⟨m⟩, Pontica⟨s⟩ vel amygdala
fricta, dactylum, mel, acetum, merum modicum, coloras
defrito, liquamen, oleum. 9. Aliter in apro: teres piper, ligusticum, origanum, apii semen, laseris radicem, cuminum,
feniculi semen, rutam, liquamen, vinum, passum. Facies ut
ferveat. Cum fervuerit, amulo obligas. Aprum intro foras et
inferes. 10. Perna apruna ita impletur Terentina: per arti-
culum pernae palum mittes ita, ut cutem a carne separes, ut
possit condimentum accipere per cornulum, ut universa
impleatur. Teres piper, bacam lauri, rutam. Si volueris, laser
adicies, liquamen optimum, caroenum et olei viridis guttas.
Cum impleta fuerit, constringitur illa pars, qua impleta est, ex
lino et mittitur in zemam. Elixatur in aqua[m] marina[m] cum
lauri turionibus et anetho.

2) In cervo: 1. Ius in cervum: teres piper, ligusticum, careum,
origanum, apii semen, laseris radicem, feniculi semen, fricabis, suffundes liquamen, vinum, passum, oleum modice.
Cum fervuerit, amulo obligas. Cervum coctum intro foras
tanges et inferes. 2. In platone similiter et in omne genus vena-
tionis eadem conditura uteris. 3. Aliter: cervum elixabis et

phium, Oregano, Pinienkerne, Datteln, Honig, Senf, Essig, Liquamen und Öl. 7. Kalte Sauce für gekochtes Wildschwein: Pfeffer, Wiesenkümmel, Liebstöckel, gemahlenen Koriandersamen, Dillsamen, Thymian, Oregano, eine kleine Zwiebel, Honig, Essig, Senf, Liquamen und Öl. 8. Kalte Sauce für gekochtes Wildschwein auf andere Art: Pfeffer, Liebstöckel, Kümmel, Dillsamen und Thymian, Oregano, ein wenig Silphium und nicht zu wenig Samen von wilder Rauke; gieße unvermischten Wein, ein wenig grüne Gewürzkräuter, Zwiebel, türkische Haselnuß oder gemahlene Mandeln, Datteln, Honig, Essig und ein wenig unvermischten Wein dazu, färbe mit Defritum, dazu Liquamen und Öl. 9. Für Wildschwein auf andere Art: Stoße Pfeffer, Liebstöckel, Oregano, Selleriesamen, Laserwurzel, Kümmel, Fenchelsamen, Raute, Liquamen, Wein und Passum. Laß es aufkochen. Wenn es aufgekocht ist, binde mit Stärkemehl. Benetze das Wildschwein von innen und außen (?)[135] und trage auf. 10. Wildschweinhüftschinken wird folgendermaßen nach Art des Terenz[136] gefüllt: Treibe durch das Hüftgelenk einen Pflock, um die Haut vom Fleisch zu trennen, so daß es durch einen kleinen Trichter Gewürz aufnehmen kann, damit es ganz gefüllt wird. Stoße Pfeffer, Lorbeere und Raute. Wenn du willst, gib Laser dazu, bestes Liquamen, Caroenum und Tropfen von grünem Öl (?)[137]. Wenn er gefüllt ist, wird jene Stelle, wo er gefüllt worden ist, mit einem Faden zugebunden, und er wird in einen Kessel gegeben. Er wird in Meerwasser mit Lorbeersprossen und Dill gekocht.

2) Für Hirsch: 1. Sauce für Hirsch: Stoße Pfeffer, Liebstöckel, Wiesenkümmel, Oregano, Selleriesamen, Laserwurzel, Fenchelsamen, zermahle es, gieße Liquamen, Wein, Passum und ein wenig Öl dazu. Wenn es aufgekocht ist, binde mit Stärkemehl. Benetze den gekochten Hirsch von innen und außen und trage auf. 2. Für Damhirsch ähnlich, und für jede Art von Wild benütze dieselbe Gewürzsauce. 3. Auf andere

subassabis. Teres piper, ligusticum, careum, apii semen, suffundes mel, acetum, liquamen, oleum. Calefactum amulo obligas et carnem perfundes. 4. Ius de cervo: piper, ligusticum, cepullam, origanum, nucleos, caryotas, mel, liquamen, sinape, acetum, oleum. 5. Cervinae conditura: piper, cuminum, condimentum, petroselinum, cepa, ruta, mel, liquamen, mentam, passum, caroenum et oleum modice. Amulo obligas, cum iam bulliit. 6. Iura ferventia in cervo: piper, ligusticum, petroselinum, cuminum suffundes, nucleos tostos aut amygdala, mel, acetum, vinum, oleum modice, liquamen et agitabis. 7. Embamma in cervinam assam: piper, nardostacium, folium, apii semen, cepam aridam, rutam viridem, mel, acetum, liquamen, adiect⟨a⟩m careotam (= caryotam), uvam passam et oleum. 8. Aliter in cervom assum iura ferventia: piper, ligusticum, petroselinum, Damascena macerata, vinum, mel, acetum, liquamen, oleum modice. Agitabis porro et satureia.

3) In caprea: 1. Ius in caprea: piper, ligusticum, careum, cuminum, petroselinum, rutae semen, mel, sinape, acetum, liquamen et oleum. 2. Ius in caprea assa: piper, condimentum, rutam, cepam, mel, liquamen, passum, oleum modice, amulum ⟨cum?⟩ iam bulliet. 3. Aliter ius in caprea: piper, condimentum, petroselinum, origanum modicum, rutam, liquamen, mel, passum et olei modicum. Amulo obligabis.

4) In ovifero [hoc est ovis silvatica]: 1. Ius in ovifero fervens: piper, ligusticum, cuminum, mentam siccam, thymum, silfi, suffundes vinum, adicies Damascena macerata, mel, vinum, liquamen, acetum, passum ad colorem, oleum. Agitabis fasciculo origani et mentae siccae. 2. Ius in venationibus omnibus

Art: Koche den Hirsch und grille ihn an. Stoße Pfeffer, Liebstöckel, Wiesenkümmel und Selleriesamen, gieße Honig, Essig, Liquamen und Öl dazu. Wenn es heiß gemacht ist, binde mit Stärkemehl und übergieße das Fleisch. 4. Sauce für Hirsch: Pfeffer, Liebstöckel, eine kleine Zwiebel, Oregano, Pinienkerne, Datteln, Honig, Liquamen, Senf, Essig und Öl. 5. Gewürzsauce für Hirschbraten: Pfeffer, Kümmel, Gewürzkräuter, Petersilie, Zwiebel, Raute, Honig, Liquamen, Minze, Passum, Caroenum und ein wenig Öl. Binde mit Stärkemehl, wenn es schon aufgekocht ist. 6. Heiße Brühen für Hirsch: Pfeffer, Liebstöckel, Petersilie, gib Kümmel[138], geröstete Pinienkerne oder Mandeln, Honig, Essig, Wein, ein wenig Öl und Liquamen dazu und rühre um. 7. Sauce für gegrillten Hirschbraten: Pfeffer, Nardenblüte, Gewürzblätter, Selleriesamen, getrocknete Zwiebel, frische Raute, Honig, Essig und Liquamen, dazu Datteln, Rosinen und Öl. 8. Heiße Brühen für gegrillten Hirsch: Pfeffer, Liebstöckel, Petersilie, eingeweichte Damaszenerpflaumen, Wein, Honig, Essig, Liquamen und ein wenig Öl. Rühre mit Lauch und Saturei um.

3) Für Reh (?): 1. Sauce für Reh (?): Pfeffer, Liebstöckel, Wiesenkümmel, Kümmel, Petersilie, Rautensamen, Honig, Senf, Essig, Liquamen und Öl. 2. Sauce für gegrilltes Reh (?): Pfeffer, Gewürzkräuter, Raute, Zwiebel, Honig, Liquamen, Passum, ein wenig Öl und Stärkemehl, ⟨wenn⟩ es schon kocht. 3. Sauce für Reh (?) auf andere Art: Pfeffer, Gewürzkräuter, Petersilie, ein wenig Oregano, Raute, Liquamen, Honig, Passum und ein wenig Öl. Binde mit Stärkemehl.

4) Für Wildschaf [das heißt »Waldschaf«]: 1. Heiße Sauce für Wildschaf: Pfeffer, Liebstöckel, Kümmel, getrocknete Minze, Thymian und Silphium, gieße Wein dazu, gib in unvermischtem Wein eingeweichte Damaszenerpflaumen, Honig, Wein, Liquamen, Essig, Passum für die Farbe und Öl dazu. Rühre mit einem Bündelchen Oregano und getrockne-

elixis et assis: piperis scripulos VIII, rutam, ligusticum, apii semen, iuniperum, thymum, mentam aridam scripulos senos, pulei scripulos III. Haec omnia ad levissimum pulverem redigis et in uno commisces et teres. Adicies in vasculum melle quod satis erit, et his uteris cum oxygaro. 3. Ius frigidum in ovifero: piper, ligusticum, thymum, cuminum frictum, nucleos tostos, mel, acetum, liquamen et oleum. Piper aspergis.

5) Bubula sive vitellina: 1. Vitellina fricta: piper, ligusticum, apii semen, cuminum, origanum, cepam siccam, uvam passam, mel, acetum, vinum, liquamen, oleum, defritum. 2. Vitulinam sive bubulam cum porris, Cidoneis (= Cydoneis) vel cepis vel colocaseis (= colocasiis): liquamen, piper, laser et olei modicum. 3. In vitulinam elixam: teres piper, ligusticum, careum, apii semen, suffundes mel, acetum, liquamen, oleum, calefacies, amulo obligas et carnem perfundes. 4. Aliter in vitulina elixa: piper, ligusticum, feniculi semen, origanum, nucleos, caryotam, mel, acetum, liquamen, sinapi et oleo.

6) In haedo vel agno: 1. Copadia haedina sive agnina: pipere, liquamine coques cum faseolis faratariis, liquamine, pipere, lasere, cum inbracto, bocellas (= buccellas) panis et oleo modico. 2. Aliter haedinam sive agninam excaldatam: mittes in caccabum copadia. Cepam, coriandrum minutum succides, teres piper, ligusticum, cuminum, liquamen, oleum, vinum. Coques, exinanies in patina, amulo obligas. [3. Aliter haedinam sive agninam excaldatam:] ⟨agnina⟩ a crudo tritura⟨m⟩ mortario accipere debet, caprina autem cum coquitur

ter Minze um. 2. Sauce für alles gekochte und gegrillte Wild:
8 Skrupel (ca. 9,1 g) Pfeffer, Raute, Liebstöckel, Selleriesamen, Wacholderbeere, Thymian, 6 Skrupel (ca. 6,8 g)
getrocknete Minze und 3 Skrupel (ca. 3,4 g) Poleiminze.
Mache das alles zu sehr feinem Pulver, mische es zusammen
und mahle es. Gib in das Gefäß ausreichend Honig dazu und
verwende dies mit Oxygarum. 3. Kalte Sauce für Wildschaf:
Pfeffer, Liebstöckel, Thymian, gemahlenen Kümmel, geröstete Pinienkerne, Honig, Essig, Liquamen und Öl. Streue
Pfeffer darauf.

5) Rind oder Kalbfleisch: 1. Gebratenes Kalbfleisch: Pfeffer,
Liebstöckel, Selleriesamen, Kümmel, Oregano, getrocknete
Zwiebel, Rosinen, Honig, Essig, Wein, Liquamen, Öl und
Defritum. 2. Kalb oder Rindfleisch mit Lauch, Quitten oder
Zwiebeln oder Nelumbo-Wurzeln: Liquamen, Pfeffer, Laser
und ein wenig Öl. 3. Für gekochtes Kalbfleisch: Stoße
Pfeffer, Liebstöckel, Wiesenkümmel, Selleriesamen, gieße
Honig, Essig, Liquamen und Öl dazu. Mache es heiß, binde
mit Stärkemehl und übergieße das Fleisch. 4. Für gekochtes
Kalbfleisch auf andere Art: Pfeffer, Liebstöckel, Fenchel-
samen, Oregano, Pinienkerne, Datteln, Honig, Essig, Liqua-
men, Senf und Öl.

6) Für Zicklein oder Lamm: 1. Zicklein oder Lammkoteletts
koche mit Pfeffer und Liquamen zusammen mit grünen Bohnen, die leicht zu beschaffen sind (?)[139], mit Liquamen, Pfeffer, Laser, mit Brühe (?), Brotstückchen und ein wenig Öl.
2. Gedünstetes Zicklein oder Lammfleisch auf andere Art:
Gib die Koteletts in einen Topf. Schneide Zwiebel und
Koriander klein und stoße Pfeffer, Liebstöckel, Kümmel,
Liquamen, Öl und Wein. Koche es, gieße es in die Pfanne und
binde mit Stärkemehl. [3. Gedünstetes Zicklein oder Lammfleisch auf andere Art]: Es (das Lammfleisch) muß die
Gewürzmischung im Rohzustand aus dem Mörser bekommen, Ziegenfleisch aber bekommt die Gewürzmischung,

accipit trituram. 4. Haedum sive agnum assum: haedi cocturam: ubi eum ex liquamine et oleo coxeris, incisum infundes in pipere, lasere, liquamine, oleo modice, et in graticula
assabis. Eodem iure continges. Piper asparges et inferes.
5. Aliter haedum sive agnum assum: piperis semunciam, asareos scripulos VI, gingiberis modicum, petroselini scripulos
VI, laseris modice, liquaminis optimi heminam, olei acetabulum. 6. Haedus sive agnus syringiatus [id est mammotes-
tus]: exossatur diligenter a gula, sic ut uter fiat, et intestina
eius integra exinaniantur, ita ut in caput intestina ⟨?⟩ suffle-
tur, et per novissimam partem stercus exinanibitur. Aqua
lavantur diligenter et sic implentur admixto liquamine, et ab
umeris consuitur et mittitur in clibanum. Cum coctus fuerit,
perfunditur ius bulliens: lacte, piper tritum, liquamen,
caroenum, defritum modice, sic et oleum, et iam bullienti
mittis amulum. Vel certe mittitur in retiaculo vel in sportella
et diligenter constringitur et bullienti zema cum modico salis
summittitur. Cum bene illic tres undas bullierit, levatur, et
denuo bullit cum umore supra scripto. Bulliente coditura perfunditur. 7. Aliter haedus sive agnus syringiatus: lactis sextarium unum, mellis unc. VI, piperis unc. I, salis modicum,
laseris modicum. Ius in ipsius ⟨?⟩: olei acetabulum, liquaminis
acetabulum, mellis acetabulum, dactylos tritos octo, vini
boni heminam, amulum modice. 8. Haedus sive agnus crudus: oleo, pipere fricabis et asperges foris salem purum multo
cum coriandri semine, in furnum mittis, assatum inferes.
9. Haedum sive agnum Tarpeianum: antequam coquatur,

wenn es kocht. 4. Gegrilltes Zicklein oder Lamm: Brühe für
Zicklein: Sobald du es in Liquamen und Öl gekocht hast, lege
es, nachdem Schnitte hineingemacht worden sind, in Pfeffer,
Laser, Liquamen und ein wenig Öl ein und grille es auf einem
Rost. Benetze es mit derselben Brühe. Streue Pfeffer darauf
und serviere. 5. Gegrilltes Zicklein oder Lamm auf andere
Art: eine halbe Unze (ca. 13,6 g) Pfeffer, 6 Skrupel (ca. 6,8 g)
Haselwurz, ein wenig Ingwer, 6 Skrupel Petersilie, ein wenig
Laser, 0,27 l bestes Liquamen und eine Saucière (ca. 0,07 l)
Öl. 6. Zicklein oder Lamm, das noch an der Mutter saugt[140]:
Es wird sorgfältig von der Gurgel her ausgebeint, so daß es
wie ein Schlauch wird, und dessen Därme werden ausgeleert,
so daß sie ganz bleiben, indem in das obere Ende hineingebla-
sen und durch den After der Kot ausgeleert wird[141]. Sie (die
Därme) werden sorgfältig mit Wasser gewaschen und so
unter Zumischung von Liquamen gefüllt, und es wird von
den Schultern her zugenäht und in eine Backpfanne gegeben.
Wenn es gar ist, wird eine kochende Sauce darübergegossen:
Milch, gemahlener Pfeffer, Liquamen, Caroenum, ein wenig
Defritum, so auch Öl, und wenn sie schon aufwallt, gib Stärkemehl dazu. Oder aber es wird in ein Netz oder ein Körbchen gegeben, gut zugebunden und in einen Kessel mit
kochendem Wasser zusammen mit ein wenig Salz hineinge-
tan. Wenn es dort dreimal schäumend aufgekocht ist, wird es
herausgenommen, und es kocht erneut mit der oben beschriebenen Brühe. Es wird mit der kochenden Gewürzsauce übergossen. 7. Zicklein oder Lamm, das noch an der Mutter
saugt[142], auf andere Art: 0,55 l Milch, 4 Unzen (ca. 109 g)
Honig, 1 Unze (ca. 27,3 g) Pfeffer, ein wenig Salz und ein
wenig Laser. Sauce dafür (?): eine Saucière (ca. 0,07 l) Öl, eine
Saucière Liquamen, eine Saucière Honig, acht zerstampfte
Datteln, 0,27 l guten Weines und ein wenig Stärkemehl.
8. Rohes Zicklein oder Lamm (?)[143]: Reibe es mit Öl und
Pfeffer ein und streue außen reines Salz mit viel Koriandersamen daran, gib es in den Ofen und serviere es gegrillt.
9. Zicklein oder Lamm à la Tarpeius[144]: Bevor es gekocht

ornatus consuitur. Piper, rutam, satureiam, cepam, thymum
modicum. Et liquamine colles haedum, macerabis in furno,
in patella, quae oleum habeat. Cum percoxerit, perfundes in
patella impensam, teres satureiam, cepam, rutam, dactylos,
liquamen, vinum, caroenum, oleum. Cum bene duxerit
impensam, in disco pones, piper asperges et inferes.
10. Haedum sive agnum pasticum: mittes in furnum. Teres
piper, rutam, cepam, satureiam, Damascena enucleata, laseris
modicum, vinum, liquamen et oleum [vinum]. Fervens col-
luitur in disco, ex aceto sumitur. 11. Haedo laurum ex lacte:
haedum curas, exossas, interanea eius cum quagulo (= coa-
gulo) tolles, lavas. Adicies in mortarium piper, ligusticum,
laseris radicem, bacas lauri duas, pyrethri modicum, cerebella
duo vel tria. Haec omnia teres, suffundes liquamen, temperabis ex sale. Super trituram colas lactis sextarios duos, mellis
ligulas duas. Hac impensa intestina reples et super haedum
componis in giro, et omentum charta cooperies, surclas, in
caccabuᴛn vel patellam compones haedum, adicies liquamen,
oleum, vinum. Cum ad mediam cocturam venerit, teres ligusticum, et ius de suo sibi suffundes. Mittes defriti modicum,
teres, reexinanies in caccabum. Cum percoctus fuerit, exornas, amulo obligas et inferes.

7) In porcello: 1. Porcellum farsilem duobus generibus: curas, a gutture exenteras, a cervice ornas. Antequam perdures, subaperies auriculam sub cutem, mittes impensam Te-
rentinam in vesicam bubul⟨a⟩m et fistulam aviarii rostro vesi-
cae alligabis, per quam exprimes in aurem, quantum ceperit.

wird, wird es dressiert und zugenäht. ⟨Dazu⟩ Pfeffer, Raute, Saturei, Zwiebel und ein wenig Thymian. Und begieße das Zicklein ordentlich mit Liquamen und weiche es im Ofen ein, in einem Bräter, in dem Öl sein soll. Wenn es gargekocht ist, gieße eine Brühe in den Bräter, ⟨nämlich⟩ stoße Saturei, Zwiebel, Raute, Datteln, Liquamen, Wein, Caroenum und Öl. Wenn es die Brühe gut aufgenommen hat, lege es auf eine runde Platte, streue Pfeffer darauf und serviere. 10. Gemästetes Zicklein oder Lamm: Gib es in den Ofen. Stoße Pfeffer, Raute, Zwiebel, Saturei, entkernte Damaszenerpflaumen, ein wenig Laser, Wein, Liquamen und Öl. Auf einer runden Platte wird es ordentlich mit heißem Wein übergossen, und mit Essig wird es gegessen. 11. Für Lorbeerzicklein in Milch: Bereite das Zicklein zu, entbeine es, entferne seine Eingeweide zusammen mit dem Fettgewebe[145] und wasche es. Gib in einen Mörser Pfeffer, Liebstöckel, Laserwurzel, zwei Lorbeeren, etwas Bertram und zwei oder drei Hirnchen. Das alles zerstampfe, gieße Liquamen dazu und schmecke mit Salz ab. Auf die Gewürzmischung seihe 1,1 l Milch und zwei Teelöffel Honig. Mit dieser Masse fülle die Därme wieder und lege sie ringförmig auf das Zicklein, und decke die Wurst mit Papier ab und stecke es mit Spießchen zusammen. Lege das Zicklein in einen Topf oder Bräter und gib Liquamen, Öl und Wein dazu. Wenn es halb gar ist, stoße Liebstöckel und gieße vom eigenen Saft dazu. Gib etwas Defritum dazu, zerstoße es und gieße es in den Topf. Wenn es durch und durch gar ist, garniere es, binde mit Stärkemehl und trage auf.

7) Für Spanferkel: 1. Gefülltes Spanferkel auf zwei Arten: Bereite es zu, nimm es von der Gurgel her aus und dressiere es vom Nacken her (?)[146]. Bevor du es anbrätst (?)[147], öffne das eine Öhrchen bis unter die Haut, gib eine Füllung à la Terenz[148] (vgl. 8,1,10) in eine Rinderblase und binde ein Röhrchen mit Schnabel (?), wie man es zum Hühnerstopfen benutzt (?)[149], an die Blase, durch das du in das Ohr so viel

Postea charta praecludes et infiblabis et praeparabis aliam
impensam. Sic facies: teres piper, ligusticum, origanum, laseris radicem modicum, suffundes liquamen, adicies cerebella
cocta, ova cruda, alicam coctam, ius de suo sibi. ⟨si cocta⟩
fuerit, aucellas, nucleos, piper integrum. Liquamine temperas. Imples porcellum, charta obduras et fiblas. Mitt[er]es in
furnum. Cum coctus fuerit, exornas, perunges et inferes.
2. Aliter porcellum: salem, cuminum, laser. 3. Porcellum
liquaminatum: de porcello eicis utriculum, ita ut aliquae pulpae in eo remaneant. Teres piper, ligusticum, origanum, suffundes liquamen, adicies unum cerebellum, ova duo, misces
in se. Porcellum praeduratum imples, fiblabis, in sportella
ferventi ollae summittis. Cocto fiblas tolles, ut ius ex ipso
manare possit. Piper aspersum. Inferes. 4. Porcellum elixum
farsilem: de porcello utriculum eicies, praeduras. Teres piper,
ligusticum, origanum, suffundes liquamen, cerebella cocta
quod satis erit, similiter ova dissolves, liquamine temperabis,
farcimina cocta integra praecides, sed ante porcellum praeduratum liquamine delavas, deinde imples, infiblas, in sportella
ferventi ollae summites. Coctum spongizas, sine pipere inferes. 5. Porcellum assum: tracto mel in porcellum curatum, a
gutture exenteras, siccas. Teres piperis unciam, mel, vinum,
impones ut ferveat, tractam siccatam confringes et partibus
caccabo permisces. Agitabis surculo lauri viridis. Tam diu
coques, donec lenis fiat et impinguet. Hac impensa porcellum
imples, surculas, obduras charta, in furnum mittes, exornas et

hineinpreßt, wie es aufnimmt. Danach verschließe es von
außen mit Papier, klammere es zu und bereite eine weitere
Füllung vor. Mache sie folgendermaßen: Stoße Pfeffer, Liebstöckel, Oregano, etwas Laserwurzel und gieße Liquamen
dazu, gib gekochte Hirnchen, rohe Eier, gekochte Grütze
und vom eigenen Saft und, wenn es gar ist (?)[150], Wachteln,
Pinienkerne und ganze Pfefferkörner dazu. Schmecke mit
Liquamen ab. Fülle das Ferkel, versteife (?)[151] es mit Papier
und klammere es zusammen. Gib es in den Ofen. Wenn es gar
ist, garniere es, öle es ein (?) und trage auf. 2. Spanferkel auf
andere Art: Salz, Kümmel, Laser. 3. Spanferkel mit Liquamensauce: Entferne von dem Spanferkel die Gedärme (?)[152],
so daß darin noch einige Fleischstücke zurückbleiben. Stoße
Pfeffer, Liebstöckel, Oregano, gieße Liquamen hinzu, gib
ein Hirnchen und zwei Eier dazu und mische es zusammen.
Fülle das angebratene Spanferkel, klammere es zu und gib es
in einem Körbchen in einen Kessel mit kochendem Wasser.
Wenn es gar ist, entferne die Klammern, so daß der Saft aus
ihm herausfließen kann. Darauf Pfeffer gestreut. Trage auf.
4. Gefülltes gekochtes Spanferkel: Entferne vom Spanferkel
die Gedärme (?) und brate es an. Stoße Pfeffer, Liebstöckel,
Oregano, gieße Liquamen dazu, gekochte Hirnchen in genügender Menge, verrühre gleichermaßen Eier damit, schmecke
mit Liquamen ab und schneide gekochte ganze Würste in
Stücke. Aber vorher wasche das angebratene Spanferkel mit
Liquamen ab, dann fülle es, klammere es zu und gib es in
einem Körbchen in einen Kessel mit kochendem Wasser.
Wenn es gar ist, tupfe es ab und serviere ohne Pfeffer.
5. Gegrilltes Spanferkel mit Honigteig (?)[153]: Nimm ein vorbereitetes Spanferkel von der Gurgel her aus und trockne es
ab. Stoße eine Unze (ca. 27,3 g) Pfeffer, Honig und Wein,
setze es zum Kochen auf, zerbröckle getrockneten Teig und
mische ihn in Teilen in den Topf. Rühre mit einem frischen
Lorbeerzweig um und koche so lange, bis es sämig und dick
wird. Mit dieser Masse fülle das Spanferkel, stecke es mit
Spießchen zusammen, versteife es (?)[154] mit Papier, gib es in

inferes. 6. Porcellum lacte pastum elixum calidum, iure fri-
gid⟨o⟩ crudo Apiciano: adicies in mortarium piper, ligusticum, coriandri semen, menta⟨m⟩, ruta⟨m⟩, fricabis, suffundes liquamen, adicies mel, vinum et liquamen, porcellum
elixum ferventem sabano mundo siccatum perfundes et inferes. 7. Porcellum Vitellianum: porcellum ornas quasi aprum,
sale asperges, in furno assas. Adicies in mortarium piper,
ligusticum, suffundes liquamen, vino et passo temperabis in
caccabo, cum olei pusillum, ferveat, et porcellum assum iure
asperges, ita ut sub cute ius recipiat. 8. Porcellum Flacianum:
porcellum ornas in modum apri, sale asperges et in furnum
mittes. Dum coquitur, adicies in mortarium piper, ligusticum, careum, apii semen, laseris radicem, rutam viridem,
fricabis, suffundes liquamen, vino et passo temperabis. In
caccabum cum olei modicum ferveat. Amulo obligas. Porcellum coctum ab ossibus tanges, apii semen teres ita, ut
fiat pulvis, asperges et inferes. 9. Porcellum laureatum:
porcellum exossas, quasi oenogaratum ornas, praeduras.
Laurum viridem in medio franges satis, in furnum assas, et
mittes in mortarium piper, ligusticum, careum, apii semen,
laseris radicem, bacas lauri. Fricabis, suffundes liquamen, et
vino et passo temperabis. Adicies in caccabo cum olei modicum, ut ferveat. Obligas. Porcellum lauro eximes et ius ab
ossa tanges et inferes. 10. Frontinianum porcellum: exossas,
praeduras, ornas. Adicies in caccabum liquamen, vinum,
obligas fasciculum porri, anethi. Mediam cocturam mittes
defritum. Coctum lavas et siccum mittes. Piper asperges et

den Ofen, garniere es und trage auf. 6. Mit Milch gemästetes Spanferkel gekocht und heiß mit kalter ungekochter (?) Sauce à la Apicius: Gib in einen Mörser Pfeffer, Liebstöckel, Koriandersamen, Minze und Raute, zermahle es, gieße Liquamen dazu, gib Honig, Wein und Liquamen dazu, übergieße das mit einem sauberen Leinentuch abgetrocknete, kochend heiße Spanferkel und trage auf. 7. Spanferkel à la Vitellius[155]: Dressiere das Spanferkel wie ein Wildschwein, bestreue es mit Salz und grille es im Ofen. Gib in einen Mörser Pfeffer und Liebstöckel, gieße Liquamen dazu und schmecke es im Topf mit Wein, Passum und ein klein wenig Öl ab, laß es kochen (?) und besprenge das gegrillte Spanferkel mit der Sauce, so daß es die Sauce unter die Haut aufnimmt. 8. Spanferkel à la Flaccus[156]: Dressiere das Spanferkel nach Art eines Wildschweins, bestreue es mit Salz und gib es in den Ofen. Während es kocht, gib in einen Mörser Pfeffer, Liebstöckel, Wiesenkümmel, Selleriesamen, Laserwurzel und frische Raute, zermahle es, gieße Liquamen dazu und schmecke mit Wein und Passum ab. Es soll im Topf mit ein wenig Öl aufkochen. Binde mit Stärkemehl. Benetze das Spanferkel, wenn es gar ist, von den Knochen her, mahle Selleriesamen so, daß er zu Pulver wird, streue ihn darauf und serviere. 9. Spanferkel mit Lorbeersauce: Entbeine das Spanferkel, dressiere es wie das mit Oenogarum-Sauce (?)[157] und brate es an. Zerkleinere in der Mitte genügend frischen Lorbeer, grille es im Ofen und gib in einen Mörser Pfeffer, Liebstöckel, Wiesenkümmel, Selleriesamen, Laserwurzel und Lorbeeren. Zermahle es, gieße Liquamen dazu und schmecke mit Wein und Passum ab. Gib es mit etwas Öl in einen Topf, damit es aufkocht. Binde es. Nimm das Spanferkel aus dem Lorbeer (?)[158] und benetze es mit der Sauce von den Knochen her (?)[159] und trage auf. 10. Spanferkel à la Frontinus[160]: Entbeine es, brate es an und dressiere es; gib in einen Topf Liquamen und Wein und binde ein Sträußchen Lauch und Dill daran fest. Wenn es halb gar ist, gib Defritum dazu. Wasche es, wenn es gar ist und gib es abgetrocknet ⟨auf eine Platte ?⟩,

inferes. 11. Porcellum oenococtum: porcellum produras,
ornas. Adicies in caccabum oleum, liquamen, vinum, aquam.
Obligas fasciculum porri, coriandri. Media coctura colorabis
defrito. Adicies in mortarium piper, ligusticum, careum, origanum, apii semen, laseris radicem, fricabis, suffundes liquamen, ius de suo sibi. Vino et passo temperabis. Exinanies in
caccabum, facies ut ferveat. Cum fervuerit, amulo obligas.
Porcellum compositum in patina perfundes, piper asperges et
inferes. 12. Porcellum Celsinianum: ornas, infundes pipere,
ruta, cepa, satureia, succo (?) suo, et ova infundes per auriculam, et ex pipere, liquamine, vino modico in acetabulum temperas, et sumes. 13. Porcellum assum: teres piper, rutam,
satureiam, cepam, ovorum coctorum media, liquamen,
vinum, oleum, conditum. Bulliat. Conditura porcellum in
boletari perfundes et inferes. 14. Porcellum hortolanum: porcellus hortolanus exossatur per gulam in modum utris. Mittitur in eum pullus isiciatus particula⟨ti⟩m concisus, turdi,
ficedulae, isicia de pulpa sua, Lucanicae, dactyli exossati,
fabriles bulbi, cocleae exemptae, malvae, betae, porri, apium,
cauliculi elixi, coriandrum, piper integrum, nuclei, ova XV
super infunduntur, liquamen piperatum, ova mittantur tria.
Et consuitur et praeduratur. In furno assatur. Deinde a dorso
scinditur et iure hoc perfunditur: piper teritur, ruta, liquamen, passum, mel, oleum modicum, cum bullierit, amulum
mittitur. 15. Ius frigidum in porcellum: ita facies in elixum:
teres piper, careum, anethum, origanum modice, nucleos
pineos, suffundes acetum, liquamen, careotam, mel, sinape

streue Pfeffer darauf und serviere (?). 11. Spanferkel in Weinsauce: Brate das Spanferkel an und dressiere es. Gib in einen
Topf Öl, Liquamen, Wein und Wasser. Binde ein Sträußchen
Lauch und Koriander daran fest. Wenn es halb gar ist, färbe
mit Defritum. Gib in einen Mörser Pfeffer, Liebstöckel, Wiesenkümmel, Oregano, Selleriesamen und Laserwurzel, zermahle es und gieße Liquamen und vom eigenen Saft dazu.
Schmecke mit Wein und Passum ab, gieße es in den Topf und
laß es aufkochen. Wenn es aufgekocht ist, binde mit Stärkemehl. Übergieße das auf eine Platte gelegte Spanferkel damit,
streue Pfeffer darauf und serviere. 12. Spanferkel à la Celsinus[161]: Dressiere es und lege es in Pfeffer, Raute, Zwiebel,
Saturei sowie in seinem Saft (?) ein, gieße durch das Ohr Eier
hinein und schmecke mit Pfeffer, Liquamen und ein wenig
Wein in einer Saucière ab (?), und verspeise es. 13. Gegrilltes
Spanferkel: Stoße Pfeffer, Raute, Saturei, Zwiebel, gekochtes
Eigelb, Liquamen, Wein, Öl und Würzwein. Es soll aufwal-
len. Übergieße das Spanferkel in einer Servierschüssel mit der
Gewürzsauce und trage auf. 14. Gartenspanferkel (?): Das
Gartenspanferkel wird durch die Gurgel nach Art eines
Schlauchs ausgebeint. In es hinein werden kleingeschnittenes
Hühnerfleisch, Drosseln, Feigendrosseln, Gulasch von seinem eigenen Fleisch, lukanische Würstchen, entkernte Datteln, gedörrte Gemüsezwiebeln (?), Schnecken ohne Haus,
Malven, rote Bete, Lauch, Sellerie, gekochter Kohl, Koriander, ganze Pfefferkörner und Pinienkerne gegeben, 15 Eier
werden darübergegossen, dazu gepfeffertes Liquamen, und
es sollen noch drei Eier hinzugefügt werden. Und es wird
zugenäht und angebraten, dann im Ofen gegrillt. Darauf wird
es am Rücken aufgeschnitten und mit folgender Sauce übergossen: Es wird Pfeffer, Raute, Liquamen, Passum, Honig
und etwas Öl gestoßen. Wenn es aufgekocht ist, wird Stärkemehl dazugegeben[162]. 15. Kalte Sauce für Spanferkel: Mache
sie folgendermaßen für gekochtes ⟨Spanferkel⟩: Stoße Pfeffer, Wiesenkümmel, Dill, etwas Oregano und Pinienkerne,
gieße Essig, Liquamen, Dattel⟨wein ?⟩[163], Honig und ferti-

factum, superstillabis oleum, piper asperges et inferes.
16. Porcellum Traianum sic facies: exossas porcellum et aptabis sicuti oenococtum et ad fumum suspendes, et adpendeas,
et quantum adpendeas, tantum salis in ollam mittes. Et elixas
ut coquatur, et siccum in lance inferes salso recente. 17. In
porcello lactante: piperis unc. I, vini heminam, olei optimi
acetabulum maius, liquaminis acetabulum, aceti acetabulum
minus.

8) Leporem: 1. Leporem madidum: in aqua praecoquitur
modice, deinde componitur in patina, accoquendus oleo in
furno, et cum prope sit coctus ex alio oleo. Pertangito de
conditura infra scripta: teres piper, satureiam, cepam, rutam,
apii semen, liquamen, laser, vinum et modice olei. Aliquo-
tiens versatur, in ipsa percoquitur conditura. 2. Item alia[m]
ad eam impensam: cum prope tolli debeat, teres piper, dactylum, laser, uvam passam, caroenum, liquamen, oleum. Suffundes et, cum bullierit, piper asperges et inferes. 3. Leporem
farsum: nucleos integros, amygdala, nuces sive glandes concisas, piperis grana solida, pulpa de ipso lepore. Et ovis fractis
obligatur, de omento porcino in furno. Sic iterum impensam
facies: rutam, piper satis, cepam, satureiam, dactylos, liquamen, caroenum vel conditum. Diu combulliat donec spisset,
et sic perfunditur. Sed lepus in piperato liquamine et lasere
maneat. 4. Ius album in assum leporem: piper, ligusticum,
cuminum, apii semen, ovi duri medium. Trituram colligis et
facies globum ex ⟨e⟩a. In caccabulo coques liquamen, vinum,
oleum, acetum modice, cepulam concisam, postea globulum

gen Senf dazu, träufle Öl und streue Pfeffer darauf und serviere. 16. Spanferkel à la Traian[164] bereite folgendermaßen: Entbeine das Spanferkel und mache es wie das in Weinsauce zurecht und hänge es zum Räuchern auf, wiege es, und wieviel es wiegt, soviel Salz gib in einen Kessel, koche es gar und serviere es trocken auf einer Platte statt frischen Salzfischs (?). 17. Für Spanferkel, das noch an der Mutter saugt: 1 Unze (ca. 27,3 g) Pfeffer, ca. 0,27 l Wein, eine größere Saucière (ca. 0,1 l) besten Öls, eine Saucière (ca. 0,07 l) Liquamen und eine kleinere Saucière (ca. 0,05 l) Essig.

8) Hase: 1. Hase in Sauce: Er wird in Wasser etwas angegart[165], dann wird er in eine Pfanne gelegt und muß mit Öl im Ofen gebacken werden, und wenn er fast gar ist, mit neuem Öl. Begieße ihn mit der unten beschriebenen Gewürzsauce: Stoße Pfeffer, Saturei, Zwiebel, Raute, Selleriesamen, Liquamen, Laser, Wein und etwas Öl. Er wird ein paarmal darin gewendet und in dieser Gewürzsauce gargekocht. 2. Ebenso andere ⟨Zutaten⟩ für diese Sauce: Wenn er fast schon vom Feuer genommen werden muß, stoße Pfeffer, Datteln, Laser, Rosinen, Caroenum, Liquamen und Öl. Gieße es dazu und, wenn es aufgekocht ist, streue Pfeffer darauf und serviere. 3. Gefüllter Hase: ganze Pinienkerne, Mandeln, gehackte Nüsse oder Bucheckern, feste(?) Pfefferkörner[166] und Fleisch vom Hasen selbst. Und es wird mit aufgeschlagenen Eiern gebunden, ⟨bedecke ihn⟩ im Ofen mit Wursthaut (einer Art Backfolie) vom Schwein. Folgendermaßen bereite wiederum eine Sauce: Raute, genug Pfeffer, Zwiebel, Saturei, Datteln, Liquamen und Caroenum oder Würzwein. Sie soll lange einkochen, bis sie dick wird, und sodann wird sie darübergegossen. Aber der Hase soll in gepfeffertem Liquamen und Laser bleiben. 4. Weiße Sauce für gegrillten Hasen: Pfeffer, Liebstöckel, Kümmel, Selleriesamen, hartgekochtes Eigelb. Balle die Gewürzmischung zusammen und mache daraus (?) einen Kloß. Koche in einem Topf Liquamen, Wein, Öl, etwas Essig, eine kleine gehackte Zwiebel, gib

condimentorum mittes et agitabis origano vel satureia. Si
opus fuerit, amulas. 5. Aliter in leporem: ex sanguine et ieci-
nere et pulmonibus leporinis minuta: adicies in caccabum
liquamen et oleum, cocturam, porrum et coriandrum minutatim concides, iecinera et pulmones in caccabum mittes.
Cum cocta fuerit, teres piper, cuminum, coriandrum, laseris
radicem, mentam, rutam, puleium, suffundes acetum, adicies
iecinera leporum et sanguinem, teres. Mel et de suo sibi, aceto
temperabis, exinanies in caccabum, pulmones leporum minutatim concisos in eundem caccabum mittes, facies ut ferveat.
Cum ferbuerit, amulo obligas, piper asparges et inferes.
6. Aliter leporem ex suo iure: leporem curas, exossas, ornas,
mittes in caccabo, adicies oleum, liquamen, cocturam, fasciculum porri, coriandrum, anethum. Dum coquitur, adicies in
mortarium piper, ligusticum, cuminum, coriandri semen,
laseris radicem, cepam aridam, mentam, rutam, apii semen,
fricabis, suffundes liquamen, adicies mel, ius de suo sibi,
defrito, aceto temperabis. Facies ut ferveat. Cum fervuerit,
amulo obligabis. Exornas, ius perfundes, ⟨piper⟩ asperges et
inferes. 7. Leporem Passenianum: leporem curas, exossas,
extensum ornas, suspendes ad fumum. Cum coloraverit,
facies ut dimidia coctura coquatur. Lavas, asperges salem,
assas (?), oenogar⟨o⟩ tanges, adicies in mortarium piper,
ligusticum, fricabis, suffundes liquamen, vinum et liquamine
temperabis. In caccabum. Adicies oleum modicum, facies ut
ferveat. Cum fervuerit, amulo obligas. Leporem assum a
dorso tangis, piper asperges et inferes. 8. Leporem isiciatum:
ea[n]dem conditura condies pulpam, nucleos infusos admisces, omento teges vel charta, colliges lacinias et surcula.
9. Leporem farsilem: leporem curas, ornas, quadratum impo-

danach das Gewürzklößchen dazu und rühre mit Oregano
oder Saturei um. Wenn es nötig ist, dicke es ein. 5. Für Hasen
auf andere Art: Frikassee aus Hasenblut, -leber und -lunge:
Gib in einen Topf Liquamen, Öl und Brühe, schneide Lauch
und Koriander klein und gib Lorbeer und Lunge in den Topf.
Wenn sie gar sind, stoße Pfeffer, Kümmel, Koriander, Laser-
wurzel, Minze, Raute und Poleiminze, gieße Essig dazu, gib
Hasenleber und -blut dazu und zerstampfe es. ⟨Dazu⟩
Honig und vom eigenen Saft, schmecke mit Essig ab, gieße es
in den Topf, gib kleingeschnittene Hasenlunge in denselben
Topf und laß es aufkochen. Wenn es aufgekocht ist, binde mit
Stärkemehl, streue Pfeffer darauf und serviere. 6. Auf andere
Art Hase im eigenen Saft: Bereite den Hasen vor, entbeine
und dressiere ihn und gib ihn in einen Topf, gib dazu Öl,
Liquamen, Brühe, ein Bündelchen Lauch, Koriander und
Dill. Während er kocht, gib in einen Mörser Pfeffer, Liebstöckel, Kümmel, Koriandersamen, Laserwurzel, getrocknete Zwiebel, Minze, Raute und Selleriesamen und zermahle
es, gieße Liquamen und gib Honig und vom eigenen Saft dazu
und schmecke mit Defritum und Essig ab. Laß es aufkochen.
Wenn es aufgekocht ist, binde mit Stärkemehl. Garniere ihn,
gieße die Sauce darüber, streue ⟨Pfeffer⟩ darauf und serviere.
7. Hase à la Passenius (?)[167]: Bereite den Hasen vor, beine ihn
aus, dressiere ihn so, daß er ausgestreckt ist und hänge ihn
zum Räuchern auf. Wenn er Farbe bekommen hat, laß ihn
halb gar kochen. Wasche ihn, streue Salz darauf, grille ihn (?),
benetze ihn mit Oenogarum, gib in einen Mörser Pfeffer und
Liebstöckel, zermahle es, gieße Liquamen und Wein dazu
und schmecke mit Liquamen ab. Gib es in den Topf, dazu
etwas Öl und laß es aufkochen. Wenn es aufgekocht ist, binde
mit Stärkemehl. Benetze den gegrillten Hasen am Rücken
damit, streue Pfeffer darauf und serviere. 8. Hasengulasch:
Würze das Fleisch mit derselben Gewürzsauce, mische eingeweichte Pinienkerne dazu, bedecke ihn mit Wursthaut oder
Papier, nimm die Enden zusammen und spieße sie zusammen. 9. Gefüllter Hase: Bereite den Hasen vor, dressiere ihn

nis. Adicies in mortarium piper, ligusticum, origanum, suffundes liquamen, adicies iecinera gallinarum cocta, cerebella cocta, pulpam concisam, ova cruda tria, liquamine temperabis. Omento teges et carta et surclas. Lento igni subassas. Adicies in mortarium piper, ligusticum, fricabis, suffundes liquamen, vino et liquamine temperabis. Facies ut ferveat. Cum ferbuerit, amulo obligas et leporem subassatum perfundes. Piper asperges et inferes. 10. Leporem aliter elixum: ornas, adicies in lance oleum, liquamen, acetum, passum, cepam concides et rutam viridem, thymum subcultratum, et sic adpones. 11. Leporis conditura: teritur piper, ruta, cepula et iecur leporis, liquamen, caroenum, passum, olei modicum, amulum, cum bullit. 12. Leporem sicco sparsum: et hunc praecondies sicut haedum Tarpeianum. Antequam coquatur, ornatus suitur. Piper, rutam, satureiam, cepam, thymum modicum, liquamine collues, postea in furnum coques et inpensa[m] tali circumsparges: piperis semunciam, rutam, cepam, satureiam, dactylos IV, uvam passam iustam. Coloratum super vatillum. Vinum, oleum, liquamen, caroenum. Frequenter tangitur, ut condituram suam omnem tollat, postea ex pipere sicco in disco sumitur. 13. Aliter leporem conditum: coques ex vino, liquamine, aqua, sinapi modicum, anetho, porro cum capillo suo. Cum se coxerit, condies: piper, satureia, cepae rotundum, dactylos, Damascena[e] duo, vinum, liquamen, caroenum, olei modice. Stringatur amulo, modicum bulliat. Conditur lepus, in patina perfunditur.

und lege ihn in Form eines Quadrates hin. Gib in einen Mörser Pfeffer, Liebstöckel und Oregano, gieße Liquamen und gib gekochte Hühnerleber, gekochte Hirnchen, Hackfleisch und drei rohe Eier dazu und schmecke mit Liquamen ab. Bedecke ihn mit Wursthaut und Papier und spieße ihn zusammen. Grille ihn auf kleiner Flamme schwach. Gib in einen Mörser Pfeffer und Liebstöckel, zermahle es, gieße Liquamen dazu und schmecke mit Wein und Liquamen ab. Laß es aufkochen. Wenn es aufgekocht ist, binde mit Stärkemehl und übergieße den schwach gegrillten Hasen. Streue Pfeffer darauf und serviere. 10. Hase auf andere Art gekocht: Dressiere ihn, gib auf eine Platte Öl, Liquamen, Essig und Passum, hacke eine Zwiebel, frische Raute und kleingeschnittenen Thymian und serviere ihn so. 11. Gewürzsauce für Hasen: Man stößt Pfeffer, Raute, eine kleine Zwiebel und die Leber des Hasen, Liquamen, Caroenum, Passum und etwas Öl. Stärkemehl, wenn es kocht. 12. Hase mit trockenem Pfeffer bestreut: Und diesen würze vorher wie Zicklein à la Tarpeius[168] (vgl. 8,6,9). Bevor er gekocht wird, wird er dressiert und zugenäht. Begieße Pfeffer, Raute, Saturei, Zwiebel und etwas Thymian ordentlich mit Liquamen, danach backe ihn im Ofen und bestreue ihn rundherum mit einer solchen (Gewürz-)Mischung: eine halbe Unze (ca. 13,6 g) Pfeffer, Raute, Zwiebel, Saturei, vier Datteln und angemessen viele Rosinen. Er wird über einem Kohlebecken gebräunt. ⟨Dazu⟩ Wein, Öl, Liquamen und Caroenum. Er wird immer wieder benetzt, damit er die ganze Gewürzsauce aufnimmt (?), danach wird er mit trokkenem Pfeffer auf einer Platte verspeist. 13. Gewürzter Hase auf andere Art: Koche ihn in Wein, Liquamen, Wasser, etwas Senf, Dill und Lauch mit seinen Wurzeln. Wenn er gar ist, würze ihn: Pfeffer, Saturei, Zwiebelringe (?)[169], Datteln, zwei Damaszenerpflaumen, Wein, Liquamen, Caroenum und etwas Öl. Es soll mit Stärkemehl eingedickt werden und leicht kochen. Der Hase wird gewürzt und auf einer Platte übergossen.

9) Glires: glires: isicio porcino, item pulpis ex omni membro glirium, trito cum pipere, nucleis, lasere, liquamine farcies glires, et sutos in tegula positos mittes in furnum aut farsos in clibano coque.

9) Haselmäuse: Haselmäuse: Fülle die Haselmäuse mit Schweinehackfleisch, ebenso mit Fleisch von allen Gliedmaßen der Haselmäuse, zusammen mit gemahlenem Pfeffer, Pinienkernen, Laser und Liquamen und gib sie zugenäht und auf Tontiegel gelegt in den Ofen oder koche sie gefüllt in der Backpfanne.

Liber IX: Thalassa

I. In locusta. II. In torpedine. III. In lolligine. IV. In sepiis. V. In polypo. VI. In ostreis. VII. Omne genus conciliorum. VIII. In echino. IX. In metulis. X. In sarda cordula. XI. Embractum Baianum.

1) Ius in locusta: 1. Ius in locusta et ca⟨mm⟩ari⟨s⟩: indura cepam pallacanam concisam e⟨t⟩ ius: piper, ligusticum, careum, cuminum, caryotam, mel, acetum, vinum, liquamen, oleum, defritum. Hoc ius adicito sinapi in elixuris. 2. Lucustas assas sic facies: aperiuntur lucustae, ut adsolet, cum testa sua et infunditur eis piperatum, coriandratum, et sic in graticula assantur. Cum siccaverint, adicies eis in graticula, quotiens siccaverint, quousque assantur bene ⟨et⟩ inferes. 3. Locusta elixa cum cuminato: piper, ligusticum, petroselinum, mentam siccam, cuminum plusculum, mel, acetum, liquamen. Si voles, folium et malabatrum addes. 4. Aliter lucusta: esicia de cauda eius sic facies: folium nocivum prius demes et elixas deinde pulpam, concides, cum liquamine, pipere et ovis isicia formabis. 5. In lucusta elixa: piper, cuminum, ruta, mel, acetum, liquamen et oleum. 6. Aliter in lucusta: piper, ligusticum, cuminum, mentam, rutam, nucleos, mel, acetum, liquamen et vinum.

2) In torpedine: 1. In torpedine: teritur piper, ruta, cepula arida, mel, liquamen, passum, vinum modice, olei boni gut-

9. Buch: Das Meer

I. Für Languste. II. Für Zitterrochen. III. Für Tintenfisch (*Sepia loligo*). IV. Für Tintenfische (*Sepia officinalis*). V. Für Polyp (*Sepia octopodia*). VI. Für Austern. VII. Für alle Arten von Schalentieren. VIII. Für Seeigel. IX. Für Miesmuscheln. X. Für eingesalzenen und jungen Thunfisch. XI. Embractum auf baianische Art.

1) Sauce für Langusten: 1. Sauce für Langusten und Hummer (?)[170]: Schmore gehackten Schnittlauch an und die Sauce dafür (?): Pfeffer, Liebstöckel, Wiesenkümmel, Kümmel, Datteln, Honig, Essig, Wein, Liquamen, Öl und Defritum. Zu dieser Sauce gib beim Sieden Senf.[171] 2. Gegrillte Langusten mache folgendermaßen: Die Langusten werden wie gewöhnlich zusammen mit ihrer Schale aufgeschnitten, und in diese wird Pfeffersauce und Koriandersauce hineingegossen, und sie werden so auf einem Rost gegrillt. Wenn sie trocken geworden sind, gib zu ihnen auf dem Rost so oft etwas dazu, bis sie gut gegrillt sind und serviere. 3. Gekochte Langusten mit Kümmelsauce: Pfeffer, Liebstöckel, Petersilie, getrocknete Minze, nicht zu wenig Kümmel, Honig, Essig und Liquamen. Wenn du willst, gib Gewürzblätter und Mutterzimt dazu. 4. Langusten auf andere Art: Mache Fleischbällchen aus ihrem Schwanz folgendermaßen: Entferne zuerst die ungenießbare[172] Schale und koche dann das Fleisch, schneide es klein und forme mit Liquamen, Pfeffer und Eiern Fleischbällchen. 5. Für gekochte Languste: Pfeffer, Kümmel, Raute, Honig, Essig, Liquamen und Wein. 6. Für gekochte Languste auf andere Art: Pfeffer, Liebstöckel, Kümmel, Minze, Raute, Pinienkerne, Honig, Essig, Liquamen und Wein.

2) Für Zitterrochen: 1. Für Zitterrochen: Es wird Pfeffer, Raute, eine kleine getrocknete Zwiebel, Honig, Liquamen,

tas. Cum bullire coeperit, amulo obligas. 2. In torpedine
elixa: piper, ligusticum, petroselinum, mentam, origanum,
ovi medium, mel, liquamen, passum, vinum, oleum. Si voles,
addes sinape, acetum. Si calidum volueris, uvam passam
addes.

3) In lolligine: 1. In lolligine in patina: teres piper, rutam, mel
modicum, liquamen, caroenum, olei guttas. 2. In lolligine
farsile: piper, ligusticum, co⟨r⟩iandrum, apii semen, ovi
vitellum, mel, acetum, liquamen, vinum et oleum. Obligabis.

4) In sepiis: 1. In sepia farsile: piper, ligusticum, apii semen,
careum, mel, liquamen, vinum, condimenta coctiva. Calefacies, et sic aperies sepiam et perfundes. 2. Sic facies eam
sepiam coctam: cerebella elixa enervata teres cum pipere, cui
commisces ova cruda quod satis erit, piper[e] integrum, isicia
minuta, et sic co⟨n⟩sues et in bullientem ollam mittes ita, ut
coire impensa possit. 3. Sepias elixas ab aheno: in frigidam
missas cum pipere, lasere, liquamine, nucleis, ova, et condies
ut voles. 4. Aliter sepias: piper, ligusticum, cuminum, coriandrum viride, mentam aridam, ovi vitellum, mel, liquamen,
vinum, acetum et oleum modicum. Et, ubi bullierit, amulo
obligas.

5) In polypo: In polypo: pipere, liquamine, lasere inferes.

6) In ostreis: In ostreis: piper, ligusticum, ovi vitellum, acetum, liquamen, oleum et vinum. Si volueris, et mel addes.

Passum, ein wenig Wein und Tropfen von gutem Öl gestampft. Wenn es angefangen hat aufzukochen, binde mit Stärkemehl. 2. Für gekochten Zitterrochen: Pfeffer, Liebstöckel, Petersilie, Minze, Oregano, ein halbes Ei, Honig, Liquamen, Passum, Wein und Öl. Wenn du willst, gib Senf und Essig dazu. Wenn du es heiß möchtest, gib Rosinen dazu.

3) Für Tintenfisch (*Sepia loligo*): 1. Für Tintenfisch in der Pfanne: Stoße Pfeffer, Raute, ein wenig Honig, Liquamen, Caroenum und Tropfen von Öl. 2. Für gefüllten Tintenfisch: Pfeffer, Liebstöckel, Koriander, Selleriesamen, ein Eidotter, Honig, Essig, Liquamen, Wein und Öl. Binde es.

4) Für Tintenfische (*Sepia officinalis*): 1. Für gefüllten Tintenfisch: Pfeffer, Liebstöckel, Selleriesamen, Wiesenkümmel, Honig, Liquamen, Wein und Gewürzkräuter zum Mitkochen. Erhitze es und schneide dann den Tintenfisch auf und übergieße ihn damit. 2. Bereite den gekochten Tintenfisch folgendermaßen zu: Stampfe enthäutete gekochte Hirnchen mit Pfeffer, wozu du genügend rohe Eier mischst, ganze Pfefferkörner, kleingeschnittenes Gulasch und nähe ihn so zusammen (?) und gib ihn in einen Topf mit kochendem Wasser, so daß die Füllung steif werden kann. 3. Gekochte Tintenfische aus dem Kessel (?)[173]: Sie werden mit Pfeffer, Laser, Liquamen und Pinienkernen in kaltes Wasser gegeben. Dazu Eier und würze sie, wie du willst. 4. Tintenfische auf andere Art: Pfeffer, Liebstöckel, Kümmel, frischen Koriander, getrocknete Minze, Eidotter, Honig, Liquamen, Wein, Essig und ein wenig Öl. Und, wenn es gekocht hat, binde mit Stärkemehl.

5) Für Polyp (*Sepia octopodia*): Für Polyp: Serviere mit Pfeffer, Liquamen und Laser.

6) Für Austern: Für Austern: Pfeffer, Liebstöckel, Eidotter, Essig, Liquamen, Öl und Wein. Wenn du willst, gib auch Honig dazu.

7) In omne genus conciliorum: In omne genus conciliorum: piper, ligusticum, petroselinum, mentam siccam, cuminum plusculum, mel, liquamen. Si voles, folium et malabathrum addes.

8) In echino: 1. In echino: accipies pultarium novum, oleum modicum, liquamen, vinum dulce, piper minutum. Facies ut ferveat. Cum fervuerit, in singulos echinos mittes, agitabis, ter bulliat. Cum coxeris, piper asperges et inferes. 2. Aliter echino: piper, costum modice, mentam siccam, mulsum, liquamine, spicam Indicam et folium. 3. Aliter echino: colum mittes in aqua calida, coques, levas, in patella compones, addes folium, piper, mel, liquamen, olei modice, ova, et sic obligas. In termospodio coques, piper asperges et inferes. 4. In echino salso: echinum salsum cum liquamen optimum, caroeno, pipere, temperabis et adpones. 5. Aliter: echinis salsis liquamen optimum admisces, et quasi recentes ap-⟨pare⟩bunt, ita ut a balneo sumi possint.

9) In metulis (= mitulis): In metulis: liquamen, porrum concisum, cuminum, passum, satureiam, vinum. Mixtum facies aquatius et ibi mitulos coques.

10) In sarda, cordula, mugile: 1. In sardis: sardam farsilem sic facere oportet: sarda[m] exossatur, et teritur pul[p]eium cum piperis grana, mentam, nuces, mel. Impletur et consuitur. Involvitur in charta et sic supra vaporem ignis in operculo componitur. Conditur ex oleo, caroeno, alle⟨ce⟩. 2. Sarda ita

7) Für jede Art von Schalentieren: Für jede Art von Schalentieren: Pfeffer, Liebstöckel, Petersilie, getrocknete Minze, nicht zu wenig Kümmel, Honig und Liquamen. Wenn du willst, gib Gewürzblätter und Mutterzimt dazu.

8) Für Seeigel: 1. Für Seeigel: Nimm einen neuen Tontopf, etwas Öl, Liquamen, süßen Wein und gemahlenen Pfeffer. Laß es kochen. Wenn es gekocht hat, gib es auf die einzelnen Seeigel, rühre um, und es soll dreimal aufwallen. Wenn du sie gargekocht hast, streue Pfeffer darauf und serviere. 2. Seeigel auf andere Art: Pfeffer, ein wenig Kostwurz, getrocknete Minze, Honigwein (oder -wasser ?)[174], Liquamen, Nardenspitze und Gewürzblätter. 3. Seeigel auf andere Art: Gib den Durchschlag (mit den Seeigeln) in heißes Wasser, koche sie, nimm sie heraus und lege sie auf ein Backblech, gib Gewürzblätter, Pfeffer, Honig, Liquamen, ein wenig Öl und Eier dazu und binde es so. Backe sie in einem Kohlebecken, streue Pfeffer darauf und serviere. 4. Für eingesalzenen Seeigel: eingesalzenen Seeigel mit bestem Liquamen, Carocnum und Pfeffer, schmecke ab und serviere. 5. Auf andere Art: Mische zu eingesalzenem Seeigel bestes Liquamen, und sie werden fast frisch erscheinen, so daß sie aus diesem Bad heraus gegessen werden können.

9) Für Miesmuscheln: Für Miesmuscheln: Liquamen, gehackten Lauch, Kümmel, Passum, Saturei und Wein. Mache eine wässrige Mischung und koche die Muscheln darin.

10) Für eingesalzenen Thunfisch, Thunfischheuerling und Meeräsche: 1. Für eingesalzenen Thunfisch: Gefüllten eingesalzenen Thunfisch muß man folgendermaßen zubereiten: Der Thunfisch wird entgrätet, und es werden Poleiminze (?)[175] mit Pfefferkörnern, Minze, Nüssen und Honig zerstoßen. Er wird gefüllt und zugenäht, dann in Papier eingewickelt und so in einen Topfdeckel in den Dampf über das Feuer gehängt. Er wird mit Öl, Caroenum und Allec ge-

fit: coquitur sarda et exossatur. Teritur pipere, ligustico, thymo, origano, ruta[m], careota[m], melle et in vasculo ovis incisis ornatur impensa. Vinum modice, acetum, defritum et oleum viridem. 3. Ius in sarda: piper, origanum, mentam, cepam, aceti modicum et oleum. 4. Ius in sarda: piper, ligusticum, mentam aridam, cepam coctam, mel, acetum, oleum. Perfundes, asperges ovis duris concisis. 5. Ius in cordula assa: piper, ligusticum, apii semen, mentam, rutam, careotam, mel, acetum, vinum et oleum, convenit et in sarda. 6. Ius in mugile salso: piper, ligusticum, cuminum, cepa, menta, ruta, calva, careotam, mel, acetum, sinape et oleum. 7. Aliter ius in mugile salso: piper, origanum, eruca, mentam, ruta, calva, careotam, mel, oleum, acetum et sinape.

11) Ius in siluro, in pelamide et in tinno salsis: piper, ligusticum, cuminum, cepam, mentam, rutam, calvam, caryotam, mel, acetum, sinape, oleum.

12) Ius in mulo tarico: piper, rutam, cepam, dactylum, sinapi, trito commisces echino, oleo, et sic perfundes piscem frictum vel assatum.

13) Salsum sine salso: 1. Iecur coques, teres, et inicies piper et liquamen aut salem. Addes oleum. Iecur leporis aut haedi aut agni aut pulli. Et, si volueris, in formella piscem formabis. Oleum viride supra adicies. 2. Aliter vice salsi: cuminum, piper, liquamen teres, et passum modice vel caroeni et nuces tritas plurimas misces et simul conteres et ⟨in⟩ salsare defun-

würzt. 2. Eingesalzenen Thunfisch macht man so: Der ein-
gesalzene Thunfisch wird gekocht und entgrätet. Er wird mit
Pfeffer, Liebstöckel, Thymian, Oregano, Raute, Datteln und
Honig gestampft und in einem kleinen Gefäß wird die Masse
mit geschnittenen Eiern garniert, dazu ein wenig Wein, Essig,
Defritum und grünes Öl. 3. Sauce für eingesalzenen Thunfisch: Pfeffer, Oregano, Minze, Zwiebel, ein wenig Essig und
Öl. 4. Sauce für eingesalzenen Thunfisch: Pfeffer, Liebstök-
kel, getrocknete Minze, gekochte Zwiebel, Honig, Essig und
Öl. Gieße sie darüber und bestreue mit gehackten hartgekoch-
ten Eiern. 5. Sauce für gegrillten jungen Thunfisch: Pfeffer,
Liebstöckel, Selleriesamen, Minze, Raute, Datteln, Honig,
Essig, Wein und Öl. Sie paßt auch zu eingesalzenem Thun-
fisch. 6. Sauce für eingesalzene Meeräsche: Pfeffer, Liebstök-
kel, Kümmel, Zwiebel, Minze, Raute, Bartnuß (?), Datteln,
Honig, Essig, Senf und Öl. 7. Sauce für eingesalzene Meeräsche auf andere Art: Pfeffer, Oregano, wilde Rauke, Minze,
Raute, Bartnuß (?), Datteln, Honig, Öl, Essig und Senf.

11) Sauce für eingesalzenen Wels (?), einjährigen Thunfisch
und Thunfisch: Pfeffer, Liebstöckel, Kümmel, Zwiebel,
Minze, Raute, Bartnuß (?), Datteln, Honig, Essig, Senf und
Öl.

12) Sauce für gepökelte Meerbarbe: Pfeffer, Raute, Zwiebel,
Datteln und Senf, mische es mit zerstampftem Seeigel[176] und
Öl und übergieße so den gebratenen oder gegrillten Fisch.

13) Salzfisch ohne Salzfisch: 1. Koche Leber, stampfe sie und
gib Pfeffer oder Liquamen oder Salz hinein. Gib Öl dazu.
Leber vom Hasen, Zicklein, Lamm oder Huhn. Und, wenn
du willst, forme in einer Backform einen Fisch. Gib grünes
Öl darüber. 2. Auf andere Art an Stelle von Salzfisch: Stoße
Kümmel, Pfeffer und Liquamen und mische ein wenig Passum oder Caroenum und sehr viele gemahlene Nüsse dazu,
zerstampfe es zusammen und gieße es in eine Schüssel für

des. Oleum modice superstillabis et inferes. 3. Aliter salsum
⟨s⟩in⟨e⟩ salso: cuminum tantum quantum quinque digitis
tollis, piperis ad dimidium eius et unam spicam alei (= alii)
purgatam teres, liquamen superfundes, oleum modice superstillabis. Hoc aegrum stomachum valde reficit et digestionem
facit.

14) Embractum Baianum: Embractum Baianum: ostreas
minutas, sphondylos, orticas (= urticas) in caccabum mittes,
nucleos tostos concisos, rutam, apium, piper, coriandrum,
cuminum, passum, liquamen, careotam, oleum.

Salzfisch (?)[177]. Träufle ein wenig Öl darüber und trage auf.
3. Salzfisch ohne Salzfisch auf andere Art: Kümmel so viel,
wie du mit fünf Fingern nehmen kannst, Pfeffer ungefähr die
Hälfte davon und eine Knoblauchzehe zerstampfe, gieße
Liquamen und träufle ein wenig Öl darüber. Das stellt einen
kranken Magen sehr gut wieder her und fördert die Verdauung.

14) Embractum auf baianische Art: Embractum auf baianische Art: Kleingehackte Austern, Lazarusklappen und Quallen gib in einen Topf, dazu gehackte geröstete Pinienkerne,
Raute, Sellerie, Pfeffer, Koriander, Kümmel, Passum, Liquamen, Datteln und Öl.

Liber X: Halieus

I. In piscibus diversis. II. In murenam. III. In anguillam.

1) In piscibus: 1. Ius diabotanon in pisce frixo: piscem quemlibet curas, ⟨salias⟩, friges. Teres piper, cuminum, coriandri
semen, laseris radicem, origanum, rutam, fricabis, suffundes
acetum, adicies careotam, mel, defritum, oleum, liquamen,
temperabis, refundes in caccabum, facies ut ferveat. Cum
fervuerit, piscem frictum perfundes, piper asperges et inferes.
2. Ius in pisce elixo: piper, ligusticum, cuminum, cepulam,
origanum, nucleos, careotam, mel, acetum, liquamen, sinapi,
oleum modice, ius calidum si velis, uvam passam. 3. Aliter in
pisce elixo: teres piper, ligusticum, coriandrum viridem,
satureiam, cepam, ovorum vitella cocta, passum, acetum,
oleum et liquamen. 4. Ius in pisce elixo: piscem curabis diligenter, mittes in mortarium salem, coriandri semen, conteres
bene, volves eum, adicies in patinam, cooperies, gypsabis,
coques in furno. Cum coctus fuerit, tolles, aceto acerrimo
asperges et inferes. 5. Aliter ius in pisce elixo: cum curaveris
piscem, adicies in sartaginem ⟨coriandri?⟩ semen, aquam,
anethum viridem et ipsum piscem. Cum coctus fuerit, asperges aceto et inferes. 6. Ius Alexandrinum in pisce asso: piper,
cepam siccam, ligusticum, cuminum, origanum, apii semen,
pruna Damascena enucleata, mulsum, acetum, liquamen,
defritum, oleum, et coques. 7. Aliter ius Alexandrinum in
pisce asso: piper, ligusticum, coriandrum viride, uvam passam enucleatam, vinum, passum, liquamen, oleum, et coques. 8. Aliter ius Alexandrinum in pisce asso: piper, ligusticum, coriandrum viride, cepam, Damascena enucleata,

10. Buch: Die Fischerei

I. Für verschiedene Fische. II. Für Muräne. III. Für Aal.

1) Für Fische: 1. Kräutersauce für gebratenen Fisch: Bereite beliebigen Fisch zu, salze (?) und brate ihn. Stoße Pfeffer, Kümmel, Koriandersamen, Laserwurzel, Oregano und Raute, zermahle es, gieße Essig und gib Dattel ⟨wein ?⟩[178], Honig, Defritum, Öl, Liquamen dazu, schmecke ab, gieße es in einen Topf und laß es aufkochen. Wenn es aufgekocht ist, übergieße den gebratenen Fisch, streue Pfeffer darauf und serviere. 2. Sauce für gekochten Fisch: Pfeffer, Liebstöckel, Kümmel, eine kleine Zwiebel, Oregano, Pinienkerne, Dattel, Honig, Essig, Liquamen, Senf und ein wenig Öl, wenn du eine heiße Sauce willst, auch Rosinen. 3. Für gekochten Fisch auf andere Art: Stoße Pfeffer, Liebstöckel, frischen Koriander, Saturei, Zwiebel, gekochte Eidotter, Passum, Essig, Öl und Liquamen. 4. Sauce für gekochten Fisch: Bereite den Fisch sorgfältig zu, gib in einen Mörser Salz und Koriandersamen, stampfe es gut, wälze ihn darin, gib ihn in eine Auflaufform, verschließe und vergipse sie und backe ihn im Ofen. Wenn er gar ist, nimm ihn heraus, besprenge ihn mit sehr scharfem Essig und trage auf. 5. Für gekochten Fisch auf andere Art: Wenn du den Fisch vorbereitet hast, gib in eine Kasserolle ⟨Koriander- ?⟩Samen[179], Wasser, frischen Dill und den Fisch selbst. Wenn er gar ist, besprenge ihn mit Essig und trage auf. 6. Alexandrinische Sauce für gegrillten Fisch: Pfeffer, getrocknete Zwiebel, Liebstöckel, Kümmel, Oregano, Selleriesamen, entsteinte Damaszenerpflaumen, Mulsum (?)[180], Essig, Liquamen, Defritum und Öl und koche sie. 7. Alexandrinische Sauce für gegrillten Fisch auf andere Art: Pfeffer, Liebstöckel, frischen Koriander, entkernte Rosinen, Wein, Passum, Liquamen und Öl und koche sie. 8. Alexandrinische Sauce für gegrillten Fisch auf andere Art: Pfeffer, Liebstöckel, frischen Koriander, Zwiebel,

passum, liquamen, acetum, oleum, et coques. 9. Ius in grongo assa: piper, ligusticum, cuminum frictum, origanum, cepam siccam, ovorum vitella cocta, vinum, mulsum, acetum, liquamen, defritum, et coques. 10. Ius in cornutam: piper, ligusticum, origanum, cepam, uvam passam e[t]nucleatam, vinum, mel, acetum, liquamen, oleum, et coques. 11. Ius in mullos assos: piper, ligusticum, rutam, mel, nucleos, acetum, vinum, liquamen, oleum modice. Calefacies et perfundes. 12. Aliter ius in mullos assos: rutam, mentam, coriandrum, feniculum, omnia viridia, piper, ligusticum, mel, liquamen et oleum modice. 13. Ius in pelamide assa: piper, ligusticum, origanum, coriandrum viride, cepam, uvam passam e[t]nucleatam [passam], liquamen, defritum, oleum, et coques. Hoc ius convenit et in elixa. Si vis, et mel addes. 14. Ius in percam: piper, ligusticum, cuminum frictum, cepam, pruna Damascena enucleata, vinum, mulsum, acetum, oleum, defritum, et coques. 15. Ius in pisce rubellione: piper, ligusticum, careum, serpyllum, apii semen, cepam siccam, vinum, passum, acetum, liquamen, oleum. Amulo obligas.

2) 1. Ius in morena assa: piper, ligusticum, satureiam, crocomagma, cepa, pruna Damascena e[t]nucleata, vinum, mulsum, acetum, liquamen, defritum, oleum, et coques. 2. Aliter ius in morena assa: piper, ligusticum, pruna Damascena, vinum, mulsum, acetum, liquamen, defritum, oleum, et coques. 3. Aliter ius in morena assa: piper, ligusticum, nepetam montanam, coriandri semen, cepam, nucleos pineos, mel, acetum, liquamen, oleum, et coques. 4. Aliter ius in morena elixa: piper, ligusticum, anetum (?), apii semen,

entsteinte Damaszenerpflaumen, Passum, Liquamen, Essig und Öl und koche sie. 9. Sauce für gegrillten Meeraal: Pfeffer, Liebstöckel, gerösteten Kümmel, Oregano, getrocknete Zwiebel, gekochte Eidotter, Wein, Honigwein, Essig, Liquamen und Defritum und koche sie. 10. Sauce für Hornfisch (?): Pfeffer, Liebstöckel, Oregano, Zwiebel, entkernte[181] Rosinen, Wein, Honig, Essig, Liquamen und Öl und koche sie. 11. Sauce für gegrillte Meerbarben: Pfeffer, Liebstöckel, Raute, Honig, Pinienkerne, Essig, Wein, Liquamen und ein wenig Öl. Mache es heiß und gieße es darüber. 12. Sauce für gegrillte Meerbarben auf andere Art: Raute, Minze, Koriander, Fenchel, alles frisch, Pfeffer, Liebstöckel, Honig, Liquamen und ein wenig Öl. 13. Sauce für gegrillten, einjährigen Thunfisch: Pfeffer, Liebstöckel, Oregano, frischen Koriander, Zwiebel, entkernte Rosinen, Passum, Essig, Liquamen, Defritum und Öl und koche sie. Diese Sauce paßt auch zu gekochtem ⟨Thunfisch⟩. Wenn du willst, gib auch Honig dazu. 14. Sauce für Barsch (?)[182]: Pfeffer, Liebstöckel, gerösteten Kümmel, Zwiebel, entsteinte Damaszenerpflaumen, Wein, Honigwein, Essig, Öl, Defritum und koche sie. 15. Sauce für Rotbart (oder eine andere Seebarbenart?): Pfeffer, Liebstöckel, Wiesenkümmel, Quendel, Selleriesamen, getrocknete Zwiebel, Wein, Passum, Essig, Liquamen und Öl. Binde mit Stärkemehl.

2) ⟨Für Muräne⟩[183]: 1. Sauce für gegrillte Muräne: Pfeffer, Liebstöckel, Saturei, Safranrückstand, Zwiebel, entsteinte Damaszenerpflaumen, Wein, Honigwein, Essig, Liquamen, Defritum und Öl und koche sie. 2. Sauce für gegrillte Muräne auf andere Art: Pfeffer, Liebstöckel, Damaszenerpflaumen, Wein, Honigwein, Essig, Liquamen, Defritum und Öl und koche sie. 3. Sauce für gegrillte Muräne auf andere Art: Pfeffer, Liebstöckel, Gebirgskatzenminze, Koriandersamen, Zwiebel, Pinienkerne, Honig, Essig, Liquamen und Öl und koche sie. 4. Sauce für gekochte Muräne auf andere Art: Pfeffer, Liebstöckel, Essig, Selleriesamen, syrischen Sumach,

rus Syriacum, careotam, mel, acetum, liquamen, oleum, sinape, defritum. 5. Aliter ius in morena elixa: piper, ligusticum, careum, apii semen, coriandrum, mentam aridam, nucleos pineos, rutam, mel, acetum, vinum, liquamen, oleum modice. Calefacies et amulo obligas. 6. Ius in morena elixa: piper, ligusticum, careum, cuminum, nucleos, careotam, sinape[m], mel, acetum, liquamen et oleum et defritum.

3) 1. Ius in lacertos elixos: piper, ligusticum, cuminum, rutam viridem, cepam, mel, acetum, liquamen, oleum modice. Cum bullierit, amulo obligas. 2. Ius in pisce elixo: piper, ligusticum, petroselinum, origanum, cepam aridam, mel, acetum, liquamen, vinum, oleum modice. Cum bullierit, amulo obligas et in lance inferes. 3. Ius in pisce asso: piper, ligusticum, thymum, coriandrum viridem, mel, acetum, liquamen, vinum, oleum, defritum. Calefacies et agitabis rutae surculo et obligabis amulo. 4. Ius in tinno: piper, cuminum, thymum, coriandrum, cepam, uvam passam, acetum, mel, vinum, liquamen, oleum. Calefacies, amulo obligas. 5. Ius in tinno elixo: piper, ligusticum, thymum, condimenta mortaria, cepa⟨m⟩, careotam, mel, acetum, liquamen et oleum et sinape. 6. Ius in dentice asso: piper, ligusticum, coriandrum, mentam, rutam aridam, malum Cydonium coctum, mel, vinum, liquamen, oleum. Calefacies, amulo obligabis. 7. In dentice elixo: piper, anethum, cuminum, thymum, mentam, rutam viridem, mel, acetum, liquamen, vinum, oleum modice. Calefacies et amulo obligabis. 8. Ius in pisce aurata: piper, ligusticum, careum, origanum, rutae bacam, mentam, myrtae bacam, ovi vitellum, mel, acetum, oleum, vinum, liquamen. Calefacies et sic uteris. 9. Ius in pisce aurata assa: piper, coriandrum, mentam aridam, apii semen, cepam,

Datteln, Honig, Essig, Liquamen, Öl, Senf und Defritum. 5. Sauce für gekochte Muräne auf andere Art: Pfeffer, Liebstöckel, Wiesenkümmel, Selleriesamen, Koriander, getrocknete Minze, Pinienkerne, Raute, Honig, Essig, Wein, Liquamen und ein wenig Öl. Mache es heiß und binde mit Stärkemehl. 6. Sauce für gekochte Muräne: Pfeffer, Liebstöckel, Wiesenkümmel, Kümmel, Pinienkerne, Datteln, Senf, Honig, Essig, Liquamen und Öl und Defritum.

3) 1. Sauce für gekochte Stöcker: Pfeffer, Liebstöckel, Kümmel, frische Raute, Zwiebel, Honig, Essig, Liquamen und ein wenig Öl. Wenn es aufgekocht ist, binde mit Stärkemehl. 2. Sauce für gekochten Fisch: Pfeffer, Liebstöckel, Petersilie, Oregano, getrocknete Zwiebel, Honig, Essig, Liquamen, Wein und ein wenig Öl. Wenn es aufgekocht ist, binde mit Stärkemehl und serviere auf einer Platte. 3. Sauce für gegrillten Fisch: Pfeffer, Liebstöckel, Thymian, frischen Koriander, Honig, Essig, Liquamen, Wein, Öl und Defritum. Mache es heiß und rühre mit einem Rautenzweig um und binde mit Stärkemehl. 4.[184] Sauce für Thunfisch: Pfeffer, Kümmel, Thymian, Koriander, Zwiebel, Rosinen, Essig, Honig, Wein, Liquamen und Öl. Mache es heiß, binde mit Stärkemehl. 5. Sauce für gekochten Thunfisch: Pfeffer, Liebstöckel, Thymian, Mörsergewürz (?)[185], Zwiebel, Datteln, Honig, Essig, Liquamen und Öl und Senf. 6. Sauce für gegrillte Zahnbrasse: Pfeffer, Liebstöckel, Koriander, Minze, getrocknete Raute, eine gekochte Quitte, Honig, Wein, Liquamen und Öl. Mache es heiß und binde mit Stärkemehl. 7. Für gekochte Zahnbrasse: Pfeffer, Dill, Kümmel, Thymian, Minze, frische Raute, Honig, Essig, Liquamen, Wein und ein wenig Öl. Mache es heiß und binde mit Stärkemehl. 8. Sauce für Goldbrasse: Pfeffer, Liebstöckel, Wiesenkümmel, Oregano, Rautenbeere, Minze, Myrtenbeere, Eidotter, Honig, Essig, Öl, Wein und Liquamen. Mache sie heiß und verwende sie so. 9. Sauce für gegrillte Goldbrasse: Pfeffer, Koriander, getrocknete Minze, Selleriesamen, Zwie-

uvam passam, mel, acetum, vinum, liquamen et oleum.
10. Ius in scorpione elixo: piper, careum, petroselinum,
careotam, mel, acetum, sinape, liquamen, oleum, defritum.
11. In pisce oenogarum: teres piper, ruta⟨m⟩, mel commisces, passum, liquamen, caroenum, ex igni mollissimo calefacies. 12. In pisce oenogarum: ut supra facies. Cum bullierit,
amulo obligabis.

4) 1. Ius in anguilla: piper, ligusticum, apii semen, anethum,
rus Syriacum, careotam, mel, acetum, liquamen, oleum,
sinape et defritum. 2. Ius in anguillam: piper, ligusticum, rus
Syriacum, mentam siccam, rutae bacas, ovorum vitella cocta,
mulsum, acetum, liquamen, oleum. Coques.

EXPLICIT LIBER X

bel, Rosinen, Honig, Essig, Wein, Liquamen und Öl.
10. Sauce für gekochten Stachelfisch (?): Pfeffer, Wiesenkümmel, Petersilie, Datteln, Honig, Essig, Senf, Liquamen, Öl
und Defritum. 11. Oenogarum für Fisch: Stoße Pfeffer,
Raute, mische Honig, Passum, Liquamen und Caroenum
dazu und erhitze es auf sehr kleiner Flamme. 12. Oenogarum
für Fisch: Mache es wie oben. Wenn es aufgekocht ist, binde
mit Stärkemehl.

4) 1. Sauce für Aal: Pfeffer, Liebstöckel, Selleriesamen, Dill,
syrischen Sumach, Datteln, Honig, Essig, Liquamen, Öl,
Senf und Defritum. 2. Sauce für Aal: Pfeffer, Liebstöckel,
syrischen Sumach, getrocknete Minze, Rautenbeeren,
gekochte Eidotter, Honigwein, Essig, Liquamen und Öl.
Koche sie.

ENDE DES 10. BUCHES

Apici excerpta a Vinidario viro inlustri

Brevis pimentorum que in domo esse debeant, ut condimentis
nihil desit:

crocum, piper, zingiber, lasar, folium, baca murre, costum,
cariofilum, spica Indica, addena, cardamomum, spica nardi.

De seminibus hoc:
papaber, semen rude, baca rute, baca lauri, semen aneti,
semen api, semen feniculi, semen ligustici, semen eruce,
semen coriandri, cuminum, anesum, petrosilenum, careum,
sisama.

De siccis hoc:
lasaris radices, menta, nepeta, saluia, cupressum, origanum,
zyniperum, cepa gentima (= gentiana ?), bacas timmi, coriandrum, piretrum, citri, fastinaca, cepa Ascalonia, radices
iunci, anet⟨um⟩, puleium, ciperum, alium, ospera, samsucum, innula, silpium, cardamomum.

De liquorib. hoc:
mel, defritum, carinum (= caroenum), apiperium, passum.

De nucleis hoc:
nuces maiores, nucl⟨e⟩os pineos, acmidula, Aballana.

De pomis siccis hoc:
Damascena, datilos (= dactylos), uba passa, granata.

Hec omnia in loco sicco pone, ne odorem et virtutem per-
dant.

Auszüge aus Apicius vom Edelmann Vinidarius

Kurze Liste der Gewürze, die im Haus sein müssen, damit an Gewürzen nichts fehle:

Safran, Pfeffer, Ingwer, Laser, ⟨Lorbeer-⟩Blätter, Myrtenbeeren, Kostwurz, Gewürznelke, Nardenspitzen (?), Addena (?)[186], Kardamom, und Nardenspitzen.

Von den Samen folgendes:
Mohn, Rautensamen, Rautenbeere, Lorbeeren, Dillsamen, Selleriesamen, Fenchelsamen, Samen von Liebstöckel, Samen von wilder Rauke, Koriandersamen, Kümmel, Anis, Petersilie, Wiesenkümmel, Sesam.

An getrockneten Dingen folgendes:
Laserwurzel, Minze, Katzenminze, Salbei, Zypresse⟨nholz⟩ (?), Oregano, Wacholderbeeren (?), Enzianwurzel (?)[187], Beeren vom Thymian, Koriander, Bertram, Zitrone⟨nblätter ?⟩[188], Pastinake, Schalotte, Binsenwurzeln, Dill, Poleiminze, Zyperngras, Knoblauch, Hülsenfrüchte (?)[189], Majoran, Alant, Silphium, Kardamom.

Von den Flüssigkeiten folgendes:
Honig, Defritum, Caroenum, Pfeffersauce (?)[190], Passum.

Von den Nußfrüchten folgendes:
größere Nüsse (Walnüsse ?), Pinienkerne, Mandeln, Haselnüsse.

An getrocknetem Obst folgendes:
Damaszenerpflaumen, Datteln, Rosinen, Granatäpfel.

Das alles lege an einen trockenen Ort, damit es den Geruch und das Aroma nicht verliert.

Brevis cyborum:

I. Caccabinam minorem. II. Caccabinam fusilem. III. Ofellas garatas. IV. Ofellas assas. ⟨V.⟩ Aliter ofellas. VI. Ofellas g⟨a⟩raton. VII. Pisces scorpiones rapulatos. VIII. Pisces frixos cuiuscumq. generis. IX. Item pisces frixos. X. Pisces assos. XI. Pisces inotogonon (= oenoteganon ?). XII. Sardas. XIII. Item pisces inotogonon. XIV. Mullos anetatos. XV. Aliter mullos. XVI. Murenas et anguillas. XVII. Lucustas et isquillas. XVIII. Pisces elixos. XIX. Patinas oborum. XX. Porcello coriandrato. XXI. Porcello aenococto. XXII. Porcello eo iure. XXIII. Porcello tymmo [crapso] ⟨sparso⟩. XXIV. Porcellum oxyzomum. XXV. Porcellum lasaratum. XXVI. Porcellum iuscellum (= iuscellatum). XXVII. Agnum simplicem. XXVIII. Hedum lasaratum. XXIX. Turdos apantamenos. XXX. Turtures. XXXI. Ius in perdices.

1) 1. Caccabinam minorem: olera diversa elixa compone et pullinam inter se, si volueris, condis liquamine et oleo, et bulliat. Teres piper modicum et folium et cum tritura conmisces ovum et tribulas. 2. Alias: tritura, unde perfundes caccabinam: teres ergo folium quantum conpetat cum cerifolio uno et quarta parte de lauri baca et medium caulis elixi et folia coriandri et solves de iuscello eius et vaporabis in cinere calido et ad horam, antequam fundas in vasculo, perfundis conditum et sic ponis.

2) Caccabinam fusilem: malvas, porros, betas sive coliclos elixatos, turdos atque esicia de pullum, copadia porcina sive pullina et cetera, quae in praesenti habere poteris, conpones

Kurze Liste der Speisen:

I. Ein kleinerer Eintopf. II. Ein gegossener Eintopf. III. Koteletts mit Garum (= Liquamen). IV. Gegrillte Koteletts. V. Koteletts auf andere Art. VI. Sauce mit Garum für Koteletts. VII. Stachelfische mit Rüben. VIII. Gebratene Fische aller Art. IX. Ebenso gebratene Fische. X. Gegrillte Fische. XI. Fische mit Weinbratensauce. XII. Eingesalzener Thunfisch. XIII. Ebenso Fisch mit Weinbratensauce. XIV. Meerbarben mit Dillsauce. XV. Meerbarben auf andere Art. XVI. Muränen und Aale. XVII. Langusten und Riesengarnelen[191]. XVIII. Gekochte Fische. XIX. Auflauf mit Eiern. XX. Spanferkel mit Koriandersauce. XXI. Spanferkel mit Weinsauce. [XXII. Das Spanferkel mit dieser Sauce][192]. XXIII. Spanferkel mit Thymian bestreut. XXIV. Spanferkel mit scharfer Sauce. XXV. Spanferkel mit Lasersauce. XXVI. Spanferkel mit Brühe. XXVII. Einfaches Lamm. XXVIII. Junger Ziegenbock mit Lasersauce. XXIX. Drosseln leicht verdaulich (?). XXX. Turteltauben. XXXI. Sauce für Rebhühner.

1) 1. Ein kleinerer Eintopf: Lege verschiedene gekochte Gemüse zusammen und, wenn du willst, Hühnerfleisch darunter, würze mit Liquamen und Öl und laß es kochen. Stoße ein wenig Pfeffer und Gewürzblätter, mische ein Ei mit der Gewürzmischung und schlage es schaumig (?). 2. Anders: die Gewürzmischung, von der du zum Eintopf gießt: Stoße also die richtige Menge Gewürzblätter mit einem Kerbelblatt und einer Viertel Lorbeere, einem halben gekochten Kohlkopf und Korianderblättern, löse es mit dessen Brühe (der des Eintopfs), dämpfe es in heißer Asche und gieße etwa eine Stunde, bevor du es in eine Schüssel füllst, die Gewürzsauce darüber und setze es so auf.

2) Ein gegossener Eintopf: Stelle Malven, Lauchstangen, Rüben oder gekochte Kohlköpfe, Drosseln und gehacktes Hühnerfleisch, Schweineschnitzel und anderes, was du im

variatim. Teres piper, ligusticum cum vini veteris pondo duo, liquamen pondo I, mel pondo I, olei aliquantum. Gustata, item permixta et temperata mittis in patinam et fac ut modice ferveat. Et cum coquitur, adicies lacte sextario uno, ova dissoluta cum lacte perfundes, patinam, mox constrinxerit, inferes.

3) Ofellas garatas: ponis ofellas in sartagine, adic⟨i⟩es liquamen libram unam, olei similiter, mellis aliquantum et sic frigis.

4) Ofellas assas: exbromabis diligenter et in sartagine mittis. Friges inogarum. Postea simul cum ipsum inogarum inferes et piper aspargis.

5) Aliter ofellas: si in liquamine frigantur et calidae melle unguantur et sic inferantur.

6) Ofellas garaton: lasar, zingiber, cardamomum et uno acetabulo liquaminis misces cum his omnibus tritis et ibi ofellas coques.

7) Pisces scorpiones rapulatos: coquis in liquamine et oleo et cum mediaveri[n]t coctura, tolles. Rapas elixas madidas et minutissime concisas manibus depressabis, ut umorem non habeant, et cum pisce obligas, et bulliat cum oleo abunde. Et, iam bullivit, teres cuminum, lauri bacam dimidiam, addes propter colorem crocum. Amulabis de oridia propter spissitudinem. Superfundes et tunc inferes. Addes modicum acetum.

Moment bekommen kannst, bunt zusammen. Stoße Pfeffer, Liebstöckel mit zwei Pfund (ca. 655 g) alten Weines, ein Pfund (ca. 327,5 g) Liquamen, ein Pfund Honig und nicht zu wenig Öl. Wenn du es gekostet, ebenso umgerührt und abgeschmeckt hast, gib es in eine Auflaufform und laß es leicht aufkochen. Und wenn es kocht, gib 0,55 l Milch dazu, gieße mit Milch verrührte Eier darauf und serviere den Auflauf, wenn er steif geworden ist.

3) Braten mit Garum-Sauce: Lege die Bratenstücke in eine Kasserolle, gib ein Pfund (ca. 327,5 g) Liquamen dazu, ähnlich viel Öl, nicht zu wenig Honig und brate sie so.

4) Gegrillter Braten: Wässere ihn ordentlich und gib ihn in eine Kasserolle. Brate ihn mit Oenogarum. Nachher trage ihn zusammen mit dem Oenogarum auf und streue Pfeffer darüber.

5) Bratenstücke auf andere Art: Wenn sie in Liquamen gebraten werden und noch heiß mit Honig bestrichen und serviert werden.

6) Garum-Sauce für Bratenstücke: Laser, Ingwer, Kardamom und mische damit, wenn es zerstoßen ist, eine Saucière (ca. 0,07 l) Liquamen und koche die Bratenstücke darin.

7) Stachelfische (?) mit Rüben: Koche sie in Liquamen und Öl, und wenn sie halb gar sind, nimm sie heraus. Presse gekochte, noch feuchte und sehr klein gehackte Rüben mit den Händen aus, so daß sie keine Feuchtigkeit mehr haben, und verbinde sie mit dem Fisch, und alles soll mit reichlich Öl sieden. Und wenn es schon gekocht hat, stoße Kümmel und eine halbe Lorbeere und gib wegen der Farbe Safran dazu. Dicke es mit Reis(mehl?)[193] zum Versteifen ein. Gieße sie darüber (über die Fische) und serviere es dann. Gib ein wenig Essig dazu.

8) Pisces frixos cuiuscumque generis sic facies: teres piper, coriandri semen, lasaris radices, origanum, rutam, caryotam, suffundes acetum, oleum, liquamen, adices defritum. Haec omnia temperabis et in caccabulo mittis et ferveat. Cum calefeceris, eosdem pisces superfundes. Asparso pipere inferes.

9) Item pisces frixos sic facies: teres piper, ligusticum, bacam lauri, coriandrum, mel, liquamen, vinum passum vel caroenum temperas. Coques igni lento, amulo orizie obligas et inferes.

10) Pisces assos: teres piper, ligusticum, satureiam, cepam siccam, suffundes acetum, adicies caryotam, anethum, ovorum vitella, mel, acetum, liquamen, oleum, defritum. Haec omnia in uno mixta perfundes.

11) Pisces inotogonon: friges pisces, teres piper, ligusticum, rutam, condimenta viridia, cepam siccam. Adices oleo, ⟨vinum?⟩, liquamen et inferes.

12) Sardas sic facies: teres piper, ligustici semen, origanum, cepam siccam, ovorum cottorum vitella, acetum, oleum. Haec in unum temperas et perfundes.

13) Pisces inotogonon: a crudo pisces, quos volueris, lavas, conponis in patinam, mittis oleum, liquamen, vinum, fasciculos porri et coriandri, coquitur. Teres piper, origanum, ligusticum et fasciculos, quos elixasti, teres et suffundes inpe⟨n⟩sa⟨m⟩ de patina. Facis ut obliget. Cum bene tenuerit, piper⟨e⟩ asparso inferebis.

14) Mullos anethatos sic facies: rades pisces, lavabis, in patinam compones, adicies oleum, liquamen, vinum, fasciculos

8) Gebratene Fische aller Art mache folgendermaßen: Stoße Pfeffer, Koriandersamen, Laserwurzel, Oregano, Raute, Datteln, gieße Essig, Öl und Liquamen und gib Defritum dazu. Schmecke dies alles ab und gib es in einen kleinen Topf, und es soll aufkochen. Wenn du es heiß gemacht hast, übergieße selbige Fische und serviere mit daraufgestreutem Pfeffer.

9) Ebenso: Gebratene Fische mache folgendermaßen: Stoße Pfeffer, Liebstöckel, Lorbeeren, Koriander, Honig, Liquamen, Wein, Passum oder Caroenum, schmecke ab. Koche auf kleiner Flamme, binde mit Reismehl und serviere.

10) Gegrillte Fische: Stoße Pfeffer, Liebstöckel, Saturei, getrocknete Zwiebel, gieße Essig dazu, gib Datteln, Dill, Eidotter, Honig, Essig, Liquamen, Öl und Defritum hinein. Das alles gieße zusammengemischt darüber.

11) Fische mit Weinbratensauce (?)[194]: Brate die Fische, stoße Pfeffer, Liebstöckel, Raute, frische Gewürzkräuter und trockene Zwiebel. Gib Öl und Liquamen dazu und serviere.

12) Eingesalzenen Thunfisch mache folgendermaßen: Stoße Pfeffer, Liebstöckelsamen, Oregano, trockene Zwiebel, gekochte Eidotter, Essig und Öl. Schmecke das zusammen ab und gieße es darüber.

13) Fische mit Weinbratensauce (?)[195]: Wasche die Fische, die du willst, im Rohzustand und lege sie in eine Pfanne, gib Öl, Liquamen, Wein, Bündelchen von Lauch und Koriander dazu und laß es kochen. Stoße Pfeffer, Oregano, Liebstöckel und die Bündelchen, die du gekocht hast, zerstampfe und gieße die Masse in die Pfanne. Binde es. Wenn es gut dick geworden ist, serviere mit daraufgestreutem Pfeffer.

14) Meerbarben mit Dillsauce mache folgendermaßen: Putze die Fische, wasche und lege sie in eine Pfanne, gib Öl, Liqua-

porri et coriandri, mittes ut coquatur. Adicies piper in mortario, fricabis, adicies oleum et partem aceti, vino passo temperabis. Traicies in ca⟨cca⟩bo, ponis ut ferveat. Amolo obligabis et patinam piscium perfundis. Insuper piper aspargis.

15) Aliter mullos: rades, lavas, conponis in patinam. Adices
oleo, liquamen, vinum, in coctura fasc⟨ic⟩ulum porri et
coriandri, inponis ut coquatur. Teres piper, ligusticum, origanum, adicies de iure suo [hoc de patella], vino passo temperas, mittis in caccabo, ponis ut ferveat, amulo obligabis et
patellam postea perfundes, piper aspargis et inferis.

16) Murenam aut anguillas vel mullos sic facies: purgabis,
conponis in patinam diligenter. Adicies in mortario piper,
ligusticum, origanum, mentam, cepam aridam, effundes vini
acetabulum, liquaminis dimidium, mellis tertiam partem,
modice defritum ad cocleare. Debent autem hoc iure cooperiri, ut super cotturam supersit aliquid iuris.

17) Locustam ⟨et scillas⟩: teres piper, ligusticum, api semen,
effundes acetum, liquamen, ovorum vitella et mixta in unum
perfundis et inferes.

18) In piscibus elixis: teres piper, ligusticum, api semen, origanum, suffundes acetum, adicies nucleos pineos, cariota
quod satis sit, mel, acetum, liquamen, sinapem. Temperabis
et uteris.

19) Patinam soliarum ex ovis: rades, purgas, conponis in patinam, adicies liquamen, oleum, vinum, fasciculum porri et

men, Wein, Bündelchen von Lauch und Koriander dazu und setze es zum Kochen auf. Gib in einen Mörser Pfeffer, zermahle ihn, gib Öl und einen Teil Essig dazu und schmecke mit einer Trockenbeerenauslese ab. Gib es in einen Topf herüber und setze es auf, damit es aufkocht. Binde mit Stärkemehl und gieße es über die Pfanne mit den Fischen. Darüber streue noch Pfeffer.

15) Meerbarben auf andere Art: Putze, wasche und lege sie in eine Pfanne. Gib Öl, Liquamen, Wein und für die Brühe ein Bündelchen Lauch und Koriander dazu und setze es zum Kochen auf. Stoße Pfeffer, Liebstöckel, Oregano und gib vom eigenen Saft dazu, schmecke mit einer Trockenbeerenauslese ab, gib es in einen Topf, setze es auf, damit es aufkocht, binde mit Stärkemehl und gieße es nachher in die Pfanne, streue Pfeffer darauf und serviere.

16) Muräne oder Aale oder Meerbarben mache folgendermaßen: Säubere sie und lege sie sorgfältig in eine Pfanne, gib in einen Mörser Pfeffer, Liebstöckel, Oregano, Minze, getrocknete Zwiebel, gieße Wein dazu, eine halbe Saucière (ca. 0,035 l) Liquamen, eine drittel Saucière (ca. 0,023 l) Honig, ein wenig Defritum, ungefähr einen Eßlöffel. Sie müssen aber mit dieser Sauce bedeckt sein, damit etwas Sauce beim Kochen übrigbleibt.

17) Languste ⟨und Riesengarnelen⟩[196]: Stoße Pfeffer, Liebstöckel, Selleriesamen, gieße Essig, Liquamen und Eidotter dazu, gieße es zusammengemischt darüber und trage auf.

18) Für gesottene Fische: Stoße Pfeffer, Liebstöckel, Selleriesamen, Oregano, gieße Essig dazu, gib Pinienkerne, genügend Datteln, Honig, Essig, Liquamen und Senf dazu. Schmecke ab und verwende es.

19) Auflauf von Schollen mit Eiern: Putze, säubere und lege sie auf ein Backblech. Gib Liquamen, Öl, Wein, ein Bündel-

coriandri semen, mittis ut coquatur. Teres piper modicum, origanum, suffundis ius ⟨de⟩ suo sibi, adicies iuri decem cruda ova, dissolvis et in unum corpus facias. Traicies in patinam super solias. Ad ignem lentum pones, ut decoquat, et cum duxerit, piper adspargis.

20) Porcellum coriandratum: assas porcellum diligenter, facies mortarium sic, in quo teres piper, anetum, origanum, coriandrum viride, admisces mel, vinum, liquamen, oleum, acetum, defritum. Haec omnia calefacta perfundes et aspargis uvam passam, nucleos pineos et cepam concisam et sic inferes.

21) Porcellum inococtum: porcellum accipies, ornabis, quoque (= coque) in oleo et liquamine. Cum coquitur, adicies in mortario piper, rutam, bacam lauri, liquamen, passum sive caroenum, vinum vetus, simul omnia teres, temperas et traicies in patinam ⟨a⟩heneam. Mittis eum. [22)] Porcellum eo iure percoque, cum autem levas, amulo obligabis et sic in vas transferes et inferes.

23) Porcellum timo ⟨sparsum?⟩: porcellum lactentem pridie occisum elixas sale et aneto et in aqua frigida adsidue intingis, ut candorem habeat. Deinde condimenta viridia, timum, puleium modicum, ova dura, cepa concisa minuta, ea omnia superspargis et condis liquamen emina una, olei pondo uno, passo pondo uno, et sic ministras.

24) Porcellum ⟨oxyz⟩omum: porcellum accuratum ornabis et mittis in iuscellum sic conditum: adicies in mortario piper

chen Lauch und Koriandersamen dazu und setze es zum Kochen auf. Stoße ein wenig Pfeffer, Oregano und gieße vom eigenen Saft dazu, gib zur Sauce zehn rohe Eier und verrühre sie und mache es zu einer glatten Masse. Gib es hinüber auf das Backblech über die Schollen. Setze es auf kleiner Flamme auf, damit es garkocht, und, wenn es steif geworden ist, streue Pfeffer darauf.

20) Spanferkel mit Koriandersauce: Grille das Spanferkel sorgfältig und bereite folgendermaßen ein Mörsergewürz zu, zu dem du Pfeffer, Dill, Oregano und frischen Koriander zerstößt, mische Honig, Wein, Liquamen, Öl und Essig dazu. Nachdem das alles erhitzt ist, gieße es darüber und streue Rosinen, Pinienkerne und gehackte Zwiebel darauf und serviere es so.

21) Spanferkel in Weinsauce: Nimm ein Spanferkel, dressiere es und koche es in Öl und Liquamen. Wenn es kocht, gib in einen Mörser Pfeffer, Raute, Lorbeeren, Liquamen, Passum oder Caroenum und alten Wein, zerstampfe alles zusammen, schmecke ab und gib es auf eine eherne Platte hinüber. Setze es auf. [22)] Koche das Spanferkel mit dieser Sauce gar, wenn du es aber vom Feuer nimmst, binde mit Stärkemehl und gib es so in ein Gefäß herüber und serviere.

23) Spanferkel mit Thymian bestreut: Koche ein noch saugendes, am Vortag geschlachtetes Spanferkel mit Salz und Dill und tauche es oft in kaltes Wasser, damit es die weiße Farbe behält. Dann frische Gewürzkräuter, Thymian, ein wenig Poleiminze, hartgekochte Eier und kleingehackte Zwiebel, das alles streue darüber und würze mit 0,27 l Liquamen, einem Pfund (ca. 327,5 g) Öl und einem Pfund Passum und serviere es so.

24) Spanferkel mit scharfer Gewürzsauce: Dressiere ein vorbereitetes Spanferkel und gib es in eine folgendermaßen

grana L, mellis quan⟨tum⟩ conpetat, cepas siccas III, coriandri viridis sive sicci modicum, liquamen emina, olei sextarium I, aquae emina I, simul temperas in caccabulo. Mittis in eo porcellum. Dum bullire coeperit, saepius agitabis, ut spissum fiat. Si aliquid minus iuris facere coeperit, tunc adicies heminam unam aquae. Sic percoque et sic porcellum inferes.

25) Porcellum lasaratum: teres in mortario piper, ligusticum, careum, misces cuminum paululum, lasar vivum, lasaris radicem, suffundis acetum, addis nucleos pineos, caryotam, mel, acetum, liquamen, sinape factum. Oleo omnia temperas et perfundis.

26) Porcellum iuscellatum: mittis in mortario piper, ligusticum aut anesum, coriandrum, rutam, bacam lauri, fricabis, suffundis liquamen, porro, passi sive mellis modicum, vinum modicum, olei aliquantum. Cum coxeris, amulo obligabis.

27) Agnum simplicem: de agno decoriato facies copadiola, lavabis diligenter, mittes in caccabo. Adicies oleum, liquamen, vinum, porrum, coriandrum cultro concisum. Cum bullire coeperit, saepius agitabis et inferes.

28) Haedum lasaratum: haedi intestinas bene purgatas imples piper, liquamen, lasar, oleum et intra haedum mittes et bene consues et cum haedo simul coquuntur. Et cum decoxerit, adicies in mortario rutam, bacam lauri et levatum haedum atque exsucatum ipso iure perfundis et sic ponis.

gewürzte Sauce: Gib in einen Mörser 50 Pfefferkörner, Honig so viel, wie erforderlich, 3 getrocknete Zwiebeln, ein wenig frischen oder getrockneten Koriander, ca. 0,27 l Liquamen, ca. 0,55 l Öl, ca. 0,27 l Wasser und schmecke es zusammen in einem kleinen Topf ab. Gib dahinein das Spanferkel. Wenn es zu kochen angefangen hat, rühre öfters um, damit es dick wird. Wenn die Sauce zu sehr einkochen sollte, dann gib ca. 0,27 l Wasser dazu. So koche es gar und serviere das Ferkel.

25) Spanferkel mit Lasersauce: Stoße im Mörser Pfeffer, Liebstöckel, Wiesenkümmel, mische ein wenig Kümmel, ganz frisches Laser und Laserwurzel, dazu gieße Essig und gib Pinienkerne, Datteln, Honig, Essig, Liquamen und fertigen Senf dazu. Stimme alles mit Öl ab und gieße es darüber.

26) Spanferkel mit Brühe: Gib in einen Mörser Pfeffer, Liebstöckel oder Anis[197], Koriander, Raute, Lorbeere und zermahle es, gieße Liquamen dazu, Lauch, ein wenig Passum oder Honig, ein wenig Wein und nicht zu wenig Öl. Wenn du es gekocht hast, binde mit Stärkemehl.

27) Einfaches Lamm: Von enthäutetem Lamm mache Kotelettstücke, wasche sie gründlich und gib sie in einen Topf. Gib Öl, Liquamen, Wein, Lauch und mit dem Messer geschnittenen Koriander dazu. Wenn es zu kochen angefangen hat, rühre öfters um und trage auf.

28) Zicklein mit Lasersauce: Fülle die gut gesäuberten Därme des Zickleins mit Pfeffer, Liquamen, Laser und Öl und tue sie in das Zicklein hinein, nähe das Zicklein gut zu, und sie werden zusammen mit dem Zicklein gekocht. Und wenn es gargekocht ist, gib in einen Mörser Raute, Lorbeere und übergieße das Zicklein, nachdem es vom Feuer genommen und abgetropft ist, mit dieser Sauce und serviere es so.

29) Turdos apantomenos: teres piper, lasar, bacam lauri, admisces cumino garum et sic turdo per guttur imples et filo ligabis. Et facies ei impe⟨n⟩sa⟨m⟩, in qua decoca[n]tur, quae habeat oleum, sales, aquam, anethum et capita porrorum.

30) Turtures: aperies, ornabis diligenter, teres piper, lasar, liquamen modicum, infundis ipsas turtures ut conbibant sibi, et sic assas.

31) Ius in perdices: teres in mortario piper, apio, mentam et rutam, suffundis acetum, addis caryotam, mel, acetum, liquamen, oleum. Simul coques et inferes.

Explic⟨it⟩ brevis ciborum

29) Drosseln ⟨leicht verdaulich ?⟩: Stoße Pfeffer, Laser, Lorbeere, mische Kümmel und Garum (= Liquamen) dazu und fülle die Drossel so durch die Gurgel und binde sie mit einem Faden zu. Und mache für sie eine Mischung, in der es gargekocht wird, die Öl, Salz, Wasser, Dill und Lauchenden enthält.

30) Turteltauben: Schneide sie auf, dressiere sie sorgfältig, stoße Pfeffer, Laser und ein wenig Liquamen, weiche die Turteltauben darin ein, damit sie sich vollsaugen und grille sie so.

31) Sauce für Rebhühner: Stoße im Mörser Pfeffer, Sellerie, Minze und Raute, gieße Essig dazu und gib Dattel-⟨wein ?⟩[198], Honig, Essig, Liquamen und Öl dazu. Koche es zusammen und trage auf.

Die kurze Liste von Speisen ist zu Ende.

Anhang

Mengenangaben zu einigen Rezepten
des Apicius

Die von mir in diesem Teil angegebenen Mengen für einige
einfachere Gerichte aus dem apicianischen Kochbuch sollen
eine kleine Anregung sein, diese Rezepte am eigenen Herd
auszuprobieren und sich so ein eigenes Urteil über die Kochkünste im alten Rom zu bilden.

Zutaten für vier Personen

Isicia omentata (Apic. 2,1,7)

½ kg Hackfleisch,
1 in Weißwein eingeweichtes Brötchen,
½ Teelöffel gemahlenen Pfeffer,
0,05 l Liquamen oder ½–1 Teelöffel Salz mit etwas Weiß-
    wein,
einige Pinienkerne und grüne Pfefferkörner,
etwas Caroenum,
Backfolie oder Aluminiumfolie.

Pepones et melones (Apic. 3,7)

½ Wassermelone, ½ Honigmelone, beide geschält, entkernt
    und gewürfelt,
0,5 l Passum,
ein wenig Honig,
1 Eßlöffel gehackte frische Poleiminze,
½ Teelöffel gemahlenen Pfeffer,
etwas Liquamen oder eine Prise Salz.

Patina de pisciculis (Apic. 4,2,30)

¾ kg gekochtes Filet von kleinen Fischen oder ganze Fisch-
    chen (z.B. Sardellen),
150 g Rosinen,

½ Teelöffel gemahlenen Pfeffer,
1 Eßlöffel Liebstöckel,
1 Eßlöffel Oregano,
2 kleine gewürfelte Zwiebeln,
0,2 l Öl,
0,05 l Liquamen oder ½ Teelöffel Salz,
2 Eßlöffel Öl.

Patina de piris (Apic. 4,2,35)

1 kg Birnen (geschält und ohne Kerngehäuse),
6 Eier,
4 Eßlöffel Honig,
0,1 l Passum,
etwas Öl,
0,05 l Liquamen oder ¼ Teelöffel Salz,
½ Teelöffel gemahlenen Kümmel,
Pfeffer nach Belieben.

Kochzeit: ca. 30 Min. auf kleiner Flamme.

Minutal marinum (Apic. 4,3,1)

½ kg Fischfilet (z. B. Seelachs),
¼ l Weißwein,
½ l Rindsbrühe,
3 Lauchstangen,
0,1 l Öl,
Liquamen oder Salz, Koriander, Pfeffer, Liebstöckel, Oregano nach Belieben,
etwas angerührtes Mehl zum Eindicken,
(die Quallen können natürlich weggelassen werden!).

Kochzeit: ca. 30 Min.

Gustum de praecoquis (Apic. 4,5,4)

1 kg Aprikosen oder Nektarinen,
0,2 l Weißwein,
¼ l Passum,

1 Pfefferminzteebeutel,
Pfeffer, Liquamen oder Salz, Mondamin, etwas Essig und
Honig.

Kochzeit: ca. 20 Min. auf kleiner Flamme.

Fabaciae virides et Baianae (Apic. 5,6,1)

½ kg Saubohnen mit Schote oder auch grüne Bohnen,
0,05 l Liquamen oder ½ Teelöffel Salz mit 0,05 l Wein,
1–2 Eßlöffel Öl,
1 Eßlöffel gehackte Korianderblätter (oder ½ Eßlöffel gemahlenen Koriandersamen),
1 Teelöffel Kümmelkörner,
½ kleine Lauchstange (gehackt).

Pullum Frontonianum (Apic. 6,9,13)

1 frisches Hähnchen (ca. 1–1,5 kg),
0,1 l Öl,
0,2 l Liquamen oder 0,2 l Wein und 2 Teelöffel Salz,
1 Lauchstange,
frischen Dill, Saturei, Koriander, Pfeffer nach Belieben,
etwas Defritum.

Kochzeit: ca. 1 Std. bei 220° im Backofen.

Pullus fusilis (Apic. 6,9,15)

1 frisches Hähnchen (ca. 1–1,5 kg),
300 g Hackfleisch (gemischt),
½ Kalbshirnchen (kann auch weggelassen werden),
100 g Hafergrütze,
2 Eier,
¼ l Weißwein,
1 Eßlöffel Öl,
1 Eßlöffel Liebstöckel,
¼ Teelöffel gemahlenen Ingwer,
¼ Teelöffel gemahlenen Pfeffer,
1 Teelöffel grüne Pfefferkörner,

50 g Pinienkerne,
Liquamen oder Salz nach Belieben.

Kochzeit: ca. 1 Std. bei 220° im Backofen.

Dulcia domestica (Apic. 7,13,1)

200 g frische oder getrocknete Datteln,
50 g Nüsse oder Pinienkerne (gehackt oder grob gemahlen),
etwas Salz,
Honig oder Rotwein mit etwas Honig zum Schmoren.

Kochzeit: Die Datteln müssen solange in einer Pfanne auf kleiner Flamme gekocht werden, bis sich ihre Schale gerade abzulösen beginnt (ca. 5–10 Min.).

Aliter dulcia (Apic. 7,13,5)

250 g gehackte Nüsse,
100 g gehackte Pinienkerne,
3–4 Eßlöffel Honig,
1 Teelöffel gehackte Raute,
0,05 l Passum,
0,05 l Milch,
2 Eier,
1 Teelöffel Honig zum Darüberträufeln,
etwas gemahlenen Pfeffer.

Tiropatinam (Apic. 7,13,7)

0,5 l Milch,
6 Eier,
3 Eßlöffel Honig,
etwas gemahlenen Pfeffer.

Ova sfongia ex lacte (Apic. 7,13,8)

8 Eier,
0,6 l Milch,
0,1 l Öl,

etwas Honig,
etwas gemahlenen Pfeffer.

Kochzeit: ca. 20 Min. auf sehr kleiner Flamme.

In ovis apalis (Apic. 7,19,3)

8 nicht zu hart gekochte Eier (ca. 4 Min.),
50 g Pinienkerne,
Honig, Essig, Pfeffer, Liebstöckel, Liquamen oder Salz.

Vitellina fricta (Apic. 8,5,1)

0,8–1 kg Kalbfleisch,
300 g Rosinen,
1 Eßlöffel Honig,
2 Eßlöffel Essig,
0,2 l Wein,
0,1 l Öl,
0,1 l Defritum,
0,1 l Liquamen oder 1 Teelöffel Salz,
Pfeffer, Liebstöckel, Selleriesamen, Kümmel, Oregano,
getrocknete Zwiebel nach Belieben.

Kochzeit: Das Fleisch in Olivenöl braten, die Sauce kurz
aufkochen lassen und dann das Fleisch mit der Sauce auf kleiner Flamme etwa 10 Min. ziehen lassen.

In vitulinam elixam (Apic. 8,5,3)

0,8–1 kg Kalbfleisch,
Pfeffer, Liebstöckel, Wiesenkümmel, Selleriesamen nach Belieben,
2 Eßlöffel Honig,
2 Eßlöffel Essig,
0,1 l Öl,
0,1 l Liquamen oder 0,1 l Weißwein und 1 Teelöffel Salz,
etwas Mondamin.

Kochzeit: ca. 1½ Std. für das Fleisch, die Sauce nur kurz
aufkochen lassen, dazugeben und das Fleisch ca. 10 Min.
darin ziehen lassen.

Aliter haedinam sive agninam excaldatam (Apic. 8,6,2)

10 Lammkoteletts,
1 l Weißwein,
0,1 l Öl,
2 große Zwiebeln (gewürfelt),
2 Eßlöffel gemahlenen Koriander,
1 Teelöffel gemahlenen Pfeffer,
1 Eßlöffel Liebstöckel,
1 Teelöffel gemahlenen Kümmel,
0,2 l Liquamen oder 2 Teelöffel Salz.

Kochzeit: ca. 45 Min. – 1 Std.

In mitulis (Apic. 9,9)

1 kg frische Miesmuscheln (die Miesmuscheln werden gewässert, geputzt und in der fertigen Brühe gekocht),
0,1 l Liquamen oder 1 Teelöffel Salz,
1 kleingehackte Lauchstange,
1 Teelöffel Kümmel,
0,2 l Passum,
1 Eßlöffel gehacktes Bohnenkraut,
0,5 l Weißwein,
ca. 0,5 l Wasser.

Kochzeit: Die Brühe ca. 20 Min. kochen lassen, dann die Muscheln dazugeben und weitere 10 Min. kochen.

Sarda ita fit (Apic. 9,10,2)

½ kg gekochtes Thunfischfilet,
½ Teelöffel gemahlenen Pfeffer,
je ½ Eßlöffel Liebstöckel, Thymian, Oregano und Raute,
150 g entkernte Datteln,
1 Eßlöffel Honig,
4 geviertelte hartgekochte Eier,
0,05 l Weißwein,
2 Eßlöffel Weinessig,
0,05 l Defritum,
2–3 Eßlöffel grünes Olivenöl.

Locustam ⟨*et scillas*⟩ (Apic. exc. 17)

0,5 kg gekochte und vorbereitete Langustenschwänze oder
    Riesengarnelen,
1 Teelöffel grüner Pfeffer,
1 Eßlöffel Liebstöckel,
½ Teelöffel gemahlenen Selleriesamen,
2–3 Eßlöffel Essig,
0,1 l Liquamen oder ½ Teelöffel Salz,
4–5 gehackte Eidotter.

Mostbrötchen [»*mustei*« oder »*mustacei*«]
(Cato: *de agricultura*, 121)

Mustaceos sic facito: farinae siligineae modium unum musto
conspargito; anesum, cuminum, adipis p. II, casei libram, et
de virga lauri deradito, eodem addito, et ubi definxeris, lauri
folia subtus addito, cum coques.

Mostbrötchen mache folgendermaßen: besprenge einen Schef-
fel (ca. 9 l) Weizenmehl mit Most; gib dazu Anis, Kümmel,
2 Pfund (ca. 655 g) Schmalz, 1 Pfund (ca. 330 g) Käse, und
reibe etwas von einem Lorbeerzweig ab, und, wenn du sie
geformt hast, gib Lorbeerblätter darunter, wenn du sie
backst.

½ kg Mehl,
0,3 l Traubensaft,
2 Eßlöffel Aniskörner,
1 Eßlöffel ganzen oder gemahlenen Kümmel,
100 g Schmalz,
50 g geriebenen Käse (am besten Schafskäse),
etwa 20 Lorbeerblätter.

Kochzeit: ca. 30–35 Min. bei 180° backen.
Es empfiehlt sich, die Mostbrötchen mit Hefeteig zu machen,
da sie sich auf diese Weise länger halten und nicht so hart
werden. Den Hefeteig setzt man mit dem Mehl, dem Trau-

bensaft und 1 Würfel (40 g) Hefe an und läßt ihn gehen, bevor
man die restlichen Zutaten dazugibt.
Diese Mostbrötchen eignen sich hervorragend als Beilage für
viele Gerichte aus unserem Kochbuch.

Anmerkungen

1 Vom ursprünglichen Titel ist nur in der Handschrift V etwas erhalten. Dort findet sich auf der ersten Seite:
EPIMELES LIBER I
INCIP
API
CAE
Der Vorschlag, API⟨CI⟩ CAE⟨NA⟩ zu lesen, stammt von M. E. Milham und scheint mir die bisher plausibelste Interpretation zu sein. In den Humanistenhandschriften ist »CAE« oft fälschlich als Caelius gedeutet worden. Das Verzeichnis der einzelnen Bücher findet sich nur in E.

2 Welche Frucht »citrium« bezeichnet, ist nicht ganz klar, wahrscheinlich handelt es sich um die Zitronatzitrone (Frucht von *Citrus medica*), deren weißes, direkt unter der Schale befindliches Fruchtfleisch vom Geschmack und der Konsistenz her Ähnlichkeit mit Gurken hat, aber etwas bitter ist (vgl. ital. »cetrioli« und »cedri«). Siehe auch 3,5 und 4,3,5. Vgl. auch die Bemerkung von Plinius (Plin. nat. hist. 13,103) über die Frucht von »citrus«.

3 Hier liegt wahrscheinlich eine falsche Übersetzung des lateinischen Textes aus dem Griechischen vor. Zu ergänzen wäre man etwa: »glühende Holzkohlen werden gegen die Bitterkeit helfen«, vgl. 1,2. Siehe Brandt, S. 24 unten.

4 Vgl. dazu Plin. nat. hist. 14,109 und Columella 12,35: Plinius schreibt 40 Sextarien Most (ca. 22 l) und 1 Pfund (ca. 327 g) pontischen Wermut vor und läßt die Mischung auf ⅓ einkochen, während bei Columella nur 4 Sextarien Most auf die gleiche Menge Wermut kommen und das Ganze auf ¼ eingekocht werden soll.

5 Diese Stelle ist unsicher überliefert. Es ist nicht klar, worauf sich »folii« bezieht. Wahrscheinlich ist aber »Mastix und Gewürzblätter« gemeint.

6 In den Handschriften E und V ist hier »eiusmodi« überliefert. Vielleicht bezieht sich das auf den angesprochenen, aber in unserem Kochbuch nicht überlieferten Camerinischen Gewürzwein. Vollmer hat vorgeschlagen, »vetusti« – also alten Wein – zu verstehen.

7 Dieses Rezept stimmt fast wörtlich mit Palladius 11,15 überein. Vgl. auch Plin. nat. hist. 14,106: die Rosenblätter werden zersto-

ßen, in ein Leinentuch gewickelt und drei Monate im Most gelassen.

8 Im Original steht hier »move spicas«. Das hieße, daß man das »liquamen« mit einem dünnen Stab umrühren soll. In unserem Kochbuch findet sich »spica« aber sonst nicht in dieser Bedeutung. Der Verbesserungsvorschlag von Brandt »moves, picas« ist zweifellos der zutreffende.

9 Dieses Rezept scheint direkt aus einem Landwirtschaftsbuch übernommen zu sein.

10 An dieser Stelle gehen die Überlieferungen auseinander. Es ist nicht klar, ob »helenium« (Gamander) oder »inulam« (Alant) gemeint ist.

11 Vgl. Anm. 2.

12 »sales ammoniacos« bezeichnet wahrscheinlich Pökelsalz (Natriumnitrat).

13 Der bei Apicius häufig vorkommende Ausdruck »folium« bedeutet wahrscheinlich Lorbeer- oder Nardenblätter.

14 Gemeint ist wahrscheinlich das Olivenöl. Salzlake, wie Humelberg annahm, erscheint unwahrscheinlich, da aus den Oliven ja noch Öl gepresst werden soll. Solche Oliven wurden als »olivae columbades« bezeichnet. Vgl. Plin. nat. hist. 15,16.

15 Der Unterschied zwischen den verschiedenen Arten des Laser ist unklar. Es ist verschiedentlich angenommen worden, daß es sich bei dem cyrenäischen Laser um *Ferula tingitana* und beim syrischen Laser um *Ferula asa foetida* handeln könnte; vgl. Plin. nat. hist. 19,38.

16 Dieses Rezept findet sich in 3,18,3 wieder.

17 Ich neige zu dieser Übersetzung, da sich aus der Überlieferung »cariotam«, nicht »caroenum«, ergibt und es sich der Zuordnung nach um eine sehr süße Flüssigkeit handeln muß. Vgl. die Anmerkungen 163 und 198.

18 Gallisches Silphium ist nicht identifiziert; hier ist wahrscheinlich Sesel gemeint.

19 »scilla« ist wahrscheinlich die Riesengarnele {*Penaeus kerathurus*} (eine etwa 15 cm große Garnelenart; ital. gambero, frz. crevette), das ergibt sich aus der Zusammenstellung mit Hummer und daraus, daß man ihre harte Schale (»testa«) entfernen soll.

20 Hier scheint etwas zu fehlen. Brandt hat folgende Ergänzung vorgeschlagen: »... misces. ⟨esicia plassantur et omento teguntur⟩ sicut pulpa omentata.« – »... ⟨es werden Frikadellen geformt und mit Fettnetz bedeckt⟩ wie Fleisch in Backfolie.«

21 Der lateinische Text ist etwas unklar, da aber »sicut pulpa omentata« überliefert ist, glaube ich, diese Stelle ist so zu verstehen, daß
das Fleisch zusammen mit Lorbeerblättern in Fettnetz eingewik-
kelt und dann geräuchert werden soll. »omentum« wurde bei den
Römern wie Backfolie benutzt. Schlauchartige Wursthaut heißt
»intestinum«.

22 »medulla siligine⟨i⟩« wird nur hier verwendet und bezeichnet
nach Brandts Verbesserung wahrscheinlich Weißbrot ohne Kruste; eine andere Möglichkeit wäre, darunter eine Art Weizengrüt-
ze zu verstehen.

23 Die Mengenangaben in diesem Rezept sind etwas seltsam, wahrscheinlich wurden die Zahlen nicht richtig abgeschrieben.

24 Der lateinische Text ist nicht leicht zu verstehen, ich kann mir nur
denken, daß der Bodensatz von altem Würzwein gemeint ist, vgl.
dazu das Rezept für paradoxen Würzwein (1,1); das dürfte einen
ähnlichen Effekt erzielen wie Gewürzöl.

25 Brandt hat eine andere Interpunktion vorgeschlagen: »... liquamen. admiscentur pulpae bene tunsae et fricatae denuo [denuo],
ipso subtrito ita ut commisceri possi⟨n⟩t mittas.«

26 »materia« ist ungewöhnlich und nur hier zu finden, zur Übersetzung vgl. Brandt, S. 60 f.; die von Humelberg vorgeschlagene Lö-
sung »mortario« ist insofern nicht sinnvoll, als an dieser Stelle des
Rezeptes zu erwarten ist, daß man mit der Masse die Wursthaut
stopfen soll.

27 Das von Humelberg vermutete »ius« gibt keinen rechten Sinn, da
die Masse, wenn Wurst daraus gemacht werden soll, nicht zu
flüssig sein darf; allerdings ist Weihrauchharz für Wurst ein sehr
außergewöhnliches Gewürz.

28 Mit »liquamen intestini« ist wahrscheinlich »liquamen« gemeint,
das aus Fischeingeweiden hergestellt wurde, vgl. Plin. nat. hist.
31,93: »Aliud etiamnum liquoris exquisiti genus, quod garum
[= liquamen] vocavere, intestinis piscium ceterisque, quae abi-
ciendae essent, sale maceratis, ut sit illa putrescentium sanies.«

29 »oenogarum fasiani« ist mir nicht ganz klar; möglicherweise ist
hier ein »oenogarum« gemeint, das für Fasan verwendet wurde.
Ein solches Rezept ist hier jedoch nicht vorhanden.

30 »polypodium« ist der sogenannte Tüpfelfarn bzw. Engelfüß.
Gegessen wurden davon wohl die Wurzeln.

31 Marcus Terentius Varro, 116–27 v. Chr., einer der größten römischen Gelehrten. Neben seinen anderen Werken über die Kultur-
geschichte des römischen Volkes, die fast gänzlich verloren sind,

schrieb er auch ein gut erhaltenes Werk über die Landwirtschaft (*Res rusticae*).

32 »capita porri« sind wahrscheinlich die etwas dickeren Wurzeln des Lauchs.

33 »colocasium« bezeichnet wahrscheinlich die Wurzel einer Seerosenart {*Nymphaea Nelumbo*}.

34 Zu »citrium« vgl. Anm. 2.

35 »bis« ist in E und V wahrscheinlich aus »obis« (= »ovis«) verstümmelt, besonders wegen des vorausgehenden »oleo«.

36 Die Überlieferung ist hier fehlerhaft. E und V geben »oleo modico medere« an, das von Brandt zu »oleo modico mero« korrigiert wurde. »modico« bezieht sich dann wahrscheinlich auf das Öl.

37 Sollte es sich bei den hier erwähnten »sphondili« tatsächlich um Muscheln handeln, so sind diese Rezepte von einem sachunkundigen Bearbeiter falsch eingeordnet worden; daher die Annahme Andrés, es könnten Artischockenböden gemeint sein.

38 Sie sollen darin wohl gekocht werden.

39 Was »augmentum« bedeutet, ist nicht ganz klar. Möglicherweise handelt es sich hier um den Mastdarm oder aber, wie Brandt angenommen hat, um das Fettnetz (»omentum«), das bei Apicius sonst immer verwendet wird.

40 In E und V findet sich hier »coliorum«. Vollmer hat »colorium« als richtig angenommen. Nach Brandts Konjektur »coli⟨cul⟩orum« könnte auch eine Kümmelsauce wie für Kohlsprossen gemeint sein, vgl. 3,9,1+3.

41 »posca« bezeichnet eine Mischung aus Wasser und Weinessig (als Getränk ähnlich unserer Limonade).

42 Dieses Rezept ist fast identisch mit 4,2,16.

43 »fusilis« wird für Füllungen verwendet, die wegen der Zugabe von Eiern erst beim Kochen steif werden, vgl. 6,9,15 und Exc. 2.

44 Mit »ita« ist wahrscheinlich »ebenso wie im vorhergehenden Rezept« gemeint.

45 Der Originaltext deutet auf »decoris« hin; Schaugerichte waren besonders im Mittelalter beliebt.

46 E und V haben hier »eos recentes«. Wahrscheinlich sind aber die nachher nochmals aufgezählten frischen Seeigel oder vielleicht sogar der frische Käse (»⟨cas⟩eos recentes«) gemeint.

47 Bei dem in diesem Kochbuch an fünf Stellen erwähnten Terenz scheint es sich um einen Landwirtschaftsschriftsteller zu handeln. Vielleicht ist dieser mit dem in den *Geoponika* öfters erwähnten Tarantinos gleichzusetzen.

48 In E und V steht hier »ascelli«. Humelberg hat vermutet, daß es sich hier um einen Fisch mit Namen »piscis asellus« handelt. Es handelt sich hier wahrscheinlich um den Dorsch, vgl. Plin. nat. hist. 9,58. Möglicherweise sind auch Hühnerflügel (»ascelli«) gemeint.

49 Die genaue Bedeutung von »diplois« ist nicht klar, es muß sich um eine Art Mürbeteigboden handeln; das Rezept ist so zu verstehen, daß man zuunterst einen Teigboden (»diplois«) legt und dann abwechselnd die Füllung und einzelne Ölfladen aufeinanderschichtet. Ähnliche Rezepte findet man auch in dem *buch von guter spise*, das um 1350 in Würzburg entstanden ist.

50 Im Original findet sich »lagitis« = ?. Marsili hat vermutet, daß »lacertis« gemeint ist.

51 Hier ist eine Lücke. Schuch hat »olei – facies« aus 4,2,23 übernommen.

52 Es ist unklar, nach welcher Person dieses Gericht benannt wurde. Ein Schlemmer oder Landwirtschaftsschriftsteller mit Namen Lukrez ist nicht bekannt.

53 Brandt hat vermutet, daß »coctum« ursprünglich an einer anderen Stelle, etwa hinter »fasciculum«, gestanden haben muß.

54 In Exc. 19, einem fast identischen Rezept, findet sich nach »vinum« noch »fasciculum porri et coriandri semen«.

55 Der lateinische Text ist nicht ganz klar, wahrscheinlich soll man das Backblech direkt in das Kohlebecken stellen.

56 Vgl. Anm. 55.

57 Dies ist eine für Apicius außergewöhnliche Konstruktion. Wörtl.: »Bestreue den gebackenen Auflauf mit zerkleinertem [oder grob gemahlenem] Pfeffer«. Etwas ähnliches findet sich auch weiter oben: »coctum tolles ut refrigescat«.

58 Orig.: »defricatum«, es ist wohl »defritum« gemeint.

59 Der Begriff »porri capitati« ist nicht ganz klar, da aber an einer Stelle etwa »albamen et capita porrorum« steht (3,2,5), glaube ich, daß Lauch mit der Knolle gemeint ist; vgl. auch 4,3,3; 4,3,5 und 5,3,2.

60 Siehe Anm. 47.

61 Vgl. etwa 2,1,4 oder 2,1,7.

62 Mit »glandulae« sind wahrscheinlich die Halsdrüsen gemeint.

63 Gaius Matius, ein Freund Caesars, der ein Buch über die Hauswirtschaft geschrieben hat. Von ihm wurde auch eine Apfelsorte gezüchtet, die den Namen »malum Matianum« trägt.

64 Siehe Anm. 2.

65 Siehe Anm. 2; für dieses Gericht sollte nur das weiße Fruchtfleisch verwendet werden, das man auch kandiert als Zitronat erhält. Roh hat dieses einen etwas bitteren Geschmack, der sonst dem von Salatgurken ähnlich ist.

66 Hier ist das Rezept 8,8,5 gemeint.

67 Dieses Rezept ist fast identisch mit 5,5,1.

68 »propter sucum« ist nicht ganz klar, vielleicht wie Suppenfleisch.

69 »acro coloefius« = der oberste Teil des Schweinefußes, Schweinehüftknochen.

70 Vgl. die Rezepte für »olus molle« (»weiches Gemüse«) 3,15,1–3, und zwar wird dort Schwarzkohl, Sellerie und Lattich mit Natron gekocht und dann kleingeschnitten.

71 »aucella« = kleiner Vogel, Wachtel ?, es ist auch möglich, »ascellas« (= Hühnerflügel) zu verstehen, vgl. 4,2,13 und 4,5,2.

72 Das Rezept für lukanische Würstchen findet sich in 2,4.

73 Das Original hat hier »scellas« = Riesengarnele, wahrscheinlich sind aber Wachteln, vielleicht auch Hühnerflügel gemeint, vgl. 4,2,13 und 4,5,1.

74 Iulianus: hier könnte Didius Iulianus (röm. Kaiser im Jahr 193 n. Chr.) oder Iulianus Apostata (röm. Kaiser 361 bis 363 n. Chr.) gemeint sein.

75 Vitellius, röm. Kaiser um 69 n. Chr., soll nicht nur sehr üppig gespeist, sondern auch selbst Speisen erfunden haben (vgl. Tac. hist. 2,62 und Suet. Vit. 13).

76 Siehe Anm. 75.

77 Mit »simplex« ist wahrscheinlich »ohne weitere Zutaten« gemeint.

78 Commodus, röm. Kaiser 180–192 n. Chr., war als Prasser bekannt (vgl. Lampr. Comm. 2,7 und 10,1).

79 Dieses Rezept ist fast identisch mit 4,4,1.

80 Vgl. Anm. 69 zu 4,4,1.

81 Möglicherweise nicht Sesel, sondern »silphium«, vgl. 4,4,1.

82 Dieses Rezept ist fast gleich 4,4,2.

83 »betam, malvam, coliculum molle« haben E und V in 4,4,2. Hier fehlen diese Zutaten.

84 Siehe Anm. 70.

85 »salsus« steht meist für Salzfisch. Das ist allerdings eine sehr ungewöhnliche Verwendungsart für grüne Bohnen.

86 E und V haben sowohl hier als auch am Ende des Buches »Tropetes«. Da es sich dem Inhalt nach aber um ein Buch über Ge-

flügel handelt, ist das sicher ein Schreibfehler. Daher Humelbergs Vermutung, daß es in der Überschrift »Aeroptes« heißen muß.

87 Es handelt sich hier wahrscheinlich um Nußdatteln.

88 Brandt schlägt eine andere Interpunktion vor: »... et coques. gruem cum ...«.

89 Vgl. Anm. 33.

90 Der Titel ist im Original nicht erhalten.

91 Vollmer schlägt vor, hier »... elixas et madefactum ...« zu lesen.

92 »cneci flos« wird im ganzen Kochbuch nicht dekliniert, es ist daher anzunehmen, daß es entweder als indeklinabel oder als Neutrum angesehen wurde.

93 Möglicherweise besteht ein Unterschied zwischen »spica Indica« und »spica nardi«, da in dem »brevis pimentorum« der Exzerpte beides angegeben wird.

94 E und V haben hier »omni gere«. Es ist nicht klar, was damit gemeint ist. Schuch hat »omni ge(ne)re« vorgeschlagen, ich halte aber »oenogarum« für wahrscheinlicher, da es den übrigen Rezepten für »oenogarum« sehr ähnlich ist (vgl. 1,31,1+2; 4,5,1; 7,3,1; 10,3,11).

95 Es ist am besten, wenn man die Oliven dazu entkernt und halbiert.

96 Zu »e navi assublatae« vgl. Brandt S. 75 (Fußn. 117).

97 Dieses Rezept ist sehr ähnlich zu 7,6,13. Vollmer hat daher angenommen, daß hier der Pfeffer und Honig vergessen wurde, da diese Zutaten in 7,6,13 vorhanden sind.

98 In E und V beginnt hier ein neues Rezept. Es ist aber möglich, daß die Dillsauce, die dafür verwendet werden soll, die aus dem vorhergehenden Rezept ist.

99 Ein normales »acetabulum« faßt etwa 0,07 l.

100 E und V geben hier den Beginn eines neuen Rezeptes an.

101 Dieses Rezept ist unvollständig überliefert. Vgl. dazu 6,5,7. Nach »columbadibus« hat Vollmer eine Lücke vermutet. Zu »ut laxamentum habeat« vgl. 6,9,15 und 7,7,1.

102 Varius: wahrscheinlich ist dieses Gericht nach Varius Heliogabalus, röm. Kaiser 218–222 n. Chr, benannt.

103 Fronto/Frontinus: Um wen es sich bei dem Namensgeber für dieses Gericht handelt, ist nicht eindeutig klar. Es ist sowohl in den *Geoponika* der Name Fronto für einen Landwirtschaftsschriftsteller überliefert, als auch ein gewisser Frontinus bei Gargilius Martialis. Möglicherweise handelt es sich jedoch um dieselbe Person. Darauf weist auch die starke Ähnlichkeit der Re-

zepte 6,9,13 (»Pullum Front[on]ianum«) und 8,7,10 (»Frontinianum porcellum«) hin.

104 Dieses Rezept ist hier nicht aufgeführt. Es ist jedoch ein »porcellus liquaminatus« vorhanden, vgl. 8,7,3. Dort ist erwähnt, daß
das Ferkel so ausgenommen werden soll, daß zwar die Eingeweide (»utriculus«) entfernt werden, aber das genießbare Fleisch –
wahrscheinlich der Magen, die Nieren etc. – zurückbleibt.

105 E und V haben hier »capso« (= [Schweins-]Blase), während in
anderen Handschriften auch »capo« (= Kapaun) zu finden ist. Es
ist nicht ganz klar. Beides ist zu empfehlen.

106 Der Text ist hier unklar; Brandt schlägt vor, diese Stelle so zu
verstehen, daß der Saft herausfließen, und der herausgelaufene
Fleischsaft einkochen soll.

107 Dieses Rezept scheint, da die sonst üblichen Gewürze fehlen,
nicht ganz vollständig überliefert zu sein.

108 »libellus« ist mir nicht ganz klar, es könnte sich jedoch um einen
von der Form her einer Buchrolle vergleichbaren Braten, also
etwa einen Rollbraten handeln.

109 »gefüllt« steht nicht ausdrücklich im Text, es handelt sich aber
um solche Rezepte.

110 Welche Pilze »fungi farnei« bezeichnet, ist nicht bekannt; möglicherweise handelt es sich um Röhrenpilze, wie Maronen, Stein-
pilze etc., im Gegensatz zu den »boleti« (= Champignons).

111 Siehe Anm. 108.

112 Der Text ist nicht ganz klar; »sterile« bezeichnet wahrscheinlich
die Gebärmutter von einer Sau, die noch nicht geworfen hat.

113 Siehe Anm. 108.

114 Vollmer und Giarratano haben an dieser Stelle ». . . infundis in
liquamine, ⟨teres⟩ piper . . .«, so daß die Feigenleber in »liquamen« eingelegt werden soll. Zu »augmentum« vgl. Anm. 39.

115 Ob es sich um ein Bratenstück oder Schaffleisch handelt, ist nicht
ganz klar, da die Schreibungen in diesem Teil sehr voneinander
abweichen. Es ist aber anzunehmen, daß es sich um einen gewöhnlichen Schweine- oder Kalbsbraten handelt.

116 »cutis« ist nicht ganz klar, die Schwarte des Bratens soll wohl
ganz bleiben, da man die einzelnen Stücke erst zum Schluß aus-
einandertrennen soll.

117 Wie das genau gemeint ist, ist nicht klar. Vielleicht ist hier an ein
viereckiges Stück gedacht, dessen Ecken kreuzweise zusammen-
gesteckt werden sollen, so daß der Braten im Ofen nicht austrocknet.

118 Er soll dort vielleicht etwas getrocknet werden.

119 Es fehlt das Verb. Wahrscheinlich soll man die Sauce mit Thymian und Oregano umrühren, wie Humelberg vermutet hat. Vgl. die folgenden Rezepte.

120 Vollmer hat vermutet, daß hier etwas wie »⟨bene uteris⟩ et hoc« zu setzen sei, vgl. 8,1,3 und 8,2,2.

121 Für die Mostbrötchen ist von Cato ein sehr empfehlenswertes Rezept überliefert (Cato, *De agricultura* 121), dieses Rezept ist im Anhang angegeben.

122 Siehe Anm. 121.

123 Im Original »obligas« = bindest, wahrscheinlich ist aber »oblinas« gemeint.

124 Das einzige Rezept, das »melca« enthalten könnte, ist 7,13,9. Leider ist dort der Titel nicht gut überliefert.

125 Unklar, da der Pfeffer nur im Titel erscheint.

126 Käse enthält dieses Gericht nicht, daher ist der Titel wahrscheinlich falsch abgeschrieben worden.

127 Das Original hat hier »cuminata«, was aber für eine Süßspeise sicher abzulehnen ist.

128 Das Original hat hier »mel castum«, es handelt sich jedoch von den Gewürzen her sicher nicht um eine Süßspeise.

129 Zu Varro siehe Anm. 31.

130 Mit »membrana« ist wahrscheinlich der Verschlußdeckel des Schneckenhauses gemeint.

131 Im Original »Fleischstückchen«, möglicherweise aber eine Art Brei (»pulte«), Fleisch wäre zur Mast von Schnecken ein sehr außergewöhnliches Futter, vgl. dazu auch Plin. nat. hist. 9,174.

132 Ob »ovum apalum« in unserem Sinne »weichgekochtes Ei« bedeutet, ist nicht ganz klar, das Rezept eignet sich aber hervorragend dafür.

133 Bei »caprea« handelt es sich um eine Art wilder Ziegen, wahrscheinlich um Rehe.

134 Vgl. 8,8,3.

135 Der Ausdruck »intro foras« kommt bei Apicius öfter vor, auch in der Wendung »intro foras tanges« (= benetze von innen und außen; vgl. 8,2,1), hier ist wahrscheinlich dasselbe gemeint.

136 Zu Terenz siehe Anm. 60.

137 Im Original steht hier »gustas«. Daß mit grünem Öl abgeschmeckt werden soll, ist jedoch höchst unwahrscheinlich.

138 »suffundes« vor »nucleos« erscheint etwas seltsam. Humelberg hat vermutet, daß »suffundes« vor »mel« zu setzen ist.

139 Diese Bemerkung ist nicht klar. Der Text ist an dieser Stelle nicht sicher. E und V haben hier »faratariis«, während nach Humelbergs Vermutung »paratariis« zu schreiben ist.

140 Der Zusatz »id est mammotestus« scheint aus späterer Hand zu stammen. »mammotestus« ist nicht sicher.

141 Die Gedärme sollen hier so ausgeleert werden, daß sie ganz bleiben, nachher werden sie dann wohl mehrmals mit Wasser gespült; die Füllung ist hier leider nicht beschrieben, aber man kann annehmen, daß sie der Füllung für gefülltes Hähnchen (»pullus fusilis«, s. 6,9,15) ähnelt; daß das Zicklein an den Schultern zusammengenäht oder -gebunden werden soll, bezieht sich auf die Art der Ausbeinung.

142 Vgl. 8,6,6.

143 Es ist wahrscheinlich gemeint, daß das Lamm noch roh sein soll, wenn es gewürzt wird, da es nachher in den Ofen gegeben wird.

144 Tarpeius: um wen es sich handelt, ist nicht bekannt.

145 »coagulum« oder hier »quagulum« ist die Haut, die die Eingeweide umschließt.

146 Wie das gemeint ist, ist nicht klar.

147 Die Handschriften haben hier »perdures«, es ist aber wahrscheinlich so, daß das Spanferkel nur angebraten werden soll, da es nachher im Ofen gebacken wird.

148 Zu Terenz siehe Anm. 47.

149 Es scheint sich um ein Instrument ähnlich unseren Spritztüten zu handeln. Was mit »fistula aviarii« genau gemeint ist, ist jedoch nicht klar.

150 »cum cocta« fehlt im Original. Vgl. aber 8,1,1; 8,6,6; 8,8,5.

151 Es ist nicht klar, wie das gemacht werden soll. Vgl. 8,7,1 (Anfang) und 8,7,5. Wahrscheinlich soll man nur die Öffnung verschließen, damit die Füllung nicht herausläuft.

152 »utriculum« scheint hier »Eingeweide« zu heißen.

153 Der Text ist an dieser Stelle schlecht überliefert. Da allerdings die Herstellung detailliert beschrieben ist, ist der Sinn klar.

154 Vgl. Anm. 151.

155 Siehe Anm. 75.

156 Über diesen Flaccus ist nichts bekannt.

157 Dieses Rezept fehlt in unserem Kochbuch.

158 Diese Stelle ist wohl so zu verstehen, daß man das Spanferkel zum Backen vorher in Lorbeerzweige betten soll.

159 Diese Stelle ist nicht klar, vor allem, da es vorher ausgebeint werden soll.

160 Siehe Anm. 103.

161 Ein Celsinus ist nur aus dem »Testamentum porcelli« bekannt (vgl. Hier. 1,17).

162 Dieses Gericht ähnelt einem Gericht, das im *Satyricon* von Petronius, in der sog. *cena Trimalchionis*, beschrieben wird (Petron. 50).

163 Von der Stellung im Rezept sollte es sich um eine Flüssigkeit handeln, vgl. 7,14,3; 9,14; 10,1,1 und Exc. 31; daß »careota« allerdings Dattelwein oder Dattelsirup bedeuten kann, ist außer bei Apicius meines Wissens nicht belegt; Dattelwein war im Altertum jedoch beliebt; vgl. Plin. nat. hist. 14,102. Apicius hat außerdem in 2,2,8 ein »defritum« aus Feigen.

164 Traianus, röm. Kaiser 98–117 n. Chr., ist mehr als Trinker bekannt (vgl. Ps. Aur. Vict. epit. 13,4).

165 »accoquere« taucht bei Apicius nur hier auf und ist nicht ganz sicher.

166 Ganze Pfefferkörner heißen bei Apicius normalerweise »piperis grana integra«. Es könnte daher sein, daß eine besondere Sorte, etwa getrockneter schwarzer Pfeffer, gemeint ist.

167 Über Passenius ist nichts bekannt; das Besondere an diesem Gericht ist, daß der Hase geräuchert werden soll.

168 Zu Tarpeius vgl. Anm. 144 zu 8,6,9.

169 »cepae rotundum« bezeichnet wahrscheinlich Zwiebelringe oder -scheiben.

170 Der Text ist hier schlecht überliefert. Das Original hat »cappari«. Kapern sind hier aber sicher nicht sinnvoll.

171 Dieses Rezept ist an einigen Stellen nicht klar verständlich.

172 Diese Stelle ist unsicher. E und V haben »folium noci uuam prius...«. Vollmer hat vermutet, daß »follem nocivum«, also der ungenießbare Eingeweidesack, gemeint sein könnte.

173 Das Original hat hier »ab alieno«. Es handelt sich sicherlich um einen Schreibfehler.

174 E und V geben hier verschiedenes an.

175 Der Text ist hier nicht ganz klar. In den Handschriften findet sich »pulpeium«. Es könnte also auch »pulpa eius« (= sein Fleisch) gemeint sein.

176 Wahrscheinlich sollen die Seeigel vorher gekocht werden.

177 Der Begriff »salsare« kommt in unserem Kochbuch nur hier vor. Es ist wahrscheinlich an eine Schüssel oder einen tiefen Teller gedacht worden, der vielleicht die Form eines Fisches hatte; vgl. 9,13,1: »in formella piscem formabis«.

178 Von der Stellung im Rezept her müßte es sich um eine Flüssigkeit handeln, vgl. 7,14,3; 8,7,15; 9,14 und Exc. 31; vgl. Anm. 163.

179 Das Original hat hier nur »semen«, wahrscheinlich ist Koriandersamen gemeint; vgl. 10,1,4.

180 V hat hier »mus«, während sich in E »mittis« findet. Es kann sich hier um »mulsum« oder »mustum« (= Most) handeln.

181 In E und V findet sich hier und auch an zwei anderen Stellen im 10. Buch »et nucleatam«, das mit Sicherheit als Schreibfehler anzusehen ist; vgl. 4,1,2; 6,5,1 und 10,1,7.

182 Diese Art ist nicht eindeutig identifiziert; wahrscheinlich handelt es sich um Barsch (*Perca*).

183 Der Titel »in murenam« ist in E und V nur im Inhaltsverzeichnis am Anfang des Buches erhalten.

184 In der Handschrift E war das Rezept 10,3,3 ursprünglich hinter 10,3,4.

185 Wahrscheinlich handelt es sich um eine Gewürzmischung ähnlich der in 1,35 beschriebenen.

186 »addena« ist ein unbekanntes Gewürz.

187 Möglicherweise ist mit »cepa gentima« die Enzianwurzel gemeint, die auch als Heilkraut verwendet wird.

188 Mit »citri« sind vielleicht getrocknete Zitronatzitronenblätter gemeint. Vgl. »folia citri viridia« (1,4,2).

189 Welche Hülsenfrüchte mit »ospera« gemeint sind, ist nicht ganz klar. Wahrscheinlich handelt es sich wie im 5. Buch um Linsen, Erbsen, Bohnen, grüne Bohnen und Kichererbsen.

190 Der Begriff »apiperium« taucht sonst bei Apicius nicht auf. Vielleicht ist etwas ähnliches gemeint wie »piperatum«; vgl. 2,2,8.

191 Vgl. Anm. 19.

192 Dieses Rezept wurde fälschlicherweise mit einem eigenen Titel aufgeführt, obwohl es noch zu dem vorhergehenden gehört.

193 Zum Eindicken soll hier statt »amulum« wahrscheinlich Reismehl verwendet werden. Diese Methode findet sich in mittelalterlichen Kochbüchern häufig.

194 »inotogonon« bzw. »oenoteganon« bedeutet wahrscheinlich »mit Weinbratensauce«. In diesem Rezept fehlt der Wein allerdings; vgl. dazu 8,7,11 und Exc. 13.

195 Siehe Anm. 194. Hier ist der Wein vorhanden.

196 Die Riesengarnelen fehlen hier in der Überschrift.

197 Das Original hat hier Anis, das als Alternative zu Liebstöckel auch bei Plinius (nat. hist. 20,187) belegt ist: »hoc ligustici vicem praestat in condimentis«. Trotzdem erscheint dies wegen des

sehr verschiedenen Aromas etwas merkwürdig. Daher hat Schuch vermutet, daß es »anetum« (= Dill) heißen muß.

198 Wegen der Stellung scheint es sich hier um Dattelwein oder Dattelsirup zu handeln; vgl. Anm. 163 und 17.

Glossar

Aballanum = nux Avellana Haselnuß {*Corylus Avellana*} (**Exc.** brev. pim.)

abdomen Bauchfleisch (5,3,2; 7,4,2)

absinthium [apsinthium] Absinth, Wermut {*Artemisia absinthium*} (1,3)

accoquere[?] angaren[?] (8,8,1)

accuratus sorgfältig gereinigt, zubereitet (1,24,1; **Exc.** 24)

acetabulum Saucière (8,7,12); als Maß = 0,071 (2,2,5; 6,9,3.6[m.]; 7,5,4; 8,1,4; 6,5.7; **Exc.** 6; 16)

acetum Essig, Weinessig (passim)

acmidula = amygdalum (**Exc.** brev. pim.)

acro coloefius die Speckschicht der Schweinehüfte[?], eine Art Suppenfleisch, vgl. Veget. mul. 6,1,2: »acrocolefium« (4,4,1; 5,5,1)

acus Nadel (7,7,1)

addena ? [ein nicht identifiziertes Gewürz] (**Exc.** brev. pim.)

adeps Fett, Schmalz (2,2,1 plur.)

admiscere dazumischen (passim)

admittere daraufgeben (5,3,2)

adordinare anrichten (4,2,17)

adornare garnieren (5,4,5)

adpendere wägen (8,7,16)

adponere servieren (6,2,3; 8,8,10; 9,8,4)

adulter unecht (5,3,8)

aeneum vas ehernes Gefäß (1,1)

aestimare abschätzen (7,13,7)

afer [musteus] afrikanisch[es Mostbrötchen] (7,13,2)

agitare rühren, schütteln, umrühren (passim)

agnina Lammfleisch (8,6,2)

agninus Lamm- (7,12,1; 8,6,1)

agnus Lamm (8,6; 6,4–10; **Exc.** 27)

ahenum Kessel (2,2,7; 9,4,3)

albamen porri die weißen Enden vom Lauch (2,5,3; 3,2,5)

albamen de porris = albamen porri (4,3,2)

albamentum ovi [gekochtes] Eiweiß (5,3,4; 6,9,12)

albor ovi Eiweiß (1,6)

album ovi liquidum flüssiges Eiweiß (8,1,5)

Alexandrinus alexandrinisch [wohl mit Pflaumen, Datteln oder ähnlichen süßen Früchten]

    ius Alexandrinum Sauce für Fisch mit Damaszenerpflaumen bzw. Rosinen (10,1,6–8)

    more Alexandrino nach alexandrinischer Art [Kürbisse mit Datteln] (3,4,3)

    panis Alexandrinus alexandrinisches Brot (4,1,3)

alica Grütze, Speltgrütze (2,5,3; 5,1,1.4; 5; 5,1; 6,1,1)

    alica cocta gekochte Grütze (2,5,2; 5,1,2; 8,7,1)

    alica elixa gekochte Grütze (2,2,10; 3,9,6; 6,9,15)

    alica elixata gekochte Grütze (2,1,6; 3,20,7; 7,13,4)

aliquantum nicht zu wenig, genügend (1,5; 3,2,5; **Exc.** 2; 3; 26)

alium Knoblauch {*Allium sativum*} (4,1,3; 9,13,3 »aleum«; **Exc.** brev. pim.)

allec eine Art Fischtunke [der ungefilterte Bodensatz von »garum«], vgl. Plin. nat. hist. 9,66 (7,2,2; 9,10,1)

allecatus mit Allecsauce (7,6,14)

allex,-cis m. = allec (7,6,14)

alligare zusammenbinden, anbinden (3,2,3; 4,2,11; **5,4,6; 6,6,1; 8,7,1**)

alternis abwechselnd, schichtweise (4,2,14; 5,3,2; 4,6)

    alternis componere abwechselnd/schichtweise anordnen (1,25; 4,2,13; 5,4,6)

altior besser (6,5,6)

amaritudo Bitterkeit (1,3)

amigdala = amygdalum (6,5,3)

amindalum = amygdalum (2,2,10)

ammeus Ammei {*Ammi maius*} (1,27)

amputare abschneiden (3,15,3)

amulare eindicken (7,5,3; 6,8; 8,8,4; **Exc.** 7)

amulatum dicke [eingedickte] Sauce (2,2,8.9; 3,20,3)

amulatus mit Stärkemehl (2,2,7)

amulum [auch: **amolum**] Stärkemehl; zur Herstellung vgl. Cato de agricult. 87 (passim)

    amulum oryzae Reismehl (**Exc.** 9 »amulum orizie«)

amygdalum Mandel {*Prunus amygdalus*} (2,2,10 »amindalum«; 6,5,2; 5,3 »amigdala«; 7,6,10.11; 8,1,4.8; 2,6; 8,3; **Exc.** brev. pim. »acmidula«)

    amygdalum tostum geröstete Mandel (6,5,2.3; 7,6,10.11; 8,1,4)

anas,-atis f. Ente (6,2; 2,1–6)

anesum Anis {*Pimpinella anisum*} (7,7,1; **Exc.** brev. pim.; 26 erratum)

anethatus mit Dillsauce (6,9,1b »anetatus«; 7,6,13 »anetatus«; **Exc.** 14)

anethum Dill {*Anethum graveolens*} (passim)

anguilla Aal (10,4,1.2; **Exc.** 16)

angularis viereckige, recht große Auflaufform (5,3,2; 7,4,1)

anser Gans (6,5,5; 8)

apabaptizare benetzen (4,2,11 ?)

apalus weich, weichgekocht [von Eiern] (7,19,3)

apantomenos leicht verdaulich (**Exc.** 29)

aper Wildschwein (8,1; 1,1–9; 7,7.8)

aperire aufschneiden, öffnen (6,9,2.5.16; 7,7,1; 8,1; 9,1,2; 4,1; **Exc.** 30)

　a navi aperire vom Bürzel her aufschneiden (6,9,2.5)

Apicianus à la Apicius (4,1,2; 2,14; 3,3; 5,4,2; 6,8; 7,4,2; 8,7,6)

apii semen Selleriesamen (passim)

apiperium Pfeffersauce [?] (**Exc.** brev. pim.)

apium Sellerie {*Apium graveolens*} (passim; meist »apii semen«)

apius m. Sellerieknolle, Sellerieknollen (2,2,5; 4,2,13; 5,1; 7,6,14)

apotermum Apothermum, vgl. Apic. **2**,2,10 (2,2; 2,10)

apponere servieren (2,1,5; 5,3; 3,2,5; 4,1,1; 5,1,2; 7,1,1.3–5; 7,1)

aprogeneo 〈= **aprogineo**〉 **more** nach Art von Schwarzwild (7,4,3)

aprum intro foras 〈**tanges** ?〉 〈benetze〉 das Wildschwein von innen und außen (8,1,9 vgl. 2,1)

aprunus Wildschwein-, vom Wildschwein (8,1,1 »aprinus«; 1,10)

aptare aufeinanderlegen, anfügen; zurechtmachen (5,3,2; 8,7,16)

apua Sardelle, Anschovis {*Salmo eperlanus*} (4,2,11.12.20)

aqua Wasser (passim)

　aqua absenti = aqua absinthi Wermutwasser (3,15,3)

　aqua cisternina Zisternen-, Regenwasser (2,2,2)

　aqua marina Meerwasser (8,1,2.10)

　〈**aqua**〉 **mulsa** Honigwasser, eine Art Met, vgl. Plin. nat. hist. 22,110 (4,2,23; 7,6,8; 12,1 »aqua mulsa«)

　aqua nitrata Sodawasser (3,15,1–3; 4,2,19)

　aqua pluvialis Regenwasser (1,17)

　aqua recens frisches Wasser (4,1,1)

aqualiculus Schweinsmagen (7,7,1)

aquatus wäßrig (9,9 »aquatius«)

arescere austrocknen (3,15,3; 7,13,2)

aridus getrocknet, trocken (passim)

articulus pernae Hüftgelenk [?] (8,1,10)
arvilla [?] Speckschicht [vgl. arvina] (7,10)
asari, -eos n. Haselwurz {*Asarum Europaeum*} (7,5,4; 8,6,5)
asparagus Spargel {*Asparagus officinalis*} (3,3; 4,2,5.6)
aspargere bestreuen [mit], besprengen [mit], darüberstreuen, darüberträufeln (2–8; Exc. passim)
aspergere = aspargere (1, 4–9 passim)
assa Grillbraten (7,5,1)
assare grillen (2, 3, 5–10, Exc. passim)
assatura Grillbraten oder Grillgewürz (7,5; 5,1–5)
assus gegrillt (3, 4, 6–10, Exc. passim), geröstet (6,1,1 »cuminum assum«)
astacus eine Hummerart (2,1,1)
astula Klümpchen (2,1,5)
atramentum Tinte [vom Tintenfisch] (5,3,3)
attagena Haselhuhn (6,3; 3,3)
attorrere anrösten (4,2,16)
aucella kleiner Vogel, Wachtel [?] (4,5,1.2; 5,3,2.8; 8,7,1)
augmentum Darm [Mastdarm ?] (3,20,7; 7,3,2)
aurata Goldbrasse {*Sparus auratus* oder *Chrysophis aurata*} (4,2,31; 10,3,8.9 »piscis aurata«)
aviarii rustro [= rostro] mit einem Trichter wie zum Gänsestopfen ? (8,7,1)
avis f. Vogel, Geflügel (6,5,3.6.7; 6,2; 7)

baca Beere (3,10,3)
    baca lauri Lorbeere (2,4; 7,3,2; 4,1; 5,2; 8,1,10; 6,11; 7,9; Exc. brev. pim.; 1,2; 7; 9; 21; 26; 28; 29)
    baca lentisci Frucht von *Pistacia lentiscus* (3,16)
    baca myrtae Myrtenbeere (1,24,1; 2,1,7 »baca mirtea«; 6,3,1; 7,5,3; 6,7; 6,12; 8,1,3; 10,3,8; Exc. brev. pim. »baca murre«)
    baca rutae Rautenbeere (4,2,17.18; 10,3,8; 4,2; Exc. brev. pim.)
Baiana baianische Saubohne {*Vicia faba*} ? (5,6; 6,4)
Baianus baianisch [embractum] (9,14)
battuere klopfen [Schollen oder Seezungen] (4,2,28)
beta rote Bete, Rübe {*Beta vulgaris*} (3,2,1; 11,1.2; 4,2,13; 4,2; 5,2 [corr. ex 4,4,2]; 8,7,14; Exc. 2)
    beta alba weiße Rübe {*Beta cicla*} (4,5,1)
betacii rote Rüben {*Beta vulgaris*} (3,2,3.4)
bibere sich vollsaugen, aufsaugen (7,13,2 [2x]); trinken (1,2; 4,1)
bilibris f. zwei Pfund [ca. 655 g] (7,10)

boletar(e)n. Servierschüssel (2,1,5; 2,10; 5,2,1.2; 3,4; 6,2,5; 8,7,13)
boleti fungi Lamellenpilze [?] (7,15,4)
boletus Champignon (7,15; 15,4–6)
botellus Wurst, Würstchen (2,3; 3,2)
bubula Rindfleisch (1,9; 8,5; 5,2)
bubulus vom Rind (4,1,1.3 »caseus bubulus«; 8,7,1 »vesica bubula«)
buccella Brocken, Brotkrümel (7,6,4; 9,2; 10; 13,3; 8,6,1 »bocella«)
buccellae fractae zerbröckelte Stückchen (7,10)
bulbi fabriles gedörrte Gemüsezwiebeln [?], vgl. Plin. nat. hist. 14,46 (8,7,14)
bulbus Zwiebel, eine Art Blumenzwiebel, große Gemüsezwiebel {*Muscari comosum*} (4,5,1.2; 7,14; 14,1–4; 8,7,14)
   bulbus inversus unzerschnittene Zwiebel (4,5,1)
bulliens kochend (7,7,1; 8,6,6 [4x]; 9,4,2)
bullire aufkochen, aufwallen, brodeln (passim)

caccabina Eintopf (Exc. 1,1.2; 2)
caccabulus kleiner Topf (4,1,1.2; 6,9,14; 8,8,4; Exc. 8; 24)
caccabus Topf, Kochtopf (passim)
   caccabus novus neuer [Ton-]Topf (5,1,3; 2,2; 6,9,14)
calcare stampfen (2,3,1)
calefacere erhitzen, heiß machen (passim)
calere garen (2,2,2)
caliculus Hut [eines Pilzes] (7,15,5)
calida heißes Wasser (1,18; 3,3)
   calida fervens kochend heißes Wasser (1,18)
calix Weinglas, -kelch [als Maß = 0,15 l] (2,2,4)
callosus fest [Gemüse] (3,3 »callossiores«)
callum Schwarte, zähe Haut (1,9; 2,2,6; 7,1; 1,5)
calva die Bartnuß, eine Haselnußart, vielleicht *Corylus maxima* bzw. *Corylus tubulosa* [?] (6,5,6; 9,10,6.7; 11)
cammarus Hummerart (2,1,1.3; 9,1,1)
candens weißglühend [Kohlenbecken] (7,10)
candor weiße Farbe (2,2,10; Exc. 23)
canna Rohrstäbchen (7,2,1), Rohrmesserchen (7,3,2)
cantabrum Weizen- oder Gerstenkleie, Kleiebrei (7,1,6; 7,2)
capita porrorum die Knollen des Lauchs (2,1,3; 3,2,5; Exc. 29)
capitatus mit Kopf, mit Wurzel/Knolle [Lauch] (4,3,1; 3,3.5; 5,3,2.8)

capparis f.   Kaper {*Capparis spinosa*} (4,1,1)

caprea   Reh [?], eine Art wilder Ziegen (8,3; 3,1–3)

caprina   Ziegenfleisch (8,6,3)

capsus ? [oder capus ?]   Schweinsblase [?] [oder Kapaun ?] (6,9,15)

caput   Kopf, oberes Ende (6,2,2; 8,6,6)

caraxare   schneiden (6,9,1b)

carbo   Kohle (1,1; 3)

cardamomum   Kardamom {*Amomum cardamomum*} (1,34,1; Exc. brev. pim. [2x]; 6)

carduus   wilde Artischocke {*Cynara cardunculus*} (3,19; 19,1–3)

careota = caryota   auch Dattelwein oder Dattelsirup [?], vgl. cariota (8,2,7; 7,15; 9,10,2.5–7; 14; 10,1,1.2; 2,4.6; 3,5.10; 4,1)

careum   Wiesen-, Feldkümmel {*Carum carvi*} (passim)

Carica   karische Feige {*Ficus carica*} (2,28 ?; 7,9,1.2; 10)

cariofilum = caryophyllon   Gewürznelke {*Eugenia caryophyllata*} (Exc. brev. pim.)

cariota = caryota   auch Dattelwein oder Dattelsirup [?] (1,33; 3,4,3; 7,14,3; Exc. 18)

caro   Fleisch (1,8; 10; 7,5,3; 8,1,3.10; 2,3; 5,3)

  caro ferina   Wildbret (8,1,3)

car[o]enum   auf die Hälfte eingekochter Most (passim)

caroeta = carota   Karotte {*Daucus carota*} (3,21; 21,1–3)

caromenta   ? [eine Minzenart ?] (3,4,8)

in pulpas carpere   entgräten und zerkleinern, zu Fleischstückchen zerpflücken (4,2,31)

carptus   zerlegt (6,9,14)

caryota   kariotische Dattel, Dattel {*Phoenix dactylifera*}; vgl. »careota« und »cariota« (passim)

caseus   Käse (1,33; 4,1,1–3; 2,13.17)

  caseus bubulus   Käse aus Kuhmilch (4,1,1.3)

  caseus dulcis   milder Käse, Weichkäse [?] (1,33)

  caseus mollis   Weichkäse (4,2,17)

  caseus recens   Frischkäse (4,2,13 plur.)

castanea   Eßkastanie {*Castanea vulgaris*} (5,2,2 [3x])

cauda   Schwanz [einer Languste] (9,1,4)

cauliculi   Kohlsprößlinge, junger Kohl (3,9 »colicli«, »cul-« in ind.; 9,1 »coliculi« ex corr.; 9,2 »culiculi«; 9,4 »coliculi«; 9,3.5.6 »culiculi«; 10,2 »coliculi«; 4,2,7; 4,2; 5,5,2 »coliculi«; 8,7,14)

cauliculum n.   Kohl (4,4,2 »cauliculum molle«)

caulis   Kohlkopf, Strunk (3,15,3; Exc. 1,2)

cauneae kaunische Feigen (2,2,8 »caunearum defritum« ?, orig. »camcarum« = »caricarum« ?)

Celsinianus à la Celsinus (8,7,12)

cepa Zwiebel {*Allium cepa*} (passim)

   cepa Ascalonia Schalotte {*Allium ascalonicum*} (4,2,24 »Ascalona«; 3,6; **Exc.** brev. pim.)

   cepa gentima = cepa gentiana ?: Enzianwurzel ? {*Gentiana lutea*} (**Exc.** brev. pim.)

   cepa pallachana Schnittlauch {*Allium schoenoprassum*} (4,2,25; 9,1,1 »pallacana«)

cepae rotundum Zwiebelringe [?] (8,8,13)

cepula kleine Zwiebel (8,1,7; 2,4; 8,4.11; 9,2,1; 10,1,2)

cepulla = cepula, vgl. ital. cipolla (7,6,2.5.10.11.14)

cerasium Kirsche, die Süßkirsche {*Prunus avium*} (1,20)

cerebellum Hirnchen (passim)

cerifolium = caerefolium Kerbel {*Anthriscus caerefolium*} (**Exc.** 1,2)

cervina Hirschbraten (8,2,5.7)

cervix Hals (6,9,15; 8,7,1)

cervus Hirsch (8,2; 2.1.3.4.6.8)

charta Papier [aus Papyrus] (8,6,11; 7,1 [2x]; 7,5; 8,8; 8,9 »carta«; 9,10,1)

cicer n. Kichererbse {*Cicer Arietinum*} (4,4,2; 5,5,2; 8; 8,1.2)

Cidoneum Quitte, vgl. »malum cydoneum« (4,2,37; 8,5,2)

cinis,-eris m./f. Asche (1,6; 4,2,5 [m.]; 2,9 [m.]; 2,36 [f.]; **Exc.** 1,2 [m.])

   cinis calidus/-a heiße Asche (4,2,5 [m.]; 2,9 [m.]; 2,36 [f.]; **Exc.** 1,2 [m.])

ciperis Wurzel von »cyperum«, Zyperngras, vgl. Plin. nat. hist. 21,117 {*Cyperus rotundus* bzw. *C. esculentus*} (7,4,2; 5,4; **Exc.** brev. pim. »ciperum«)

circelli Knackwürstchen (2,5,4: »circellos isiciatos« und »circellum rotundum«)

circumspargere rundherum bestreuen (8,8,12)

citrium Zitronatzitrone, Frucht von *Citrus medica* (1,21; 3,5; 4,3,5)

citrus Zitronatzitronenbaum {*Citrus medica*} (1,4,2: »folia citri«; **Exc.** brev. pim. »citri«)

clibanus Backpfanne (7,5,5; 8,6,6; 9)

cneci flos [n. oder indecl. ?] Saflorblüte (6,5,2; 7,6,10; 8,1,4)

cnecos Saflor {*Carthamus tinctorius*} (1,14; »cneci flos«; 6,5,2; 7,6,10; 8,1,4)

coagitare umrühren (2,1,5; 4,3,3)

coagulum Brei (7,13,5); Fettgewebe, das die Eingeweide zusammenhält (8,6,11 »quagulum«)

coclea = cochlea Weinbergschnecke (4,5,1; 7,18; 18,1–4; 8,7,14)

cocleae exemptae Weinbergschnecken ohne Haus (8,7,14)

cocleare Eßlöffel (2,2,5; 3,18,3 »coclearium« und »coclearis« m.; 4,2,25; Exc. 16)

coctivus zum Mitkochen [condimenta] (9,4,1)

coctonium Feige [klein, getrocknet] (2,2,8 »coctomium«)

coctura [auch: **cottura**] Brühe, das Kochen, Sauce, das »Garsein« (passim)

   dimidia coctura wenn es halb gar ist (6,2,3; 6,1; 8,8,7)

   media coctura wenn es halb gar ist (4,3,4; 8,7,10.11)

   cum ad mediam cocturam venerit wenn es halb gar ist (8,6,11)

   cum mediaverit coctura wenn es halb gar ist (Exc. 7)

   modica coctura wenn es einigermaßen gar ist (6,2,3)

   prope cocturam wenn es fast gar ist (6,2,1; 6,1)

coire steif werden, vgl. 4,2,12 (9,4,1)

colare abtropfen lassen, durch ein Sieb drücken, durchseihen, passieren, sieben (passim)

   colare per colum durchseihen, durch ein Sieb drücken, passieren, auch: abtropfen lassen [?] (4,2,5.9.33.36)

colic[u]li = caulicli Kohlköpfchen, Kohlsprossen (3,9; 9,1.4; 10,2; 5,5,2; Exc. 2)

collare,-is n. Halsstück (7,5,5; 6,13)

colligere zusammenballen (8,8,4.8)

   melle colligere mit Honig binden (1,34,1.2)

colluere begießen, ordentlich begießen (8,6,9.10; 8,12)

colocasium die Wurzel der »ägyptischen Bohne«, einer Seerosenart, die in Südasien beheimatet ist, früher aber auch am Nil vorkam, vgl. Diosc. de materia medica 2,128 {*Nymphaea Nelumbo*} (3,4,2; 6,2,5; 9,10 »cologasium«; 7,17; 8,5,2 »colocaseis«)

coloefium Hüftknochen vom Schwein, Schinken (4,4,1; 5,5,1 [3x])

colorare Farbe bekommen, bräunen (3,20,5; 4,2,20; 6,2,1.3; 6,1; 7,6,10; 7,1; 10; 8,1,8; 7,11; 8,7.12)

colorari Farbe bekommen (3,4,1)

colorius braun (3,21,3 ex corr., orig.:»coliorum«)

colum Sieb, Durchschlag (4,2,5.8.9.33.36); eine Art Sieb, in dem die Seeigel gekocht werden (9,8,3)

columbas in Öl eingelegt, vgl. »oliva columbas« (6,9,11)
columbus Tauber, männliche Taube (6,2; 4; 4,4)
combibere aufsaugen (5,4,2.4; 6,9,1b; 7,16,2; **Exc.** 30 »conbibere«)
  combibere sibi sich vollsaugen (**Exc.** 30 »con-«)
combullire einkochen (8,8,3)
combustura das Anbrennen [»propter combusturam« damit es
  nicht anbrennt] (4,4,1; 5,5,1)
commiscere durchmischen, vermischen (passim)
Commodianus à la Commodus (5,4,4)
commovere umrühren (4,5,1)
vini rore compescere durch Besprengen mit Wein ablöschen (1,1)
in rotundum complicare zu einer Rolle zusammenwickeln (7,4,2)
componere [auch: **conponere**] anordnen, einmachen (passim)
compositio Zubereitung (1,1)
comprehendere verbinden (1,32; 3,18,3)
compungere hineinstechen (in) (7,13,2; 16,2)
conchylium Schalentier (1,29; 9,7 »concilium«)
concicla Bohnentopf, ein Bohnengericht (5,4; 4,2–6)
conciclaris Topf für Bohnentopf (5,4,5)
conciclatus mit Bohnentopf gefüllt (5,4,6)
concidere ausschneiden, hacken (passim)
concilium = conchylium Schalentier (9,7)
concisus gehackt (passim)
condimenta mortaria Mörsergewürz[?], vgl. 1,21 (6,4,2; 10,3,5)
condimenta viridia frische Gewürzkräuter (6,5,4; 8,1,8; **Exc.** 23)
condimentum aprinum Wildschweingewürz (8,1,1 [del.])
conditum Würzwein (1,1; 2; 3; 2,2,5; 4,2,29; 7,1,4; 6,4; 9,2;
  8,7,13; 8,3); Gewürzsauce (**Exc.** 1,2)
conditura Gewürzsauce, Sauce (3,10,4; 4,2,31; 6,1,1; 9,2; 7,4,3;
  5,5; 8,2,2.5; 7,13; 8,1.8.11.12)
confractum Brösel (2,2,10; 8,6,1 [corr. Brandt, orig. »cum
  bracto«])
confringere zerbröckeln, zerbröseln, aufschlagen [Eier] (passim)
conspersus bestreut (7,5,1)
constringere steif werden, zubinden (8,1,10; 6,6; **Exc.** 2)
consuere zunähen (7,8,1; 8,6,6.9; 7,14; 9,4,2 ex corr., orig.: »sicco
  sues«; 9,10,1; **Exc.** 28)
consumere aufnehmen (6,9,16)
consutus zugenäht (6,5,7)
contemperare abstimmen [geschmacklich] (4,2,33)
conterere fein mahlen, mahlen, zerreiben, zerstampfen (passim)

contextus umwickelt oder gefüllt ? (6,5,6)

continere einschließen (5,3,2)

contingere benetzen (1,20; 3,20,7; 6,2,2; 7,10; 8,6,4)

    contingere [sales foras] mit Salz bestreuen, in Salz wälzen (7,13,1)

contrita pl. Brei (4,2,4)

conversare stürzen (5,3,2)

cooperire abdecken, verschließen, bedecken (1,25; 3,2,4; 8,6,11; 10,1,4; **Exc.** 16)

cooperiri bedeckt sein (**Exc.** 16)

copadiolum Kotelettstück (**Exc.** 27)

copadium kleines Fleischstück, Schnitzel, Kotelett [vom Lamm oder Zicklein] (2,5,3; 5,1,2; 7,6; 6,6–12)

    copadium porcinum Schweineschnitzel (5,1,2)

coquere kochen, backen (passim)

    ad aquam calidam coquere in einem Wasserbad kochen (4,2,1)

cordula Thunfischheuerling, gerade geschlüpfter junger Thunfisch, vgl. Plin. nat. hist. 9,47 (9,10; 10,5)

coriander,-dri m. = coriandrum Koriander {*Coriandrum sativum*} (Akk. sing. »coriandrum viridem«: 3,20,4; 4,1,2.3; 2,6; 3,4; 5,3,2; 10,1,3; 3,3)

coriandratum Koriandersauce (9,1,2)

coriandratus mit Koriandersauce (**Exc.** 20)

coriandrum [auch: **coriander,**-dri m.] Koriander {*Coriandrum sativum*} (passim)

    coriandrum viride frischer Koriander (passim)

corium Schale (4,2,14); Haut, Fell (8,1,2)

    corium tollere das Fell abziehen (8,1,2)

cornulum ein kleiner Trichter [zum Füllen] (8,1,10)

cornuta Hornfisch ? (10,1,10)

corona bubula = cunila bubula ? großer Saturei ? {*Satureia alpina*} (4,2,24.25)

unum corpus eine glatte Masse (passim)

corruptus verdorben (1,16)

costum Kostwurz {*Costus Arabicus*} (1,3; 30,2; 7,5,2; 9,8,2; **Exc.** brev. pim.)

coticula Kotelett (7,1; 1,5)

craticula Grill, Grillrost (7,2,1 »grat-«; 3,2 »grat-«; 4,2 »grat-«; 8,1; 8,6,4 »grat-«; 9,1,2 »grat-« [2x])

crepare aufplatzen (7,7,1)

cribellare durchsieben (1,5)

crines (pl.) Fangarme [des Tintenfisches] (**2**,1,2)

crocomagma,-atis n. der Rückstand vom Safranölpressen (**10**,2,1)

crocus Safran (**1**,1; 3; 27; **Exc.** brev. pim.; 7)

crudus roh, ungekocht (**2**,3,2; **4**,2,12–14.17.25; **6**,9,1; **7**,6,13; **7**,1; 12,2)

    a crudo im Rohzustand (**8**,6,3; **Exc.** 13)

cucumis,-eris m. Gurke {*Cucumis sativus*} (**3**,6; 6,1–3; **4**,1,1.2; 2,7)

cucurbita Kürbis {*Cucurbita pepo*} (**3**,4; 4,1–8; **4**,2,10 [2x]; 5,3 [4x]; **6**,2,5; 9,9)

culiculi = cauliculi Kohlköpfchen, Kohlsprossen (**3**,9 in ind.; 9,2.3.5.6)

cultellus Messer (**7**,7,1)

culter Messer (**Exc.** 27)

Cumana Tonkasserolle, eine Art Römertopf (**4**,2,11; **5**,4,2 [2x]; 4,4; **6**,9,2.5; **7**,13,7)

cuminatum Kümmelsauce (**1**,29; **3**,4,6; 21,3 [2x]; **4**,2,10.34; **7**,13,7 corr. in »Cumana« Hum.; 9,1,3)

cuminum Kümmel, wahrscheinlich der Kreuzkümmel {*Cuminum cyminum*} (passim)

cuniculus Kaninchen (**2**,2,6)

cupella kleiner Kessel (**1**,2)

cupressus,-i f. Zypressenholz [zum Räuchern] (**1**,7; **Exc.** brev. pim.)

curare zubereiten; ausnehmen und entschuppen [Fische], vgl. **4**,2,28 und **Exc.** 19: »rades, purgas« (**4**,2,23 ex corr.; 2,28; 2,31; **6**,9,4; **8**,6,11; **7**,1; 7,5; 8,6.7.9; **10**,1,1.4.5)

curatus zubereitet, vorbereitet (**4**,2,23 ex corr., orig.: »duratos«; 2,28; 2,31; **8**,7,5)

curtus zerlegt (**4**,2,5)

cutis Haut, Schwarte (**7**,4,1.2; 9,1; **8**,1,10; **8**,7,1.7)

cyathus Gläschen, Likörglas, als Maß = 0,046 l (**4**,2,4 [3x].5 [2x]. 8 [3x].9 [3x].31 [2x].33.36; **6**,9,12; **7**,4,4 »ciatus« [2x])

Cydonium s. »malum Cydonium«

cyma Brokkoli oder eine ähnliche Kohlsorte, möglicherweise auch die nach dem Abschneiden der Triebe im Frühjahr neu sprießenden Jungtriebe der Kohlpflanzen, vgl. Plin. nat. hist. 19,137 {*Brassica oleracea*} (**3**,9; 9,1)

cyperis Wurzel von »cyperum«, vgl. Plin. nat. hist. 21,117 (**7**,5,2)

cyperum Zyperngras; gegessen werden davon die Wurzelknollen, vgl. Theophrast. hist. plant. 4,8,12 {*Cyperus rotundus* bzw. *C. esculentus*} (1,5; 7,4,2 »ciperis«; 5,2 »cyperis«; 5,4 »ciperis«; **Exc.** brev. pim. »ciperum«)

dactylus [auch: **datilus**] Dattel {*Phoenix dactylifera*} (passim)
Damascena f. = Damascenum Damaszenerpflaume {*Prunus domestica*} (4,5,1; 7,6,6; 8,4,1)
Damascenum Damaszenerpflaume {*Prunus domestica*} (4,5,1 [f.]; 6,2,2; 5,1; 7,6,6 [f.]; 8,2,8; 4,1; 6,10; 8,13; 10,1,6 »prunum Damascenum«; 1,8.14; 2,1 »prunum Damascenum«; 2,2)
decarnare das Fleisch vom Knochen lösen (7,10)
decoquere einkochen, garkochen [intr.], kochen, [ab]kochen (1,1; 17 »dequoqu-«; 4,2,8; 6,2,1; **Exc.** 28 [intr.])
 dimidia coctura decoquere halb gar kochen (6,2,1)
 ad tertias decoquere auf ⅓ einkochen (1,17)
decoriatus enthäutet [Lamm] (**Exc.** 27)
decussatim surclare kreuzweise [in Form eines X] zusammenstek-ken (7,4,1)
defervere einkochen [intr.] (3,2,5)
deformare = formare formen (4,2,18)
defricare = fricare zerreiben, mahlen (4,4,2 ex corr., orig.: »defri-xas«; 5,5,2)
defricatum = defrutum [?] (4,2,37)
defritum = defrutum auf ⅓ eingekochter Most, eingedickter Fei-gensirup (passim)
defundere hineingießen (9,13,2)
delavare abwaschen (8,7,4)
dentix m. Zahnbrasse {*Sparus dentex*} (4,2,31; 10,3,6.7)
depellatus geschält [»nuces depellatae«] (6,5,3)
depilare rupfen (6,3,2); = depellare [amygdala] (2,2,10)
deponere vom Feuer nehmen (3,2,3; 4,1)
manibus depressare mit den Händen auspressen (**Exc.** 7)
designare markieren (7,4,1)
despumare abschäumen [tr.] (1,1; 2; 5,2,3; 3,7)
despumat der Schaum geht zurück (5,3,1.3.6.9; 4,3.4)
destillare daraufträufeln (7,11)
desuper [aspargere/componere/adicere] darauf-[streuen/legen/ge-ben] (2,2,10; 4,2,12.14; 6,1,1; 2,3)
detergere schrubben (2,2,3; 2,4 »detersus«)
detrahere abziehen (7,9,1 »detracta cute«)

diabotanon [?] Kräutersauce (**10**,1,1)
diplois, -idis f. doppelte Teiglage ?, doppelter Teigmantel ? (4,2,14.15)
discus runde Platte, Teller (2,5,2; 4,2,15; 7,13,8; **8**,6,9.10; 8,12)
dispargere darübersprengen [oleum] (4,2,15)
dissilire aufplatzen, zerplatzen (6,9,10.11; 7,7,1)
dissolvere [cum oleo/in lacte/in se] verrühren [mit Öl/in Milch], sämig machen (passim)
doliolum vitreum Einmachglas (1,13)
dolium Faß (1,4,2)
domesticus hausgemacht (7,13; 13,1)
dorsum Rücken (8,7,14; 8,7)
dragma Drachme = 4,4 g (1,1)
ducere aufnehmen, ziehen (in der Sauce), ziehen (lassen ?)(4,2,20.28; 5,1; 8,6,9)
    ad se deorsum ducere sich [nach unten] setzen (5,3,2)
    ad se ducere steif werden (7,13,7)
dulcedo Süße (3,2,1)
dulcia pl. Süßigkeiten, Süßspeise, Plätzchen (1,14; 7,13; 13,1–6)
dulcis süß (4,2,16.21; 3,5; 5,1.2; 7,4,1; 9,8,1); mild (1,10; 33)
dum obduretur so daß es fest bleibt (6,2,1)
duracina persica beste Pfirsiche, Nektarinen ? (1,26)
duracinum Nektarine [Pfirsich], fester Pfirsich; eine Sorte, bei der sich das Fleisch nicht vom Kern löst, vgl. Plin. nat. hist. 15,113 (1,26; 3,4,7; 4,5,4)
durare sich halten (1,8; 9; 11; 12; 14; 18; 21; 22; 26); anbraten (4,2,24 »duratus«)
durum coquere hart kochen [ovum] (5,3,5)

echinus Seeigel (4,2,13; 7,2,2; 9,8; 8,1–5; 12)
    echinus salsus eingesalzener Seeigel (9,8,4.5)
effervere aufschäumen (1,1)
effundere dazugießen (**Exc.** 16; 17)
eicere entfernen (5,3,2; 8,7,2.4)
eliberare enthäuten (6,6,1)
elixa gekochtes Fleisch (7,6; 6,1–5.13.14)
elixare in Wasser kochen, sieden (passim)
elixura das Sieden ? (9,1,1)
elixus abgebrüht, gekocht, gesotten (passim)
embamma Salatsauce (3,18,1); Sauce (8,2,7)
embractum = imbractum Brühe? (9,14)

emina = hemina, ½ sextarius 0,2741 (3,2,5; 5,3,2; 7,5,4; 13,7.8)

enervare Sehnen/Adern entfernen [iecur] (2,1,4), entgräten [tursio] (4,2,18), enthäuten [cerebellum] (4,2,4.9.21.33; 5,4,5; 7,7,1; 9,4,2)

enucleare entsteinen (4,1,2; 3,6; 5,4; 6,2,2; 5,1; 8,6,10; 10,1,6–8.14)

enucleatus entkernt, entsteint [uva, Damascena etc.] (4,1,2; 3,6; 6,2,2; 5,1; 8,6,10; 10,1,6–8.14)

eruca wilde Rauke [Kohlart] {*Eruca sativa*} (1,27; 6,2,6; 7,14,3; 8,1,8; 9,10,7; Exc. brev. pim.)

esicium = isicium Fleischbällchen (2,1,2; 4,2,18; 3,2; 9,1,4; Exc. 2)

exbromare wässern, einweichen, auskochen? (6,2,3; Exc. 4); vielleicht, um Hühnerbrühe zu machen (2,2,9)

exbromari die Strenge verlieren (6,2,3)

excaldare dünsten (4,2,17; 8,6,2; 6,3 [del. Vollmer])

excavare aushöhlen (4,1,3; 5,3)

excipere entfernen (7,13,1 »excepto semine«)

exfoliare die Blätter abmachen (4,2,9)

eximere herausnehmen (1,4,1.2; 26; 2,1,3.6; 3,10,1; 20,7; 4,5,3; 6,5,7; 7,9,1; 8,7,9; 9,13,2)

exinanire auskippen, schütten, ausleeren, gießen, ausgießen (2,1,5; 2,2; 3,4,1; 4,2,27; 3,1; 7,7,1; 8,6,2.6; 7,11; 8,5)

exinterare ausnehmen, entkernen (6,7; 8,7,1.5 »exent-«)
  exinterare per guttur durch die Gurgel ausnehmen (6,7)

exornare anrichten, garnieren (2,5,4; 7,16,1.2; 8,6,11; 7,1.5; 8,6)

exossare entbeinen, ausbeinen (5,3,8; 4,5.6; 7,4,2; 8,6,6.11; 7,9.10.16; 8,6.7); entgräten (4,2,17; 9,10,1.2); entsteinen (8,7,14 »dactyli exossati«; vgl. 1,1: »dactylorum ossia torrida«)
  a gula exossare von der Gurgel her ausbeinen (8,6,6)
  per gulam exossare durch die Gurgel ausbeinen (8,7,14)

exossatus a pectore von der Brust her ausgebeint (5,3,8; 4,6)

expandere ausrollen [Teig] (7,13,6)

expansus esse auseinanderklaffen (7,8,1)

expedire ausnehmen (6,9,15)

expressus ausgepresst (3,4,1.2; 15,1.3; 7,6,1)

exprimere auspressen [das Wasser] (3,4,3; 13,1; 15,2; 4,1,1; 2,19; 8,7,1 [impensam in aurem porcelli]

exsiccare abtrocknen, trocknen (4,2,8: »per colum«; 2,36; 6,8; 7,4,2 »igni lento«; 15,1)

extensum ornare dressieren, daß er ausgestreckt ist [einen Hasen] (8,8,7)

extenterare = exinterare ausnehmen, entkernen (2,1,7; 7,5,3; 8,1,3)

faba Saubohne [?] {*Vicia faba*} (1,6; 3,10,4; 5,3,5–7.9; 4,1)

fabacia Saubohne mit Schote [?] (5,6; 6,1–3)

faenum Graecum Hornklee {*Trigonella fenum Graecum*} (5,7 [2x])

faex Hefe oder Bodensatz ? (2,2,6 »feces conditi«)

farcimen Wurst (2,5; 8,7,4)

farcire stopfen (2,3,2 [ex corr.]; 5,2; 5,4,6; 8,9)

farina Mehl (1,14; 3,11,1; 6,5,6; 7,9,1 [2x])
    farina oleo subacta Ölteig (6,5,6; 7,9,1)

farricus aus Getreide (4,4,2)

farsilis gefüllt, mit Fleischfüllung (4,5,3; 5,3,2; 4,6 [del.]; 8,7,1.4; 8,9; 9,3,2; 4,1; 10,1)

farsus [farcire] gefüllt (4,2,13; 8,8,3; 9)

fasces Bündel (3,2,3 [2x])

fasciculus Bündelchen, Büschel, Sträußchen (passim)

faseolus eine Art grüne Bohne [?] {*Vigna unguiculata*} (5,8; 8,1.2; 8,6,1 »faseoli faratarii«)

fasianus Fasan (2,2,1 »adipes fasiani«; 2,6; 5,4 »oenogarum fasiani«=?; 6 [solum in ind.])

fatuus fade (4,2,25)

femur,-oris n. Schenkel (5,4,6 »femura«)

fenicopterus = phoenicopterus Flamingo (6,4 [del. Schuch]; 6; 6,1)

feniculi semen Fenchelsamen, vgl. feniculum (passim)

feniculum Fenchel {*Foeniculum officinale*} (passim)

ferula Schneebesen (1,1)

fervefacere heiß machen (7,5,3)

fervens heiß (1,18; 3,2,2.3; 6,8; 8,1,4.5; 2,6.8; 4,1; 6,10; 7,3.4.6)

fervere aufkochen, kochen (passim); vergären (1,4,2)

fibla Klammer (8,7,3)

fiblare zuklammern, zusammenklammern (8,7,1.3)

ficatum Leber von mit Feigen gemästeten Schweinen, vgl. Plin. nat. hist. 8,209 und Hor. Sat. 2,8,88 (7,3; 3,1.2)

ficedula Feigendrossel, Gartengrasmücke {*Sylvia ficedula*} (4,2,5 »ficetula« [2x]; 2,14 [2x]; 6 »fecetula« [nur im Index]; 8,7,14)

fictilis tönern, aus Ton (7,4,4)

ficus recens frische Feige (1,20)

filum Faden (Exc. 29)

fistula Röhrchen (4,2,14.15; 8,7,1)

Flacianus à la Flaccus (8,7,8)

focus Feuer, Herd (1,1; 7,4,3)

folia lauri Lorbeerblätter (1,5; 2,1,4; 7,9,1)

foliae,-arum f. = folia Blätter (1,4,1 »folias rosarum«; 3,9,2 »summa foliarum«)

folium Blatt (1,4,1 »folias rosarum«; 3,2 [citri]; 3,9,1 [coliculorum]; 9,2 [coliculorum]; 10,2 [coliculorum]; 15,3 [lactucarum]; 4,5,1 [malvarum 2x]; Exc. 1,2 [coriandri]); Gewürzblatt, wahrscheinlich Lorbeerblatt (1,1; 3; 19; 27; 29,1; 30,2; 34,1; 6,5,4; 7,6,8; 8,2,7; 9,1,3; 7; 8,2.3; Exc. brev. pim.; 1,1.2)

folium nocivum ungenießbare Schale [der Languste]? (9,1,4 ex corr.)

formella Backform (9,13,1)

fractus geknackt [nuces] (4,2,2.16); zerquetscht [olivae] (6,5,7); zerbröckelt [buccellae musteorum] (7,10); aufgeschlagen [ova] (8,8,3)

frangere zerbrechen, zerkleinern [laurum viridem] (8,7,9); zerbröckeln [siligineos rasos] (7,13,3); aufschlagen [ova] (4,2,4.8.9.31.33.36)

fretale Pfanne (7,5,5)

fricare einreiben, reiben, zerreiben, sämig machen [bei Saucen] zermahlen, zerstampfen (passim)

1. **frictus [fricare]?** gerieben, gemahlen (1,5 »sales fricti«; 27 »sales fricti«)

2. **frictus [frigere]** gebraten, geröstet (1,11; 2,2,6; 4,5–7; 3,20,1; 21,1; 4,2,10.13.20; 4,1; 5,3; 5,5,1; 6,2; 8,2; 6,5,1 [cuminum]; 6,2 [sesamum]; 7,14,4; 8,1,4 [cuminum]; 1,7 [coriandri semen]; 1,8 [amygdala]; 4,3 [cuminum]; 5,1; 9,12; 10,1,1; 1,9 [cuminum]; 1,14 [cuminum])

frigere backen, frittieren, rösten, braten, schmoren (passim)

frigida kaltes Wasser (4,5,3.4; 5,3,4; 9,4,3); Eiswasser (4,1,1)

frixus [frigere] gebraten (7,19,1 »ova frixa«; 10,1,1; Exc. 8; 9)

Frontinianus à la Frontinus? (8,7,10)

Front[on]ianus à la Fronto [Rhetor 90–168 n. Chr.] (6,9,13)

frustratim concidere in Stücke schneiden (4,2,34)

frustrum = frustum Stück, Stückchen (3,2,3; 4,1,2; 2,14.15)

fulmentum Hackklotz (2,1,2)

fumare räuchern (2,5,4)

fumigare räuchern (1,7)

fumus Rauch (**2**,1,4 [2x]; 4; 7,7,1; 8,7,16; 8,7)
  ad fumum suspendere räuchern, in den Rauch hängen (2,1,4; 4; 7,7,1; 8,7,16; 8,7)
fundere gießen, darübergießen (1,26; 3,2,3; 5,3,2; **Exc.** 1,2)
fundus Boden [des Topfs] (4,4,1; 5,3,2; 5,1)
fungus Pilz (**7**,15; 15,1–4)
  fungus farneus Eschenpilz, eine Art Röhrenpilz ? (7,15; 15,1–3)
furnus Ofen (**5**,3,2; 4,6; 6,5,6; 7,2,1; 4,1.2; 5,1; 9,1; 10; 13,2; 8,1,1.3; 6,8–10; 7,1.5.7–9.14; 8,1.3.12; 9)
fusilis gegossen, flüssig, mit einer flüssigen Füllung (4,2,4; 6,9,15; **Exc.** 2)

gallina Huhn (**3**,4,8; 4,1,1; 5,2; 8,8,9)
  iecinera gallinarum Hühnerleber (4,5,2; 8,8,9)
  iocuscula gallinarum Hühnerleber (4,1,1)
garaton Garumsauce (**Exc.** 6)
garatus mit Sauce aus Garum (**Exc.** 3)
garum eine salzige Fischsauce, die aus Meerbarben, Sardellen und ähnlichen Fischen hergestellt wurde (**3**,8 ?; 7,14,4; 15,1 »garum piperatum«; **Exc.** 29)
gingiber,-is m. = zingiber Ingwer {*Amomum zingiber*} (**3**,18,3; 5,3,2.5; 4,6; 6,9,15; 7,5,2.4; 7,1; 8,6,5)
in giro ringförmig (8,6,11)
gizeria n. pl. Innereien vom Geflügel [pullorum] (**4**,2,21 »cizeria«; 5,1 ex corr.; 5,3,8)
glandulae Halsstück, die Halsdrüsen ? (**4**,1,2 [haedinae]; 3,3 [porcellinae])
glans, glandis f. Buchecker (8,8,3)
glis, gliris m. Haselmaus {*Sciurus glis*} (**8**,9 [4x])
globulus condimentorum Gewürzklößchen (8,8,4)
globus Kloß, Klumpen aus gemahlenen Gewürzen [triturae] (**8**,1,5; 8,4)
grana piperis Pfefferkörner (**2**,2,4; 3,1; 4,2,14; 8,8,3 [solida]; 9,10,1; **Exc.** 23)
  grana piperis integra ganze Pfefferkörner (4,2,14)
grana salis Salzkörner (7,12,2)
granatum Granatapfel {*Punica granatum*} (**Exc.** brev. pim.)
graticula – craticula Grillrost, Grill (**7**,2,1; 3,2; 4,2; 8,6,4; 9,1,2 [2x])
grongus, i f. [?] = conger Meeraal {*Conger conger*} (**10**,1,9 »in grongo assa«)

grus, gruis f.   Kranich (**6**,2; 2,1–6)
gula   Gurgel (**8**,6,6; 7,14)
gustare   kosten, abschmecken, als Vorspeise essen (**4**,2,25; **5**,2,2;
    8,2; **Exc.** 2)
gustum   Vorspeise (**3**,4,1; 4,5; 5,1–4)
gutta   Tropfen [olei] (**4**,2,32; **8**,1,10; 9,2,1; 3,1)
guttur   Gurgel (**6**,7; **8**,7,1.5; **Exc.** 29)
gypsare   vergipsen, mit Gips abdichten (**1**,17; 21; 25; **10**,1,4)

haedinus   Zicklein-, von jungen Ziegenböcken, Zickleinfleisch
    (**4**,1,2; 7,12,1 [iecinera]; **8**,6,1 [copadia]; 6,2.3)
haedus   Zicklein, junger Ziegenbock (**8**,6; 6,4–11; 8,12; **9**,13,1
    »iecur haedi«; **Exc.** 28)
helenium   Gamander [ähnlich dem Thymian] {*Teucrium [mon-*
    tanum]} (**1**,5; 16)
[h]emina = ½ sextarius   0,274 l (passim)
herba   Gemüse (**4**,2,19)
herbae rusticae   Feldkräuter, vgl. »rusticae« (**3**,16)
hircosus   streng, stark riechend (**6**,5,6)
holera   Gemüse (**1**,23; **3**,1; **4**,2; **5**,1.2)
holus   Gemüse (**3**,1; 15,1.3; **4**,2,13)
    holus molle   weiches Gemüse: Schwarzkohl, Sellerie oder Lattich
    mit Natron gekocht (**3**,15,1–3; **4**,2,13)
hordeum   Gerste {*Hordeum vulgare*} (**1**,17; 7,10)
hortolanus   Garten- [?] (**8**,7,14)
humor   Feuchtigkeit, vgl. »humor« (**7**,4,2)
    humor mellis   flüssiger Honig (**3**,2,5)
hydrogarum   Liquamen mit Wasser (**2**,2 »hidro-«; 2,1.5)
hydromel   Honigmet (**1**,17)
hypotrimma   scharfe Kräutersauce [?] (**1**,33)
hysopum creticum   kretischer Ysop {*Hyssopos officinalis*} (**1**,27)

iecur,-inoris/-ineris n.   Leber (**2**,1,4; **4**,2,13; 3,7; **5**,2; **5**,3,8; **6**,2,5;
    7,12; 12,1.2; **8**,8,5.9.11; 9,13,1)
    iecur porcinum   Schweineleber (**2**,1,4)
ad ignem lenem   auf kleiner Flamme (**4**,2,1)
ignis lentus   kleine Flamme (passim)
impensa   Brühe, Gewürzmischung, Masse, Füllung, Teig (passim)
impinguare   dick werden (**8**,7,5)
implere   darauffüllen, füllen (passim)
impleri   voll sein (**8**,1,10)

imponere [auch: **inponere**] aufsetzen, hineintun (passim)

   imponere, ut ferveat/ut coquatur zum Kochen aufsetzen (8,7,5; Exc. 15)

   imponere supra ignem calidum auf eine große Flamme setzen (4,4,1)

incaraxare einschneiden (6,5,2)

incidere kleinschneiden, hacken (7,6,12; 9,1)

incisus eingeschnitten, gehackt, zerschnitten (3,4,2; 4,2,13; 7,6,14; 12,1; 8,6,4; 9,10,2)

includere verschließen, einschließen (2,2,1; 6,2,1; 6,1)

incoquere darin kochen ? (2,2,5)

Indicus auf indische Art (1,30,2; 5,3,3; 6,5,4; 9,8,2; Exc. brev. pim.)

indurare anschmoren (9,1,1)

indurescere zäh werden (6,3,2)

infercire hineinfüllen, füllen mit (7,13,1)

inferre servieren, auftragen (passim)

infiblare zuklammern (8,7,1.4)

infringere hineinschlagen [ova]

infundere einweichen [in Wasser geben], einlegen (passim); gießen über, hineingießen, gießen in, zugeben (1,4,1; 7; 24,2 [super]; 4,2,31 [super]; 6,9,1b [in]; 7,5,5 [in]; 6,6; 7,1; 18,4 [in]; 8,7,12 [per aurem]; 7,14 [super])

infusus eingeweicht (2,1,7; 2,8 [2x]; 2,9.10; 7,4,6; 6,9; 19,3; 8,8,8)

inicere hineingeben (2,4; 9,13,1)

inmittere hineingeben (4,3,7)

innula = inula Alant {*Inula Helenium*} (Exc. brev. pim.)

inpreparatus = impraeparatus unvorbehandelt (4,2,13)

inradere hineinschaben

intestina Därme, Darm (2,5,3; 8,6,6.11)

intestinum Wursthaut, Darm (2,3,2; 4; 5,1.2.4)

intingere eintauchen in [tr.] (Exc. 23)

intrinsecus purgatus ohne Kerngehäuse [Äpfel] (4,3,4)

intuba Endivien {*Cichorium Intybus*} (3,18; 18,1)

involvere darumwickeln, hineinwickeln (Lorbeerblätter, s. 2,1,4)

iocusculum kleine Leber (4,1,1; 2,17)

cum ovis ire sich mit den Eiern verbinden, vgl. 9,4,2 (4,2,12)

iscilla = scilla Hummerkrabbe, Riesengarnele {*Penaeus kerathurus*} [frz. »crevette«, ital. »gambero«] (2,1,3)

isicia eine Art Gulasch bzw. Fleischklößchen, ähnlich unseren Frikadellen [vgl. Buch 2] (passim)

isicia marina Frikadellen von Seetieren (2,1,1)

isicia minuta quadrata kleingewürfeltes Gulasch (5,3,2)

isiciatus kleingeschnitten, mit Fleischbällchen gefüllt (2,2,3; 3,1 »esic-«; 5,4; 8,7,14; 8,8)

isiciola minuta kleingeschnittenes Gulasch (4,3,1)

isiciolum kleine Frikadelle, kleines Fleischbällchen (2,2,5; 4,3,1 bis 3.5; 5,4,2)

isicium Hackfleisch, Frikadelle (2,1,1; 2,5; 4,3,2)

isicium porcinum Schweinehackfleisch (8,9)

istillare = instillare träufeln (3,13,2)

iuncus Binse (Exc. brev. pim.)

iungere zusammenbinden (5,4,6)

iuniperum Wacholderbeere {*Iuniperus communis*} (7,4,2)

iura Brühen (8,1,4.5; 2,6.8)

ex iure suo im eigenen Saft (6,9,7; 8,8,6)

ius Brühe, Saft, Sauce (passim)

ius album Weiße Sauce aus Kümmel, Pfeffer, Liebstöckel, Rautensamen, Essig etc. (7,6,6.9)

ius candidum Weiße Sauce aus gekochtem Eiweiß, weißem Pfeffer, Pinienkernen, Honig, Weißwein und »liquamen« (5,3,2)

ius de suo sibi vom eigenen Saft (passim)

ius oenococti gekochte Weinsauce [?] (5,1,2)

ius viride grüne Sauce aus Pfeffer, Kümmel; frischen Gewürzkräutern, Datteln, Honig, Essig, Wein, »liquamen« und Öl (6,5,4)

iuscellatum mit Brühe, Sauce (Exc. 26)

iuscellum Brühe, Sauce (5,3,2; Exc. brev. pim.; 1,2; 24)

iusculum Suppe, Brühe (3,2,4)

lac [auch: **lacte**], lactis n. Milch (passim)

lac siligineum Milch mit Weizenmehl [zum Mästen von Schnecken] (7,18,4)

lacertus (-a ?) Stöcker [makrelenähnlicher Fisch] (10,3,1)

lacinia Ende, Zipfel (8,8,8)

lactantia Milchbrei (7,13,7)

lactens noch saugend (Exc. 23)

lactis m. = lac Milch (4,2,13)

lactuca Lattich {*Lactuca sativa secalina*} (3,15,3; 18; 18,1–3; 4,2,3)

laganum Ölfladen (4,2,14.15)

lagona Flasche (1,6)

lanx Platte (passim)

laridum Räucherschinken, geräucherter Schinken (7,11)

lasar = laser (**5**,3,7; **Exc.** semper)

lasaratus = laseratus mit Lasersauce (**Exc.** brev. pim.; 25; 28)

laser, -is n. [aus laserpicium] das originale »laser« wurde möglicherweise aus *Thapsia silphium* gewonnen, einer in Nordafrika beheimateten Staude, bei dem »laser Parthicum« handelt es sich wahrscheinlich um Teufelsdreck {*Ferula asa foetida*} (passim)
    laser Cyrenaicum Cyrenäisches Laser {*Thapsia silphium* oder
    Ferula tingitana ?} (1,30,1; 7,1,1)
    laser Parthicum Parthisches Laser {*Ferula asa foetida* ?} (1,30,1;
    3,13,1; **5**,3,7; **6**,9,2; 7,1,1; 1,3)

laserare mit Laser würzen (6,9,4)

laseratum Lasersauce (1,30)

laseratus mit Lasersauce (6,9,5)

laseris radix Laserwurzel [auch »silphium« genannt] (passim)

latus, -eris n. Seite (4,5,3)

laureatus mit Lorbeersauce (8,7,9)

laurus Lorbeer⟨blätter⟩ {*Laurus nobilis*} (passim)

lavare waschen (passim)

laxamentum Platz, Spielraum (6,9,11.15; 7,7,1)

sicut laxa nicht zu dicht [?] (4,5,1)

legumina Hülsenfrüchte (4,4,2; 5,5,2)

lenis sämig (8,7,5)

lentiscus Frucht des Mastix-Strauches, Mastix-Beere {*Pistacia lentiscus*} (3,16)

lenticula Linse {*Lens culinaris*} (4,4,2; **5**,2; 2,1–3)

lepus, -oris m. Hase (4,3,7; **8**,8,1–12 passim; 9,13,1)
    lepus isiciatus Hasengulasch (8,8,8)

leucozomus mit weißer Brühe (6,9,16)

levare [aus dem Topf] herausnehmen (passim)

levissimus sehr fein [pulvis] (1,5; 8,4,2)

liare glattrühren; zerteilen, zerpflücken (5,1,1.4; 3,2.5)

libelli ?, vielleicht eine Art Rollbraten (7,1; 1,5)

libra Pfund = 327,5 g (**Exc.** 3)

ligare binden (3,11,1; 4,4,1; 5,1,1; 5,1; **Exc.** 29)

ligula Teelöffel (7,12,2; 8,6,11)

ligusticum Liebstöckel {*Ligusticum levisticum*} (passim)

liquamen = garum Liquamen, salzige Fischsauce (passim)
    liquamen intestini möglicherweise Liquamen, das aus Fischein-
    geweiden hergestellt wurde (2,5,4)

liquaminatus mit Liquamensauce (6,9,15; 8,7,3)

liquescere weich werden (6,7)

liquidus   flüssig (7,1,5)
liquor   Flüssigkeit (**Exc.** brev. pim.)
locusta   Languste {*Palinurus vulgaris*} (9,1; 1,1.3; **Exc.** 17)
lolligo   Tintenfischart {*Sepia loligo*}, Blackfisch (2,1,1.2; 9,3; 3,2.3)
lomentum   eine Paste aus Reis- Bohnenmehl, eigentlich als Reinigungsmittel (1,6)
longao,-onis m.   Mastdarm (4,2,13)
Lucanica f.   lukanisches Würstchen vgl. **2**,4 (passim)
Lucanica n. pl. = Lucanicae f.   (4,2,13)
lumbus und **lumbulus** [immer pl.]   Lendenstück (7,8)
lupus [piscis]   Seebarsch (4,2,32)
lutulentus   dunkel, braun (2,2,8)

macerare   benetzen, anfeuchten (passim)
madefactus   eingeweicht, feucht (3,15,3; 6,3,2)
madescere   weich werden (8,1,2)
madidus   feucht, in Sauce (8,8,1; **Exc.** 7)
malabathrum   Mutterzimt {*Laurus Cassia* oder *Piper betle* ?} (1,29,1; 30,2; 9,1,3; 7)
malum   Apfel {*Pirus malus*} (**1**; 4; 10 passim)
  malum Cydonium   Quitte {*Cydonia oblonga*} (1,19; 4,2,37 »cidoneum«; 2,37; 8,5,2 »cidoneum«; 10,3,6)
  malum granatum   Granatapfel (1,18; **Exc.** brev. pim.)
malva   Malve {*Malva neglecta*} (passim)
mammotestus = syringiatus   noch saugend [von jungen Zicklein] (8,8,6)
manare   fließen (8,7,13)
manducare   verspeisen, essen (2,1,4; 3,10,4; 4,2,12; 6,2,2; 7,2,2)
marinus   Meeres- (2,1,1; 4,2,12.13; 3,1)
mastix   Mastix, Harz des Mastix-Strauches {*Pistacia lentiscus*}
Matiana [mala]   Matianische Äpfel (4,3,4)
maturus   reif (1,23; 3,10,1; 4,2,13)
media coctura   wenn es halb gar ist (4,3,4; 8,7,10.11)
medianum   Mittelstück (4,2,13)
mediare   halbieren (3,9,2); »cum mediaverit coctura« wenn es halb gar ist (**Exc.** 7)
per medium incisus   halbiert [ova dura] (4,2,13)
mel   Honig (passim)
melca   dicke Milch (7,13; 13,9)
melizomum   Honigsuppe (1,2)
melo   Honigmelone {*Cucumis melo*} (3,7)

membrana Verschlußdeckel der Schnecken (7,18,1)

membrum Gliedmaße (8,9)

mensa Tisch (4,2,12)

menta Minze, wahrscheinlich die Krauseminze {*Menta spicata*} oder die Wasserminze {*Menta aquatica*} (passim)

    menta arida/sicca getrocknete Minze (passim)

mergere tauchen, untertauchen (1,18)

merum unvermischter Wein (passim)

metulus = mitulus Muschel, Miesmuschel (9,9)

miniare zinnoberrot werden [beim Räuchern] (2,5,4)

minimum ganz wenig (2,2,2.7; 6,9,14)

ministrare servieren (**Exc.** 23)

minutal Frikassee (4,3,1–8)

minutatim concidere in Stücke schneiden, kleinschneiden (passim)

minutus gemahlen, kleingeschnitten (passim)

mirta = myrta (6,3,1; 2,6,12)

miscere mischen (passim)

misceri sich mischen (4,2,12)

mittere dazugeben, hinzufügen (passim)

mittere, ut coquatur zum Kochen aufsetzen (passim)

mixtum Mischung (3,10,1; 9,9)

modice etwas, nicht zu lange, zurückhaltend (passim)

modicus etwas, ein wenig, nicht zu groß (passim)

mollire weich werden (3,2,2)

mollitus [vino] eingeweicht [in Wein] (1,1)

mollis weich (passim)

mollissimo igni auf sehr kleiner Flamme (10,3,11)

ad momentum sofort (1,2; 4,5,2)

morena = murena Muräne {*Muraena helena*} (10,2,1–5)

mortarium Mörsergewürz, vgl. 1,35 (1,35; 6,4,2; 10,3,5)

mortarium Mörser (passim)

morum Maulbeere {*Morus nigra*}; vielleicht ist auch die ähnlich aussehende Brombeere {*Rubus fruticosus*} gemeint, vgl. Plin. nat. hist. 15,97 (1,22)

movere rühren (1,7; 8,1,5)

mugil [oder mugilis] m. Meeräsche {*Mugilis Cephalus*} (4,2,31; 9,10; 10,6.7)

mullus Meerbarbe {*Mullus barbatus*} (4,2,22; 10,1,11.12; **Exc.** 14)

mulsa [aqua] Honigwasser, vgl. Plin. nat. hist. 22,110, vgl. »aqua mulsa« (4,2,23; 7,6,8)

mulsum   Honigwein, vgl. Colum. 12,41 und Plin. nat. hist. 22,113 (passim)

mundus   sauber (passim)

murena   Muräne {*Muraena helena*} (10,2,6; **Exc.** brev. cib.; **Exc.** 16)

muria   Salzlake (1,26; 7,1,6; 7,2)

musteus   Mostbrötchen: vgl. Cato r.r. 121 [dort »mustaceus«] (5,1,3; 7,9,2; 10; 13,2)

  musteus afer   afrikanisches Mostbrötchen (7,13,2)

mustum   Most (passim)

myrtae bacum   Myrtenbeere {*Myrtus communis*} (1,24,1; 2,6,7; 7,5,3; 8,1,3; 10,3,8)

napus   Steckrübe {*Brassica napus rapifera*} (3,13; 13,1.2)

nardostacium   Nardenblüte (7,6,8; 8,2,7)

navis   Bürzel (6,7; 9,2.5)

nepeta   Katzenminze {*Nepeta cartaria*} (6,5,2; 10,2,3; **Exc.** brev. pim.)

  nepeta montana   Gebirgskatzenminze {*Melissa nepeta*} (10,2,3)

nervi   Sehnen (2,1,6; 3,20,7; 6,2,2)

nitrum   Natron, Soda (1,32; 3,1; 5,2,2)

nix   Schnee (4,1,2)

novissima pars   After [?] (7,6,6)

novus   frisch (3,2,5; 5,1,3; 2,2; 6,9,14; 9,8,1)

nuclei [pinei]   Pinienkerne [von *Pinus pinea*] (passim)

  nuclei tosti   geröstete Pinienkerne (6,5,5; 8,1,4.5; 2,6; 4,3; 9,14)

Numidus   numidisch, auf numidische Art [Huhn] (6,9,4)

nux   Nuß (passim)

  nux Avellana   Haselnuß {*Corylus Avellana*} (7,13,4)

  nux Avellana tosta   geröstete Haselnuß (7,13,4)

  nux fracta   geknackte Nuß (4,2,2.16)

  nux maior   größere Nuß [vielleicht Walnuß ?] (**Exc.** brev. pim.)

obdurare   versteifen [»charta«] (6,2,1; 8,7,1.5)

obligare   binden (passim)

obsonium   Zutat (5,3,2)

occisus   geschlachtet (6,3,2; **Exc.** 23)

ocymus   Basilicum {*Ocimus basilicum*} (5,3,1)

oenococtus   in Weinsauce (5,1,2; 8,7,11.16; **Exc.** 21 »inococtus«)

oenogaratus   mit Oenogarum (7,19,1; 8,7,9)

oenogarum Liquamen mit Wein, vgl. 1,31 (passim)

oenomeli,-itos Weinhonig, ähnlich dem »mulsum« (7,6,6)

oenoteganon Weinbratensauce? [vgl. zomoteganite] (**Exc.** brev. cib. »inotogonon«)

ofella Braten, Bratenstück, Kotelett (7,4,1–6; **Exc.** 3–6)

olei flos Jungfernöl: das Öl, das beim Pressen zuerst herausfließt, vgl. Plin. nat. hist. 15,23 (2,2,3)

oleum [Oliven-]Öl (passim)
   oleum cuminatum wahrscheinlich Kümmelöl, also Öl, in das Kümmel gegeben wurde, damit es den Geschmack annahm (3,21,3)
   oleum viride grünes Öl (passim)

oleus m. [Akk.: oleum (viridem)] = oleum (passim)

olisatrum Schwarzkohl {*Smyrnium olusatrum*} (3,12 »oliserum«; 15,1; 4,2,4; 2,19)

oliva Olive {*Olea europaea*} (1,28; 3,9,5 »oliba«; 6,5,7; 9,11)
   oliva columbas,-adis in ihrem eigenen Öl eingemachte Olive, vgl. Plin. nat. hist. 15,16 und Apic. 1,14 (6,9,11)
   oliva viridis grüne Olive (1,28)

olla Kessel, größerer Topf, Kessel (6,2,1.3; 9,11; 7,7,1; 8,7,3.4.16; 9,4,2)
   olla bulliens Kessel bzw. Topf mit kochendem Wasser (7,7,1; 9,4,2)

omentatus in Fettnetz gewickelt (2,1,4.7)

omentum [Eingeweide-]Fettnetz, Wurst, Wursthaut = Backfolie (passim)
   omentum porcinum Schweinenetz (5,4,6)

operculum Topfdeckel (5,4,6; 9,10,1)

ora Rand [einer Schüssel] (4,1,2)

orbiculus [tractae] [Teig-]Klößchen (5,1,3)

origanum Oregano {*Origanum vulgare*} (passim)

orize sucus = oryzae sucus mit Wasser angerührtes Reismehl (2,2,8)

ornare dressieren [t.t. der Kochkunst], zurechtmachen (passim)

ortica = urtica Qualle (9,14)

oryza Reis[mehl]? {*Oryza sativa*} (2,2,8.9; **Exc.** 9 »orizie«)

ospreum Hülsenfrucht (**Exc.** brev. pim. »ospera«)

dactylorum ossia torrida geröstete Dattelkerne (1,1)

ossa, ossium n. Knochen (6,2,2; 9,15; 8,7,8.9); Kerne [von Datteln] (1,1)
   ossucla pl. n. Knochen [von Hühnern] (2,2,9)

Ostiensis auf Ostienser Art [über einen in einer Gewürzsauce eingelegten Braten] (7,4,1)

ostreum Auster (**1**,12; 29; **4**,2,13; **2**,31; **9**,6; 14)

ovum Ei (passim)

  ova frangere Eier aufschlagen (passim)

  ova elixa gekochte Eier (7,19,2)

  ova frixa Spiegeleier (7,19,1)

  ova sfongia eine Art Rührei (7,13,8)

  ovi duri medium hartgekochtes Eigelb (8,8,4)

  ovum durum hartgekochtes Ei (**4**,2,13.17.21; **5**,3,2.5; **7**,6,12; **8**,8,4; **9**,10,4; **Exc.** 23)

  ovi medium halbes Ei (9,2,2)

  ovorum coctorum media gekochtes Eigelb (8,7,13)

  ovorum vitella Eidotter (passim)

  ovum apalum weichgekochtes Ei (7,19,3)

  ovum crudum rohes Ei (passim)

  ovum durum hartgekochtes Ei (passim)

ovifer Wildschaf (**8**,4; **4**,1.3)

ovis silvatica Waldschaf, Wildschaf (8,4)

oxygarum Garum mit Essig, vgl. Apic. 1,34 (**1**,32; 34; **8**,4,2)

oxyporum Sauce für die Verdauung, scharfe Sauce (1,32)

oxyzomum Scharfe Sauce bzw. Brühe (**Exc.** brev. cib.; **Exc.** 24)

oxyzomus mit scharfer Gewürzsauce (6,9,3)

palmula große Dattelart {*Phoenix dactylifera*} (7,13,1)

palumbus Ringeltaube (**6**,2; 4; **4**,4)

palus Pflock [mit dem die Haut von der Schwarte getrennt wird] (8,1,10)

panis Brot (**4**,1,1–3; **8**,6,1)

  panis Alexandrinus alexandrinisches Brot (4,1,3)

papaver Mohn, wahrscheinlich der wilde Schlafmohn {*Papaver setigerum*} (**Exc.** brev. pim. »papaber«)

paroptus schwach/nur an der Oberfläche gebraten (6,9,6)

Part⟨h⟩icus parthisch (**1**,30,1; **3**,13,1; **5**,3,7; **6**,9,2; **7**,1,1.3)

particula⟨ti⟩m concisus kleingeschnitten (8,7,14)

pasci gemästet werden (7,18,1)

Passenianus à la Passenius (8,8,7)

passum sehr süße Weinpräparation (passim)

pasticus gemästet (8,6,10)

pastinaca Pastinake {*Pastinaca sativa*}; möglicherweise war »pastinaca« aber ein Synonym für »carota« (3,21)

pastus gemästet (**8**,7,6)

patella Auflauf (vgl. **4**,2,17 ff.); Auflaufform, Backblech, Bräter (passim, **4**,2)
   patella aenea Bronzeschüssel, Backblech, ehernes Backblech, eine Art Auflaufform (**2**,1,5; **4**,2,15)
   patella tyrotarica Käse-Fisch-Auflauf (**4**,2,17)

patina Auflauf; Auflaufform, Backblech (passim; **4**,2,1–36)
   patina aenea ehernes Backblech, eherne Auflaufform (**4**,2,15)
   patina de piscibus Fischauflauf (**4**,2.29.31)
   patina urticarum Brennesselauflauf (**4**,2,36)

pavus = pavo Pfau (**2**,2,6)

peciolus = pediculus Stiel (**1**,20)

pectora Brustfleisch (**4**,2,14)

pelamis,-idis f. noch nicht einjähriger Thunfisch, vgl. Plin. nat. hist. 9,47; vielleicht auch Pelamide ? {*Sarda mediterranea*} (**9**,11; **10**,1,13)

pepo Wassermelone {*Cucumis melo*} (**3**,7)

perca Barsch {*Perca*} (**10**,1,14)

percoctus durch und durch gar (**8**,6,11)

percoquere garkochen (**4**,3,6; **8**,6,9; **8**,1; **Exc.** 22.24)

percutere durchstechen, durchlöchern (**4**,2,14.15)

perdix Rebhuhn (**6**,2; 3; **3**,1–3)

perdurare[?] durchbraten (**8**,7,1)

perelixare durchkochen (**7**,7,1)

perfricare gut zerreiben, zermahlen (**4**,2,5)

perfundere begießen, übergießen (passim)

permiscere durchmischen (**2**,5,3; **4**,5,1; **5**,1,1; **8**,7,5; **Exc.** 2)

perna Schinken, Hinterschinken (**7**,9; **9**,1.2; **8**,1,10)
   perna apruna Wildschweinschinken (**8**,1,10)

perpetuus lang [unbegrenzt] haltbar (**1**,2)

persiccatus sehr gut getrocknet (**7**,6,1)

persicum Pfirsich {*Amygdalis Persica*} (**1**,26; **4**,2,34)

pertangere benetzen, begießen (**8**,8,1)

perung⟨u⟩ere einfetten, mit Fett [oder Öl] bestreichen (passim)

petaso,-onis m. Vorderschinken (**5**,3,2; **4**,2; **7**,10)

petroselinum [auch: **petrosilenum**] Petersilie {*Petroselinum crispum*} (passim)

picare verpichen, mit Pech abdichten (**1**,7; 17)

Picentinus picentinisch [aus Vicenza] (**4**,1,2)

picitus mit Pech abgedichtet (**1**,12; 23)

pimentum Gewürz, Spezerei (**Exc.** brev. pim.)

pinguedo   Fett (2,4; 5,3; 6,5,6)

pinguis   dick, fett [auch von Datteln] (1,32; 3,18,3; 7,4,2; 8,1,5)

pinna   Feder (6,9,1b)

piper   Pfeffer (passim)

   piper album   weißer Pfeffer (1,27; 5,3,2)

   piper confractum   grob gemahlener Pfeffer (7,16,2)

   piper integrum   ganze Pfefferkörner (passim)

   piper nigrum   schwarzer Pfeffer {*Piper nigrum*} (1,27)

   piper tritum   gemahlener Pfeffer (passim)

piperare   pfeffern, mit Pfeffer würzen (6,9,4; 7,13,4)

piperatum   Pfeffersauce, Liquamen mit feingemahlenem Pfeffer (2,2,8; 3,14; 4,2,21; 7,10)

pirum   Birne (1,20; 4,2,35)

pisa sing. f.   Erbsen [kollektiv] {*Pisum sativum*} (5,3,2.5–9; 4,3–5)

   pisa integra elixa   ganz gekochte Erbsen (5,4,5)

   pisa lota   gewaschene Erbsen (5,4,6)

pisciculus   Fischchen, kleiner Fisch (4,2,30; 3,3)

piscis   Fisch (1, 3, 4, 9, 10 passim)

   piscis asellus   Dorsch[?], vgl. Plin. nat. hist. 9,58 (4,2,13)

   piscis scorpio   Stachelfisch[?] {*Cottus scorpio*}; vielleicht der Drachenkopf[?] {*Scorpaena ustulata*} (10,3,10; Exc. brev. cib.; Exc. 7)

pisum   Erbse {*Pisum sativum*} (4,4,2; 5,3,1.3.4; 4,2)

plassare = plasmare   bilden, formen (2,1,2.3)

platon,-onis m.   Damhirsch {*Cervus dama*} (8,2,2)

pluma   Feder, Gefieder (6,3,2; 7)

plusculum   nicht zu wenig (1,29,1.2; 7,6,12; 8,1,8; 9,1,3; 7)

polypodium   Tüpfelfarn, Engelsüß; als Gewürz dienten wohl die Wurzeln {*Anthemis polypodium*} (3,2,2.3)

polypus   Polyp {*Sepia octopodia*} (9,5)

pomum   Baumfrucht (4,2; Exc. brev. pim.)

pondo   Pfund = 327,5 g (1,1; Exc. 2; 23)

ponere   aufsetzen; herausnehmen = »deponere« (passim)

   ad ignem ponere   auf das Feuer setzen (5,4,4; 6,9,13; Exc. 19)

Pontica   türkische Haselnuß (6,5,2.3; 8,1,8)

porcellus   Ferkel, Spanferkel (2,2,6; 4,5,2; 5,4,6; 6,9,15; 8, Exc. passim)

porcellinus   vom Ferkel (4,3,3)

porcinus   vom Schwein (passim)

in porrectum iungere   ausgestreckt zusammenbinden (5,4,6)

porrus   Lauch, Lauchstange (passim)

porrus capitatus Lauch mit Knolle (4,3,1.3.5; 5,3,2.8)
porrus cum capillo suo Lauch mit den Blättern [?] (8,8,13)
posca eine Art Limonade: Wasser mit Weinessig (4,1,1.3)
praeceptum Rezept (1,3)
praecisura abgeschnittenes Teil (4,2,6)
praecludere von außen verschließen (8,7,1)
praecondire vorher würzen (8,8,12)
praecoquere angaren (8,8,1)
praecoquium Aprikose {*Prunus armeniaca*} (4,3,6; 5,4)
praedurare anbraten (2,2,1; 6,9,13; 7,4,2; 8,1; 8,7,2.4.9.10.14)
praemixtus vorher gemischt (4,2,21; 5,1)
primoticus gerade reif, noch nicht ganz reif [Aprikosen] (4,5,4)
pro modo je nach Menge (5,4,5)
produrare = praedurare [?] anbraten (8,7,11)
profundere begießen, darübergießen (2,1,6; 5,4; 4,1,1; 2,13; 5,1; 5,3,2)
proicere wegwerfen (4,2,6.11.25; 6,9,12)
proungere = perungere einfetten (4,5,1)
prunum Pflaume (passim)
  prunum Damascenum Damaszenerpflaume {*Prunus domestica*} (passim)
psittacus Papagei (6,6,1)
pugnus Handvoll (3,10,1)
puleium Poleiminze {*Menta pulegium*} (passim)
  puleium aridum getrocknete Poleiminze (passim)
pullina vom Huhn, Hühnerfleisch (**Exc.** 1,1; 2)
pullus Hühnchen, Hähnchen (passim)
  pullus iure coctus Suppenhuhn (4,2,13)
pulmentarium Beilage (3,2)
pulmones Lunge (4,3,7; 7,12; 12,2; 8,8,5)
pulpa Filet [von Fischen]; Fleisch [ohne Knochen] (passim)
  pulpa caesa Hackfleisch (6,9,15)
  pulpa concisa Hackfleisch (passim)
  pulpa quasi ad isicia liata vgl. 5,1,1 [liare]
pulpae Fleischstücke, Ragout (passim)
  pulpae piscium Fischfilets (4,2,14.17)
puls Brei (7,13,6)
pultarius Tontopf (3,15,2; 6,5,2; 7,14,3; 9,8,1)
pultes Brei (5,1; 1,1–4)
  pultes tractogalatae Milchteigbrei (5,1,3)
pulvis Pulver (1,5; 4,2,9; 8,4,2; 7,8)

pulvis piperis Pfefferstaub (4,2,9)
ad levissimum pulverem redigere zu sehr feinem Pulver machen (1,5; 8,4,2)
pungere hineinstechen (5,4,2; 7,7,1)
purgamentum Abfall (3,15,3)
purgare säubern, putzen (2,5,3; 4,2 passim; Exc. 16; 19)
purgatus gereinigt (passim)
purgatus e medio entkernt, ohne Kerngehäuse [Birnen] (4,2,35)
purgatus intro foras entkernt [Zitronatzitrone] (4,3,5)
purus rein (3,21,2; 7,18,2; 8,6,8)
pusillum ein ganz klein wenig (2,1,7; 4,2,25; 5,4; 8,7,7)
pyrethrum [auch: **piretrum**] Bertram {*Anthemis pyrethrum*} (passim)

quadratum Brett [viereckig] (6,9,2; 8,8,9)
quadratus in Form eines Quadrates/Vierecks, würfelförmig (5,3,2)
quagulum = coagulum Fettgewebe (8,6,11)
quantum competat soviel wie erforderlich (Exc. 1,2; 24)
quartarius als Maß = 0,1371 (2,2,3)
quoquere = coquere kochen (3,15,3; 4,2,21; 3,3)

radere die Kruste abmachen, entschuppen [Fische], putzen (passim)
radix Wurzel (passim)
rafanus = raphanus Rettich {*Raphanus sativus*} (3,14)
ramulus Zweig (1,19; 8,1,2)
ramulus lauri Lorbeerzweig (8,1,2)
ramus Zweig (4,2,21 »rutae«; 7,6,7 »satureiae«)
rapa,-ae f. Rübe (1,24,1.2; 3,13; 13,1.2; 6,2,3; Exc. 7)
raptus gerupft [Huhn] (4,2,13)
rapulatus mit Rüben [zubereitet] (Exc. brev. cib.; Exc. 7)
rasus geschält, ohne Kruste (3,6,1.2; 7,13,3)
recens frisch (1,4,1; 7; 8; 20; 2,2,1; 4,2,13; 8,7,16; 9,8,5)
recipere aufnehmen (8,7,7)
recludere wieder verschließen (4,5,3; 7,8,1)
de arbore redimere abernten, pflücken (1,28)
reexinanire schütten, ausleeren (4,2,15; 5,2,1; 6,2,1.3; 6,1; 9,12; 8,6,11)
refrigerare abkühlen [intr.], abkühlen [lassen] (4,2,4; 5,3,4; 6,9,8 »refrigeratum«)
refrigescere abkühlen [intr.] (4,2,36)
refundere füllen [auf] (4,2,14.28; 1.2; 5,4; 5,2,2; 5,1.2; 6,8; 9,1a; 7,4,1; 10; 10,1,1)

ren,-is m.   Niere (7,8)
replere   wieder füllen (2,5,4; 7,7,1; 8,6,11)
requietus   abgehangen [Lauchstangen] (3,2,1; 4,5,1)
restringuere   auswringen, abtropfen = restringere (4,2,4)
rosa   Rose {*Rosa gallica*} (1,4,1.2; 4,2,9)
rosatum   Rosenwein (1,4; 4,1.2)
rotula   Scheibchen [von Kürbissen] (6,2,5)
rubellio f.   Rotbart[?], eine Seebarbenart[?], vielleicht {*Triglia obscura* oder *Triglia lineata*} (10,1,5)
rus [= rhus, rhois n.] **Syriacum**   syrischer Sumach {*Rhus coriaria*} (10,2,4; 4,1.2)
rusticae   Feldkräuter (4,2,7)
ruta   Raute, Weinraute {*Ruta graveolens*} (passim)
   ruta viridis   grüne/frische Raute (passim)
   rutae baca   Rautenbeere (passim)
   rutae surculum   Rautenzweig (10,3,3)

sabanum   Leinentuch (6,8; 9,1b; 7,6,1; 8,7,6)
sabucus = sambucus   Holunder {*Sambucus nigra*} (4,2,8)
   semen de sabuco   Holunderfrüchte, -beeren (4,2,8)
sal,-is n. [auch: **salis**,-is m.]   Salz (passim)
sala   Sülze [n. pl. von sal] (4,1; 1,1–3)
   sala cattabia   Kachelsülze (4,1; 1,1–3)
sales m. pl.   Salz, Gewürzsalz (1,5; 27; 7,13,1; **Exc.** 29)
   sales ammonici   Ammoniumsalz, Pökelsalz[?] (1,27)
   sales conditi   Gewürzsalze (1,27)
   sales fricti et triti   zerriebenes Salz (1,5)
salire [?, orig.: salvas]   salzen (10,1,1)
salsare n.   eine Form [oder Schüssel] für Salzfisch (9,13,2)
salsus   gesalzen, salzig; Salzfisch (passim)
salvia   Salbei {*Salvia officinalis*} (**Exc.** brev. pim.)
samsucum   Majoran {*Maiorana hortensis*} (**Exc.** brev. pim.)
sapa   bis auf ⅓ eingekochter Most, vgl. Pallad. 11,18 (1,22)
sapidus   wohlschmeckend (6,5,6: »sapidior«)
sapor   Geschmack (1,13)
sarda   eingesalzener Thunfisch oder ein ähnlicher Fisch, Bonito (9,10; 10,1–5; **Exc.** brev. cib.; **Exc.** 12)
sartago   Kasserolle, Pfanne (7,4,5; 10,1,5; **Exc.** 3; 4)
satiare   tränken (7,4,1)
quod satis erit   genügend, in genügender Menge (4,2,12; 8,4,2. 7,4; 9,4,2)

satureia   Saturei, Bohnenkraut {*Satureia hortensis*} (passim)
scilla = squilla   Riesengarnele, Hummerkrabbe {*Penaeus kerathu-rus*} [franz. »crevette«, ital. »gambero«] (**Exc.** 17)
scindere   aufschneiden (8,7,14)
scobis sicca   trockene Sägespäne (1,25)
scorpio   Stachelfisch[?] {*Cottus scorpio*}, vielleicht auch der Dra-chenkopf {*Scorpaeana ustulata*} (10,3,10; **Exc. brev. cib.**; **Exc.** 7)
scripulus   Skrupel = 1,14 g (passim)
selibra   halbes Pfund = 164 g (5,1,1.4)
semen   Samen, Kern [einer Dattel] (passim)
  semen coriandri   Koriandersamen (passim)
semis   ½ (1,27; 4,2,9)
semuncia   ½ Unze = 13,63 g (1,34,1; 2,2,3; 8,6,5; 8,12)
separare   trennen, auseinanderschneiden (7,4,1; 8,1,10)
sepia   Tintenfischart {*Sepia officinalis*} (2,1,1; 5,3,3; 9,4,1–4)
serpyllum   Quendel, Feldthymian {*Thymus serpyllum*} (10,1,15)
servare   aufbewahren, erhalten (1,17–26 passim; 6,5,6)
sesamum   Sesam {*Sesamum orientale*} (6,6,2)
sextarius   0,55 l (passim)
sfondilus = spondylus   Lazarusklappe {*Spondylus gaederopus*} (2,1,6; 3,20; 20,1–7; 5,2,1)
sfongius = spongius   schwammig [ova sfongia   Omelett] (7,13,8)
sfungiare = spongiare   abtupfen, mit einem Schwamm abwischen (8,1,1)
siccare   abtrocknen, trocknen, trocknen [intr.] (passim)
siccatus   getrocknet (6,9,8; 8,7,5.6)
siccus   getrocknet, trocken (passim)
sicium = isicium   Gehacktes, Frikadelle (2,1,5)
sil,-is n.   Sesel {*Seseli annuum* oder *Seseli turtuosum*} (3,5; 5,5,1)
  sil montanum   Bergsesel {*Seseli montanum*} (3,5)
silfium   Laser, Laserpicium, vgl. »laser« {*Ferula tingitana* bzw. *Ferula asa foetida*} (passim)
silurus   Wels[?] {*Silurus glanis* oder *Parasilurus aristotelis*} (9,11)
simila   Weizenauszugsmehl (5,1,2; 7,13,6)
sinape(-i),-is n. [auch: **sinapis**,-is f.]   Senf, wahrscheinlich weißer Senf {*Sinapis alba*} (passim)
  sinape factum   fertiger Senf, Herstellung vgl. 1,9 (8,7,15; **Exc.** 25)
  sinapi viride   grüner Senf (4,2,7)
sisama [n. pl.?] = sesamum   Sesam (**Exc. brev. pim.**)
smaragdinum   smaragdgrün [Gemüse] (3,1)
solea   Scholle, Flunder oder Seezunge (4,2,28; **Exc.** 19: »solia«)

sorbendum als Suppe oder Eintopf, eigtl. »zum Schlürfen« (2,2,2.7)

sorbere sich vollsaugen [oder aufsaugen] (7,10; 12,1)

sorbum Speierling, Früchte: Arlesbeere {*Sorbus domestica*} (4,2,33)

Spanus [oleum Spanum] spanisch[es Öl] (1,5; 6,9,16)

sparsus bestreut (8,8,12; Exc. brev. cib.; Exc. 23)

spatula porcina Schweineschulter (4,3,4–7)

spica alei = spica alii Knoblauchzehe (9,13,3)

spica Indica Nardenspitze [oder ein ähnliches Gewürz ?] (1,30,2; 6,5,4; 9,8,2)

spica nardi Nardenspitze (Exc. brev. pim.)

spissare dick/steif/fest werden (5,1,1.4; 8,8,3)

spissus dick, steif (2,2,7; Exc. 24)

spissitudo die Steife (Exc. 7)

spongizare abtupfen (8,7,4)

sportella Körbchen, Körbchen zum Mitkochen, um das Zerfallen der Speisen zu verhindern (1,4,2; 6,9,11; 8,6,6; 7,3.4)

    sportella palmea Körbchen aus Palmbast (1,4,2)

stercus Kot, Mist (7,8,1; 8,6,6)

sterilis Gebärmutter einer Jungsau (7,1; 1,1–4)

stomachus Magen (9,13,3)

stringere dickflüssiger werden, eindicken, steif werden (4,2,31; 7,6,4; 8,8,13)

strutio,-onis f. Strauß {*Struthio camelus*} (6,1; 1,1.2)

subaperire aufmachen, öffnen (8,7,1)

subassare schwach grillen (passim)

subcultrare mit dem Messer kleinschneiden (4,2,15; 8,8,10)

subcultratus klein geschnitten (8,8,10)

substernere als Unterlage darunterlegen, in etwas verteilen 4,2,7.14.15; 5,1)

subtilis dünn (4,2,20; 5,3; 7,13,8)

subtritus fein gemahlen (2,3,1; 4; 5,3,7)

subtus supra direkt an der Unterseite (4,2,33; 2,36)

sucus Brei, Saft, dicker Brei [?] (passim)

    sucus asparagi Spargelbrei (4,2,5)

    sucus tisanae Gerstenbrei (5,5,1)

suere zunähen (2,2,2; 8,8,12)

sufflare in hineinblasen in (8,6,6)

suffundere begießen, dazugeben (passim)

sumen Euter, Schweineeuter (4,2,14.15; 7,2; 2,1.2)

sumere essen, verspeisen (**8**,6,10; 8,12; **9**,8,5)
summittere geben [in] (**3**,3; **5**,1,3; 7,7,1; **8**,6,6; 7,3.4)
super [adicere/aspargere/componere etc.] darauf-, darüberstreuen, -legen (passim)
superficies Oberseite (**4**,2,15)
superfundere darübergießen, übergießen (passim)
superinmittere dazugeben (**2**,1,4)
supermittere daraufgeben (**1**,1; **5**,2,3; 3,2)
superspargere darüberstreuen (**Exc.** 23)
superstillare darauftröpfeln, darüberträufeln (**4**,2,34; **8**,7,15; **9**,13,2.3)
surcellum Spießchen (**4**,2,8)
surclare = surculare auf Spießchen stecken, mit Spießchen zusammenstecken (**4**,5,3; 7,2,1; 4,1.2; 7,1; **8**,6,11; 8,9)
surculare zusammenspießen (**8**,7,5; 8,8)
surculus Stäbchen, Spießchen (**5**,4,6; 7,16,1.2; **8**,7,5; **10**,3,3)
  surculo alligare mit einem Spießchen zusammenstecken (**5**,4,6)
  surculo in(ad-)figere auf ein Stäbchen stecken (7,16,1.2)
surculum lauri viridis frischer Lorbeerzweig (**8**,7,5)
surculus rutae Rautenzweig (**10**,3,3)
suspendere aufhängen (1,18; 21; **2**,4; 4,1; 7,7,1; **8**,7,16; 8,7)
sutilis zusammengebunden (**1**,4,1)
sutus zugenäht (**8**,9)
syringiatus das noch an der Mutter saugt (**8**,6,6.7)

tabula Tisch[platte] (**2**,1,5; **4**,2,36)
tangere benetzen (6,9,1b; 8,7,8.9; 8,7.12)
tannus = tamnus Schmerwurz {*Tamnus communis*} (**4**,2,7)
Tarpeianus tarpeisch (**8**,6,9; 8,12)
tegula Tonziegel, Tontiegel (**8**,9)
temperare abschmecken (passim)
tener mild (**2**,2,6; **4**,3,2)
tenere dick/steif/zäh werden (**4**,2,27; **Exc.** 13)
tepescere heiß werden (6,9,14)
tepida lauwarmes Wasser (**1**,30,1)
Terentinus à la Terenz (**4**,2,13; 3,2; **8**,1,10; 7,1)
terere zerreiben, zerstoßen, zerstampfen (passim)
tessella Viereck, Würfelchen (**2**,1,5; 2,1; **4**,5,3; 7,9,1)
tessellatim concidere würfeln, in Würfel schneiden (**4**,3,4–7)
testiculi caprorum Hoden von Ziegenböcken (**4**,3,3)
thebaica Thebanische Dattel {*Phoenix dactylifera*} (**1**,3)

t[h]ermospodium Kohlebecken (4,2,4.8.9.33; 9,8,3)
thymum [auch: timum] Thymian {*Thymus vulgaris*} (passim)
thyrsus Stiel (7,15,6)
tinnus = thynnus Thunfisch {*Thunnus thynnus*} (9,11; 10,3,4.5)
tiropatina Käseauflauf [?] (7,13,7)
tisana = ptisana Gerstengrütze (4,4; 4,1.2; 5,5; 5,1.2)
tollere abschneiden, herausnehmen, vom Feuer nehmen (passim)
  de arbore tollere abernten, pflücken (1,28)
torpedo,-inis f. Zitterrochen {*Raia torpedo*} (9,2; 2,1.2)
tostus geröstet (6,5,2.3.5; 7,1,6; 6,10.11; 7,2; 13,4; 8,1,4.5; 2,6; 4,3; 9,14)
tracta Teig [aus Mehl und Wasser] zum Eindicken von Saucen (passim)
tractogalatus mit Milchteigbrei (5,1,3; 6,9,14)
tractomelinus ? [orig.: tracto mel in] mit Honigteig (8,7,5)
tractum = tracta Teig [aus Mehl und Wasser] (2,1,5; 4,3,6; 7,9,14; 8,7,5 ?)
trahere abreißen [den Kopf eines Kranichs] (6,2,2)
Traianus la Traian (8,7,16)
traicere hinübergeben (Exc. 14; 19; 21)
transferre hinübergeben [in eine Auflaufform] (4,2,6.19.30; 4,1; 5,5,1; Exc. 22)
tribulare schaumig schlagen (Exc. 1,1)
tritura Gewürzmischung [aus gemahlenen Gewürzen] (1,1; Exc. 1,1.2)
tritus gerieben, gemahlen, zerstampft (passim)
trulla Schöpflöffel (4,2,14.15; 5,1,1)
tuber,-is n. Trüffel {*Tuber cibarium*} (1,25; 31; 3,4,8; 7,16; 16,1–6)
tudiclare = tudiculare stampfen (5,2,2; 3,6)
tundere schneiden [?], zerstoßen (passim)
turdus Drossel; Krammetsvogel {*turdus pilaris*} (4,2,14; 5,3,2.8; 8,7,14; Exc. brev. cib.; Exc. 2; 29)
turio lauri Lorbeersproß (8,1,10)
tursio Braunfisch {*Delphinus Phocaena*} (4,2,18)
turtur f. Turteltaube (6,2; 3; 3,3; Exc. brev. cib.; Exc. 30)
tus Weihrauchharz {*Amyris serrata*} (2,3,2)
tyrsus = thyrsus Stengel, Strunk (4,2,3)

umerus Schulter (8,6,6)
umor Brühe, Feuchtigkeit, vgl. »humor« (6,9,16; 8,6,6; Exc. 7)

uncia [Abk.: unc]　Unze = 27,3 g (passim)
tres undas bullire　dreimal aufwallen, dreimal schäumend aufkochen (8,6,6)
ung[u]ella　Schweinshaxe (1,9; 4,5,2; 6,2,5; 7,1; 1,5)
unguere　bestreichen (**Exc.** 5)
urere　rösten (7,10)
uri　anbrennen [intr.] (5,1,3; 6,9,14; 7,4,2)
urtica　Nessel, Brennessel {*Urtica dioicia*} (3,17; 4,2,36)
　urtica marina　Qualle (4,2,12.13; 3,1)
utriculus　Fleisch aus dem Bauch, Bauchfleisch ? (8,7,3.4)
uva　Weintraube (passim)
　uva passa　Rosine (passim)

ad vaporem ignis　über das Feuer (nicht direkt in die Glut) (2,2,2.4)
ad vaporem imponere　in den Dampf hängen oder über den Herd in die heiße Luft hängen (4,2,12)
super vaporem ignis imponere　über das Feuer hängen (9,10,1)
vaporare　dämpfen (**Exc.** 1,2)
Varianus ?　à la Varius (6,9,12)
vas　Gefäß (passim)
vasculum　kleines Gefäß (1,12; 8,4,2; 9,10,2; **Exc.** 1,2)
vasum vitrium　Glasgefäß (1,22)
vatillum　Kohlebecken (7,10; 8,8,12)
venatio　Wild (8,2,2; 4,2)
venter　Bauch, Magen (passim)
　ad ventrem　für die Verdauung (3,2; 2,3.5)
ventriculum　gefüllter Magen [?] (7,7)
versare　stürzen, wenden (2,1,5; 4,2,15.20; 5,1; 6,9,14; 8,8,1)
versatilis　gestürzt, zum Stürzen (4,2,2.16; 5,1; 5,3,8)
vertere　stürzen (7,13,8)
vesica bubula　Rinderblase (8,7,1 [2x])
Vestinus　vestinisch [Käse] (4,1,2)
vinum　Wein (passim)
　vinum atrum　dunkler Rotwein (1,6)
　vinum candidum　Weißwein (1,6; 5,3,2)
　vinum coctum　ein-[?]gekochter Wein (4,2,27)
　vinum dulce　süßer Wein (4,5,1; 9,8,1)
　vinum myrteum　Myrtenwein, vgl. »rosatum et violacium« (1,4)
　vinum passum　Trockenbeerenauslese (**Exc.** 15)
viola　Veilchen {*Viola odorata*} (1,4,1)
violatium　Veilchenwein (1,4; 4,1)

viridia grünes Gemüse, frische Kräuter (passim)
  viridia minuta concisa kleingehackte frische Kräuter (4,4,2; 5,5,2)
viridis grün = frisch (passim)
virtus Aroma (**Exc. brev. pim.**)
Vitellianus à la Vitellus (**5**,3,5.9; **8**,7,7)
vitellina Kalbfleisch (**8**,5; 5,1)
vitellum [ovi] Eidotter, Eigelb (passim)
vitis Rebenholz (1,6)
vitulina Kalbfleisch (**8**,5,2–4)
vivus ganz frisch (6,4,4; 9,2.5; **Exc.** 25)
volvere wälzen [in einer Gewürzmischung] (**10**,1,4)
vulva Gebärmutter (7,1; 1,1–4.6)
  vulva sterilis Gebärmutter einer Jungsau (7,1; 1,1–4)
vulvula Gebärmutter, Wursthaut (2,3; 3,1)

zema Kessel (**8**,1,10; 6,6)
zingiber,-is n. = gingiber Ingwer {*Amomum Zingiber*} (2,2,7; 4,5,1; **Exc.** brev. pim.; 6)
zomoteganon Auflauf aus gesottenen Fischen (4,2,27)
zyniperum = iuniperum [?] Wacholderbeere (**Exc.** brev. pim.)

Literaturhinweise

Die Handschriften, Textausgaben und Übersetzungen

Apicius-Handschriften

V Vaticanus Urbinas lat. 1146, 9. Jh.
E New York Academy of Medicine 1 (früher Cheltenham bibl. Phillipps 275), 9. Jh.

Folgende sind aus V abgeschrieben:

P Paris lat. 8209
T Rom Vat. Urb. lat. 1145
L Florenz Laur. 73,20
S Florenz Laur. Strozz. 67
C Florenz Riccard. 141 (L III 29)
R Florenz Riccard. 662 (M I 26)
  Oxford Bodl. Canon. lat. 168
  Oxford Bodl. Add. B 110
  Cesena, bibl. munic. 167, 154
  Rom. Vat. lat. 6803
Politian.   Die Lesungen von Politianus finden sich in:
M München lat. 756 (1495 von Crinitus aufgeschrieben).

Textausgaben

Apitii Celii de re coquinaria libri decem, Bernardus Venetus, Venedig (ohne Jahr).
Appicius Culinarius, Guilermus Signerre, Mailand 1498.
Apicii Celii De Re Coquinaria libri decem, Iohannes de Cereto de Tridino alias Tacuinus, Venedig 1503.
Caelii Apicii, summi adulatricis midicinae artificis, De Re Culinaria libri X, recens e tenebris eruti, et a mendis vindicati, typisque summa diligentia excusi, Albanus Torinus, Basel 1541.
Caelii Apicii, summi adulatricis midicnae artificis, De Re Culinaria libri X, Albanus Torinus, Lyon 1541.
Hum.   *Apicii Caelii de opsoniis et condimentis sive arte coquinaria libri X*, (der Text ist wahrscheinlich nach einer alten Abschrift aus E gegeben), Gabriel Humelberg, Zürich 1542.

Apicii Coelii De Opsoniis et Condimentis, sive Arte Coquinaria, Libri Decem, Martin Lister, London 1705.

Apicii Coelii De Opsoniis et Condimentis, sive Arte Coquinaria, Libri Decem, Martin Lister, Amsterdam 1709.

Apitius Caelius delle Vivande e Condimenti ovvero dell'Arte de la Cucina, G. Baseggio, Venedig 1852.

Schuch *Apici Caeli De Re Coquinaria Libri Decem*, Chr. Theophil. Schuch, Heidelberg 1874.

Vollmer *Apicii Librorum X qui dicuntur De Re Coquinaria quae extant*, C. Giarratano, Fr. Vollmer, Leipzig 1922.

Marsili *Apicius: De Re Coquinaria*, A. Marsili, Pisa 1957.

Apicius: the Roman cookery book, B. Flower, E. Rosenbaum, London 1958.

André *Apicius »L'Art Culinaire« (De Re Coquinaria)*, J. André, Paris 1965.

Milham *Apicius: De Re Coquinaria*, M.E. Milham, Leipzig 1969.

Übersetzungen

Das Apicius-Kochbuch aus der altrömischen Kaiserzeit, R. Gollmer, Breslau 1909; 2. Aufl. Rostock 1928.

Altrömische Kochkunst in zehn Büchern, E. Danneil, Leipzig 1911.

Apicio, P. Buzzi, Mailand 1930; 2. Aufl. Mailand 1957.

Apicius, a Roman cookbook, A. L. Ebel, Chicago 1931.

Les dix livres de cuisine d'Apicius, B. Guégan, Paris 1933.

Apicius: Cookery and dining in imperial Rome, J. Vehling, Chicago 1936.

Marsili 1957 (siehe Textausgaben).

An der Tafel des Trimalchio, M. und G. Faltner, München 1959.

En gammal romersk Kokbok, M. von Heland, Stockholm 1963.

André 1965 (siehe Textausgaben).

De antieke keuken, W.A. Forbes, Bussum 1965.

Das Kochbuch der Römer, Rezepte aus Apicius (Auszüge), E. Alföldi-Rosenbaum, Zürich 1970.

Die Handschriften, Ausgaben und Übersetzungen der *Apici excerpta a Vinidario*

A Paris lat. 10318, 8. Jh.
   Von dieser ist die folgende von Nicolaus Heinsius abgeschrieben worden:
H Codex Leidensis Burm. Q 13, 17. Jh.

Textausgaben

Schuch 1874 (siehe Apicius-Textausgaben; Schuch hat die Rezepte aus den Exzerpten jedoch in die übrigen Rezepte eingeordnet).

Die Apicius-Exzerpte im Codex Salmasianus, M. Ihm, in: Archiv für lateinische Lexicographie und Grammatik 15 (1908), S. 63–73.

C. Giarratano, Fr. Vollmer 1922 (siehe Apicius-Textausgaben).

J. André 1965 (siehe Apicius-Textausgaben).

M. E. Milham 1969 (siehe Apicius-Textausgaben).

Übersetzungen

J. Vehling 1936 (siehe Apicius-Übersetzungen).

J. André 1965 (siehe Apicius-Textausgaben).

Ausgewählte Literatur zum apicianischen Kochbuch

H. O. Lenz: *Zoologie der alten Griechen und Römer*. Gotha 1856.

H. O. Lenz: *Botanik der alten Griechen und Römer*. Gotha 1859.

J. Marquardt, A. Mau: *Das Privatleben der Römer* (Teil 1). Leipzig 1886.

C. Giarratano: *I codici dei libri de re coquinaria di Celio*. Neapel 1912.

Fr. Vollmer: *Studien zu dem römischen Kochbuche von Apicius*. München 1920. (Sitzungsber. d. Bayr. Akad. d. Wissenschaften.)

E. Brandt: *Untersuchungen zum römischen Kochbuche*. In: Philologus Suppl. XIX, 3 (1927).

E. Saint-Denis: *Le vocabulaire des animaux marins en Latin Classique*. Paris 1947.

M.E. Milham: *A glossarial index to De Re Coquinaria of Apicius*. Madison 1952.

J. André: *Lexique des termes de botanique en Latin*. Paris 1956.

J. André: *L'alimentation et la cuisine Rome*. Paris 1961.

R. Riedl: *Fauna und Flora des Mittelmeeres*. Hamburg 1983.

Nachwort

Leben und Werk des Apicius

Über das Leben von Marcus Gavius Apicius[1], der wohl mit einiger Sicherheit als der ursprüngliche Verfasser eines großen Teils des uns überlieferten römischen Kochbuchs gelten kann, wie Brandt gezeigt hat[2], gibt es leider nicht allzu viele Nachrichten von seinen Zeitgenossen. Von Plinius wird er als »ad omne luxus ingenium natus«[3] – von Geburt zu jeder Art Prasserei befähigt – und, an anderer Stelle, mit noch rüderen Worten als »nepotum omnium altissimus gurges«[4] – der größte aller Verschwender und Prasser – tituliert. An einer weiteren Stelle berichtet Plinius[5] von einer der erfolgreichsten Ideen des Apicius, nämlich Schweine mit getrockneten Feigen zu mästen und ihnen kurz vor dem Schlachten Mulsum zum Trinken zu geben, um eine besonders wohlschmeckende Leber zu erhalten; die extra dafür geschöpfte Bezeichnung »ficatum« hat sich als »fegato« (ital.), »foie« (franz.), »higado« (span.), »figado« (port.) etc. für Leber in allen romanischen Sprachen gehalten, während das klassische »iecur« wahrscheinlich schon zu Anthimus' Zeiten[6] aus der Mode gekommen war. Das bei Anthimus auftauchende »ficatum«[7] bezeichnet sicher eine normale Leber. Die Idee, Tiere auf bestimmte Art und Weise zu mästen, um die Qualität ihres Fleisches zu erhöhen, findet sich bei Apicius häufiger, zum Beispiel im

1 Zum Namen vgl. Dio Cass. 57,19,5.
2 Brandt, »Untersuchungen zum römischen Kochbuch«, in: Philologus, Suppl. XIX, 3 (1927).
3 Plin. nat. hist. 9,66.
4 Plin. nat. hist. 10,133.
5 Plin. nat. hist. 8,209.
6 Anthimus: »De observatione ciborum«; es handelt sich um einen an Theoderich den Großen gerichteten Brief über die gesunde Ernährung (Anfang 6. Jh. n. Chr.).
7 Anthim. de obs. cib. 21.

7. Buch auch für Schnecken[8]. Plinius erzählt auch[9], daß Apicius Meerbarben, die in Garum geschlachtet wurden, als besondere Delikatesse hervorhob und aus ihrer Leber Allec zubereitete. Außerdem soll Apicius den Geschmack von Flamingozunge besonders gelobt[10], den in Mode gekommenen Brokkoli (Cyma) aber nicht geschätzt haben[11]. Wir dürfen aus diesen Notizen auf jeden Fall schließen, daß Apicius eine besondere Vorliebe für sehr teure und extravagante Zutaten hatte. Darüber hinaus hat er seine Kochkünste wohl nicht nur bei den zahlreichen von ihm veranstalteten Gastmählern unter Beweis gestellt, sondern auch gelehrt, und als Vertreter der neuen römischen »haute cuisine« – die ältere bäuerliche römische Küche finden wir zum Beispiel in Catos *De agricultura* – dürfte er einem großen Publikum bekannt gewesen sein. Einige Hinweise auf die damalige Küchenkultur gibt auch das berühmte *Satyricon* des Petronius, wobei in der *Cena Trimalchionis* die Völlerei allerdings über die Feinschmeckerei triumphiert. Solches lag jedoch sicher nicht in der Absicht des Apicius, der ja, wenn wir den Berichten glauben dürfen, bemüht war, sich besonders raffinierte Speisen und Zubereitungsarten auszudenken[12]. Die Gerichte, die wir in dem uns überlieferten Kochbuch finden, sind im Vergleich zu den Berichten des Plinius überwiegend sehr schlicht, jedenfalls was die Zubereitung angeht. Möglicherweise läßt sich daraus schließen, daß nur die etwas einfacheren Speisen aus dem ursprünglichen Werk des Apicius in das unsrige übernommen wurden. Auch von Seneca wird Apicius erwähnt, und zwar unter anderem in *De consolatione* (Trostschrift an die Mutter Helvia)[13], hier natürlich im Zusammenhang mit seinem verschwenderischen Lebensstil. Da wir dar-

---

8 Apic. 7,18.
9 Plin. nat. hist. 9,66.
10 Plin. nat. hist. 10,133.
11 Plin. nat. hist. 19,137; trotzdem finden wir bei Apicius ein Rezept dafür, vgl. Apic. 3,9,1.
12 Vgl. Seneca, *de vita beata* 11,4 und Plin. nat. hist. 8,209; 9,66; 10,133.
13 Sen. ad Helviam X,8+9.

aus interessante Informationen über die Vermögensverhält-
nisse von Apicius und über seinen spektakulären Selbstmord
erhalten, sei diese Stelle im Wortlaut wiedergegeben:

Libet dicere: »[...] Scilicet minus beate vivebat dictator
noster qui Samnitium legatos audiit cum vilissimum cibum
in foco ipse manu sua versaret, illa qua iam saepe hostem
percusserat laureamque in Capitolini Iovis gremio repo-
suerat, quam Apicius nostra memoria vixit, qui, in ea urbe,
ex qua aliquando philosophi velut corruptores iuventutis
abire iussi sunt, scientiam popinae professus, disciplina sua
saeculum infecit!« Cuius exitum nosse operae pretium est.
Cum sestertium millies in culinam coniecisset, cum tot
congiaria principum et ingens Capitolii vectigal singulis
comisationibus exsorpsisset, aere alieno oppressus, ratio-
nes suas tunc primum coactus inspexit; superfuturum sibi
sestertium centies computavit, et, velut in ultima fame vic-
turus si in sestertio centies vixisset, veneno vitam finivit.

Man möchte sagen: »[...] Natürlich lebte unser Diktator
weniger glücklich, der die Gesandten der Samniten anhör-
te, während er seine äußerst bescheidene Mahlzeit selbst
mit seiner Hand am Herd umrührte, mit der er schon oft
den Feind durchbohrt und den Lorbeer in den Schoß des
Kapitolinischen Iuppiter gelegt hatte, als Apicius in unserer
Zeit gelebt hat, der in der Stadt, aus der einst die Philosophen
als Verderber der Jugend fortzugehen den Befehl erhalten
haben, die Wissenschaft der Kochkunst zum Beruf gemacht
und unser Zeitalter mit seiner Lehre angesteckt hat!« Dessen
Ende zu kennen lohnt sich. Als er 100 Millionen Sesterzen für
die Küche aufgewandt hat, als er so viele Geschenke der
Kaiser und die ungeheure Steuer des Kapitols in einzelnen
Gelagen verpraßt hatte, da erst zog er, von Schulden ge-
drückt, notgedrungen Bilanz; er rechnete aus, daß ihm
10 Millionen Sesterzen übrigbleiben würden, und, als ob er
in ärgstem Hunger leben müßte, wenn er mit 10 Millionen
Sesterzen lebte, beendete er sein Leben mit Gift.

Die Geschichte des römischen Kochbuchs

Wer sich eingehender mit der Überlieferungsgeschichte und der Echtheitsfrage des Kochbuchs, das uns unter dem Namen des Apicius überliefert ist, beschäftigen will, sei zunächst auf die hervorragende Arbeit von Brandt[14] verwiesen. Brandt hat dieses Kochbuch nach formalen und stilistischen Kriterien untersucht und ist dabei zu dem Ergebnis gekommen, daß ein großer Teil, nämlich 300 von den 478 enthaltenen Rezepten, aller Wahrscheinlichkeit nach aus den zwei vermuteten ursprünglichen Werken des Apicius, einem allgemeinen Kochbuch und einem speziellen für Saucen[15], entnommen sind. Der Rest stammt zum Teil wohl aus einem verlorengegangenen Buch über die Landwirtschaft von Apuleius und diversen anderen Diätkochbüchern und landwirtschaftlichen Traktaten, die zum Teil in Griechisch verfaßt waren. Die ganze Form des Kochbuchs weist darauf hin, daß es bis zum Entstehen der uns überlieferten Fassung oft umgearbeitet, um neuere Rezepte erweitert und gekürzt worden ist und erst gegen Ende des 4. Jahrhunderts n. Chr. in der jetzigen Form vorlag[16]. Aufgrund der Berichte von Plinius und Seneca können wir davon ausgehen, daß die Lehren des Apicius im 1. Jahrhundert sehr populär und weit verbreitet waren. Leider fehlt uns aus dieser Zeit ein eindeutiger Hinweis auf die Existenz eines größeren Traktates von Apicius über seine

---

14 Vgl. Fußn. 2.

15 Vgl. Schol. Iuv. 4,23 : »Apicius auctor praecipiendarum cenarum, qui scripsit de iuscellis. fuit nam exemplum gulae.«

16 Ein einfaches Mittel, einen terminus post quem für die Entstehung der uns überlieferten Fassung festzustellen, bieten die nach Personen benannten Gerichte, wie Brandt gezeigt hat. Danach muß unser Kochbuch in seiner jetzigen Form nach dem Jahr 180 n. Chr., in dem Commodus römischer Kaiser wurde, entstanden sein (vgl. Apic. 5,4,4 »Concicla Commodiana«). Die Datierung mit Hilfe der »pultes Iulianae« (Apic. 5,1,1), die auf Didius Iulianus (193 n. Chr.) oder vielleicht sogar auf Iulianus Apostata (361–363 n. Chr.) hinweisen könnten, ist nicht sicher. Ebenso ist Varius Heliogabalus (röm. Kaiser in den Jahren 218–222 n. Chr.) als Namensgeber für »pullus Varianus« (Apic. 6,9,12; E und V geben »vardanus« an) nicht sicher.

Kochkunst[17], wir dürfen aber annehmen, daß Plinius seine Informationen nicht aus mündlichen Vorträgen von Apicius bezogen hat. Dagegen spricht schon die Tatsache, daß alle Nachrichten, die wir über Apicius haben, aus der Regierungszeit des Tiberius stammen und Plinius Apicius daher wahrscheinlich nicht mehr persönlich kennengelernt hat. Wir dürfen also vermuten, daß sich die Hinweise auf die Zubereitung von Meerbarben und Flamingozunge ebenfalls in der ursprünglichen Version des Kochbuchs befunden haben. Zwei Rezepte über die Zubereitung von Flamingo sind zum Beispiel im sechsten Buch enthalten[18], eines für eine Sauce für Meerbarbe finden wir im neunten[19]. Da das ursprüngliche Werk jedoch sicher nicht für die gewöhnliche bürgerliche Küche bestimmt war, wurden diese Rezepte, die nur mit erheblichem Aufwand – wenn überhaupt – realisierbar waren, von späteren Bearbeitern weggelassen, während andere, zum Beispiel über die Haltbarmachung von Fleisch und Obst, aus land- und hauswirtschaftlichen Handbüchern in das Apicianische Kochbuch übernommen worden sind. Eine solche Ausgabe hatte den Vorteil, allen etwas zu bieten, und war weniger auf einen Leserkreis zugeschnitten, der mit seinem Reichtum nichts besseres anzufangen verstand, als ihn in kostbare Delikatessen und andere Verlustierungen zu investieren. Demselben Argument haben auch die Diätrezepte, wie die Brühen zur Förderung der Verdauung, das Gewürzsalz und ähnliches, ihre Aufnahme in das Kochbuch zu verdanken, zumal man einer gesunden Ernährung in späterer Zeit, etwa wohl seit dem 3. Jahrhundert, zunehmend Aufmerksamkeit schenkte, wie schon der Brief von Anthimus an Theoderich den Großen *De observatione ciborum* beweist. Dafür, daß uns vom ursprünglichen Corpus des Apicianischen Kochbuchs einiges verlorengegangen ist, sprechen

---

17 Einen solchen Hinweis erhalten wir erst von Spartianus (Anfang 4. Jh. n. Chr.), Ael. 5,9.
18 Apic. 6,6,1+2.
19 Apic. 9,12.

auch die relativ seltenen Übereinstimmungen zwischen den als Kochbuch des Apicius überlieferten Rezepten und den Exzerpten des Vinidarius. Da aber tatsächlich fünf Rezepte aus den Exzerpten mit solchen aus dem Kochbuch quasi identisch sind und auch sonst eine weitgehende Übereinstimmung von Form und Inhalt beider Überlieferungen festzustellen ist, läßt sich der enge Zusammenhang zwischen den Exzerpten und der uns überlieferten Fassung des Kochbuchs von Apicius nicht leugnen.

Eine frühere Version des Apicianischen Kochbuchs war teilweise sogar mit Abbildungen ausgestattet, wie wir der kleinen Notiz am Ende des Rezepts für den »Auflauf à la Apicius«[20] entnehmen können. Wann diese Abbildung verlorenging, ist leider nicht bekannt, jedoch spricht einiges dafür, sie der Urversion zuzuordnen. Das Rezept selbst gehört nach Brandts Untersuchung zum ursprünglichen Corpus, und die Bemerkung, daß die dafür notwendige Auflaufform unten gezeigt ist, erscheint für ein kompliziertes Auflaufgericht wie dieses logisch. Demnach werden die Abbildungen in den späteren, einfacheren Ausgaben aus Gründen der Ökonomie weggelassen worden sein, während der Hinweis auf die Zeichnung versehentlich übernommen wurde.

Die Zutaten und Gewürze

Die meisten der von den Römern verwendeten Zutaten und Gewürze sind auch heute noch relativ leicht zu bekommen. Einige Mühe muß man jedoch auf die Herstellung der einzelnen Most- und Weinpräparationen sowie der als Liquamen oder Garum bezeichneten salzigen Fischsauce verwenden, wenn man einen zeitgemäßen Ersatz dieser Zutaten ablehnt. Im Kochbuch des Apicius lesen wir oft die Bezeichnungen Defritum, Caroenum und einige Male auch Sapa. Diese ste-

---

20 Apic. 4,2,14.

hen für eine Art Traubensirup, wobei man Most verschieden stark einkochte. Hier sind sich jedoch Plinius und Palladius über die Dauer des Einkochens nicht ganz einig. So soll der Most für Defritum (bei Plinius noch klassisch als »defrutum« bezeichnet) bei Palladius[21] so lange eingekocht werden, bis er zähflüssig wird, bei Plinius[22] jedoch nur auf die Hälfte, während Columella[23] angibt, daß er auf ein Drittel eingekocht werden soll, womit er näher an der Angabe des Palladius ist. Caroenum findet sich nur bei Palladius[24] und ist dort Most, der auf zwei Drittel eingekocht wurde, während mit Sapa sowohl bei Plinius als auch bei Palladius Most bezeichnet wird, der auf ein Drittel eingekocht ist. Für den modernen Gebrauch empfiehlt es sich, statt frischen Mostes, der nicht immer zu bekommen ist, gewöhnlichen Traubensaft – am besten roten – zu nehmen, den man etwas stärker einkocht, als es den Angaben von Palladius entspricht, also für Defritum etwa auf ein Sechstel, für Caroenum auf die Hälfte und für Sapa auf ein Viertel seines Volumens. Weiter ist eine bei Apicius recht oft verwendete Weinpräparation zu nennen, nämlich Passum, so genannt, weil es im wesentlichen aus getrockneten Weinbeeren, den »uvae passae« gemacht wurde. Die Herstellung von Passum wird von Plinius eingehend beschrieben[25]. Die Römer verwendeten dazu eine Rebsorte, die auf griechisch »psithia« hieß, von den Römern aber »apiana« (= Bienentraube) genannt wurde. Möglicherweise handelt es sich hierbei um unsere Muskatellertraube. Man läßt die Trauben wie für eine Trockenbeerauslese so lange am Weinstock, bis sie auf etwas mehr als die Hälfte ihres ursprünglichen Gewichts eingetrocknet sind. Dann werden sie in hervorragendem Wein eingeweicht, bis sie sich vollgesogen haben, und danach ausgepresst. Darüber, daß dieser

---

21 Palladius 11,18.
22 Plin. nat. hist. 14,80.
23 Columella 12,21.
24 Palladius 11,18.
25 Plin. nat. hist. 14,80 ff.

Saft noch vergären soll, schreibt Plinius nichts. Auch Palladius, von dem wir ebenfalls eine Beschreibung der Herstellung von Passum besitzen[26], sagt nur, daß man Trockenbeeren mit Ruten schlagen soll. Der dann beim Auspressen herausfließende Saft wird als Passum bezeichnet. Auch von Columella ist ein ausführliches Rezept zur Herstellung von Passum überliefert[27]. Er schreibt vor, die reifen Trauben auf Lattenrosten an der Sonne eintrocknen zu lassen, dann in ein Faß zu geben und Most dazuzugießen, bis sie sich vollgesogen haben. Nach sechs Tagen soll man sie in einen Filtersack geben und auspressen. Den Rückstand soll man wieder in Most geben, der ebenfalls von in der Sonne getrockneten Trauben stammt. Danach wird alles zusammen gekeltert, 20 Tage vergoren und schließlich in Gefäße gefüllt, die vergipst und mit Lederbandagen abgedichtet werden. Passum muß demnach ein sehr süßer Trockenbeerenmost gewesen sein, der aber nicht unbedingt vergoren ist. Jedenfalls war das Passum von der Süße her wohl mit Honig vergleichbar, denn Apicius schlägt es oft als Alternative dazu vor. Für heutige Verhältnisse erweist sich eine Mischung aus eingekochtem Traubensaft (etwa auf ein Viertel) und einem sehr süßen Wein, wie zum Beispiel dem griechischen Mavrodaphne, als brauchbarer Ersatz.

Auch das schon erwähnte, vielgerühmte Mulsum verdient hier eine nähere Erläuterung, obwohl es in unserem Kochbuch relativ selten als Zutat vorkommt. Es war jedoch bei den Römern als Aperitif vor dem Essen oder für den ersten Gang, die sogenannte »gustatio«, sehr beliebt. Es handelt sich hier um eine Art Honigwein, für den sich eine genauere Beschreibung der Herstellungsweise bei Columella findet[28]: man nehme dazu den Most, der schon bei leichtem Pressen der Trauben aus der Kelter fließt. Die Trauben selbst müssen an einem trockenen Tag gelesen sein, damit der Most nicht

26 Palladius 11,19.
27 Columella 12,39,1–4.
28 Columella 12,41.

durch das an den Trauben haftende Wasser verdünnt wird. Zu einem Krug (ca. 13 l) Most gebe man 10 Pfund (ca. 3,3 kg) Honig, rühre gut um, gebe es in eine Flasche, die man vergipst und so etwa 30 Tage lagert, fülle dann den Most in ein anderes Gefäß (wahrscheinlich ein Tongefäß) um und räuchere dieses. Bei Plinius finden wir ebenfalls einen kurzen Abschnitt über die Herstellung und die Qualitäten von Mulsum, allerdings mehr aus medizinischer Sicht[29]. Dort lesen wir, daß man Mulsum aus Gründen der Bekömmlichkeit besser aus altem und herbem Wein herstellt, auch mit abgekochtem Honig, da es so appetitanregend wirkt und keine Blähungen verursacht. Auch soll der Genuß von Mulsum laut Plinius zu einem hohen Alter führen, so habe Romilius Pollio, bereits über hundertjährig, von Augustus, bei dem er zu Gast war, nach den Gründen seiner körperlichen und geistigen Frische gefragt, mit den Worten »Intus mulso, foris oleo« (»Innen mit Mulsum, außen mit Öl«) geantwortet. Praktisch kann man Mulsum gut nachahmen, indem man Weißwein mit Honig in dem hier angegebenen Verhältnis mischt, also etwa ¼ kg Honig – es kann auch weniger sein – auf 1 l Wein. Der Honig löst sich übrigens besser auf, wenn man den Wein dazu etwas erwärmt, ohne ihn zu kochen. Das so hergestellte Mulsum schmeckt gut gekühlt am besten. Man darf dieses Mulsum übrigens nicht mit dem mittelalterlichen Met verwechseln, der ja aus Honig und Wasser mit Hopfen und Salbei hergestellt wurde[30]. Auch die Römer kannten bereits ein ähnliches Getränk, das als »aqua mulsa« oder »hydromeli« – also Honigwasser – bezeichnet wurde[31].
Eine weitere wichtige Rolle in der römischen Kochkunst spielte das als kostbarer Salzersatz verwendete Liquamen

---

29 Plin. nat. hist. 22,113.
30 Ein Rezept für Met finden wir z.B. in dem um 1350 in Würzburg entstandenen *buch von guter spise*. Auch Anthimus erwähnt den Met (lat. »medus«) neben Bier (Anthim. de obs. cib. 15).
31 Vgl. Plin. nat. hist. 22,110 und Apic. 4,2,23; 7,6,8; 7,12,1.

oder Garum, jedenfalls, wenn wir das aus der häufigen Verwendung bei Apicius schließen dürfen. Von Anthimus im 6. Jahrhundert als Gewürz strikt abgelehnt[32] spielt es bei Plinius noch die Rolle eines ausgesprochenen Luxusartikels, im Preis durchaus mit teurem Parfum vergleichbar, obwohl es, wie Plinius schreibt[33], aus Fischeingeweiden und sonst völlig unbrauchbaren kleinen Fischchen wie Makrelen und Sardellen hergestellt wurde. Eine etwas detailliertere Darstellung der Zubereitungsweise findet sich in den *Geoponica*[34]. Fischeingeweide, auch kleinere ganze Fische – zum Beispiel ein als »scomber« bezeichneter, wahrscheinlich makrelenähnlicher Fisch[35] – werden mit Salz und einigen Gewürzkräutern vermengt in großen Töpfen 2–3 Monate in der Sonne gegoren, ab und zu umgerührt und dann mehrmals durchgeseiht, bis man eine klare Flüssigkeit erhält. Zur Verfeinerung wurde bisweilen auch etwas Most zugesetzt. Der eigentliche Name dieser Gewürzsauce ist Garum von einem Fisch namens »garon«, aus dem es ursprünglich gemacht wurde, bei Apicius findet sich jedoch fast durchweg die mehr lateinische Bezeichnung Liquamen. Es ist wohl griechischer Herkunft, so wie ein großer Teil der römischen Küchenkultur – auch schon zur Zeit Catos – auf griechische Anfänge zurückgeht. Teilweise ist dieser Einfluß sogar heute noch in der süditalienischen Küche zu spüren. Von der Farbe des Garum sagt Plinius, daß sie der von altem Mulsum entspräche[36]. Wir dürfen uns also eine leicht gelbliche Flüssigkeit darunter vorstellen. Berühmt war unter anderem das Garum aus Pompeji, wie uns Plinius berichtet. Von diesem Garum finden sich in unserem Kochbuch auch einige Abwandlungen, die als Hydrogarum, Oenogarum und Oxygarum be-

32 Anthim. de obs. cib. 9.
33 Plin. nat. hist. 31,93.
34 Bei den *Geoponika* handelt es sich um eine von Konstantinos VII. in Auftrag gegebene Exzerptensammlung über die Landwirtschaft, Zoologie und Medizin aus dem 10. Jh.
35 Plin. nat. hist. 31,95.
36 Plin. nat. hist. 31,95.

zeichnet werden. Es handelt sich hier um Mischungen von Garum mit Wasser, Wein beziehungsweise Essig. Als Abfallprodukt der Herstellung von Garum genoß der beim Durchseihen der vergorenen Fischbrühe übrigbleibende Rückstand, der als Allec oder Allex bezeichnet wurde, noch eine gewisse Beliebtheit. Auch dieses ist schließlich zu einem Luxusartikel geworden, nachdem die Phantasie der Hersteller – genannt werden von Plinius[37] die »Foroiulienses«, also aus dem heutigen Fréjus bei Cannes – der Vielfalt der Zutaten und Zubereitungsarten und wohl besonders den Preisen keine Grenzen mehr gesetzt hat. Leider haben wir keine rechte Vorstellung davon, welchen Geschmack das Garum den so gewürzten Speisen verliehen haben mag. Am ehesten läßt er sich, wenn man die Gerichte aus dem Apicianischen Kochbuch möglichst originalgetreu nachkochen möchte, vielleicht rekonstruieren, wenn man statt des Liquamen Salz und ein wenig Sardellenpaste als Gewürz hinzufügt. Man sollte dann jedoch – eventuell auch, wenn man den leichten Beigeschmack nach Fisch vermeiden und gemäß dem Rat des Anthimus nur Salz verwenden möchte – zu Meersalz greifen, um so wenigstens einen Hauch von Seeluft im Kochtopf einzufangen. Ebenso kann man das Aroma der Originalrezepte am besten erreichen, wenn man stets Weinessig und Olivenöl benutzt.

Nun noch ein Wort zu den zahlreichen bei Apicius vorkommenden Gewürzkräutern. Die meisten dieser Gewürze sind auch heute noch getrocknet, viele auch frisch, in guten Gewürzhandlungen erhältlich. Falls ein Gewürz sehr schwer oder überhaupt nicht als solches zu bekommen ist, wie zum Beispiel Poleiminze oder Katzenminze, so kann man durchaus versuchen, es im Blumentopf oder im Garten selbst zu ziehen. Die Samen davon erhält man meist in guten Samengeschäften oder Gärtnereien. Gerade die Minzen kann man aber auch durch getrocknete Pfefferminze aus dem Teebeutel ersetzen. Schwierig wird das bei Gewürzen, die schon zu

37 Plin. nat. hist. 31,95.

damaliger Zeit importiert werden mußten, weil sie in Italien
entweder sehr selten waren oder überhaupt nicht wuchsen,
wie das relativ oft genannte Silphium oder Laser beziehungsweise Laserpicium, von dem Plinius schreibt, es sei schon zu
Neros Zeiten so selten gewesen, daß ein einziger Strunk in der
Provinz Cyrenaica in Libyen gefunden und diesem über-
bracht worden sei. Deshalb sei das echte Silphium auch
damals schon durch andere minderwertige Gewürzkräuter,
wie etwa das persische und armenische Laserpicium, ersetzt
worden[38]. Wir dürfen also davon ausgehen, daß auch der
reiche Römer zur Zeit des Apicius kaum in den Genuß dieses
Gewürzes gekommen ist. Welche Pflanze gemeint ist, ist
ebenfalls nicht ganz geklärt. Einige Philologen sind der
Ansicht, daß es sich bei dem Laser Parthicum um *Ferula asa
foetida* und bei dem Laser Cyrenaicum um *Ferula tingitana*
handeln könnte. Eine gute Beschreibung des Silphium gibt
Theophrast[39]. Lenz hat deshalb in seiner *Botanik der alten
Griechen und Römer* angenommen, daß es sich bei dem ech-
ten Silphium um *Thapsia silphium* handelt, einer in Nordafrika und besonders um Tripolis herum beheimateten
Staude. Möglicherweise wurde das echte »silphium« aber
schon in römischer Zeit ausgerottet. In solchen Fällen sollte
man diese Gewürze einfach weglassen. Meistens kommt man
ohne sie aus.

Ein ausführlicher Index der von Apicius verwendeten Zutaten, Gewürze und Instrumente findet sich im Anhang. Ich
habe versucht, soweit es möglich war, auch die botanischen
Namen der Pflanzen anzugeben. Hier ist jedoch eine gewisse
Vorsicht geboten, da gerade die Nutzpflanzen durch die vielen in der Zwischenzeit neu gezüchteten Varianten nur
schwer bestimmbar sind.

---

38 Plin. nat. hist. 19,38.
39 Theophr. hist. plant. 6,3,1. Es soll sich um eine Pflanze mit einem der Ferula
ähnlichen Strunk und einem dem Sellerie ähnlichen Blatt handeln. Die Wurzel habe eine schwarze Rinde, welche abgeschält wird, um aus ihr den (von
den Römern als Laser bezeichneten) Saft zu gewinnen.

Wie man sieht, fehlen im Kochbuch des Apicius fast gänzlich die Mengenangaben und Angaben über Kochzeiten, wie wir sie aus modernen Kochbüchern gewöhnt sind. Die besondere Bedeutung der Rezepte mit Maßangaben für die Überlieferungsgeschichte unseres Kochbuchs ist von Brandt genau untersucht worden. Es stellte sich dabei heraus, daß diese Rezepte mit hoher Wahrscheinlichkeit nicht dem originalen Werk von Apicius entstammen, sondern erst später hinzugefügt worden sind, und zwar sind sie wohl teils aus einer landwirtschaftlichen Schrift, teils aus einer griechischen Quelle mit Diätvorschriften übernommen worden. Allgemein läßt sich sagen, daß man mit den Maßen, besonders was die Gewürze anbelangt, je nach persönlichem Geschmack recht frei verfahren kann. Die von mir im Anhang für einige Gerichte vorgeschlagenen Mengenangaben sollen deshalb auch nur einen groben Anhaltspunkt bieten und sind ganz unverbindlich. Ohnehin wird man mit wachsender Übung hie und da kleine Änderungen vornehmen und mit dem Urtext etwas freier umgehen. Nach meiner Erfahrung erzielt man ein gutes Ergebnis, wenn man von allen Gewürzen dem Aroma entsprechend etwa gleiche Mengen nimmt, sofern keine Maße genannt sind, circa 1–2 Eßlöffel von jedem – abgesehen vom Ingwer, mit dem man sparsamer umgehen sollte – auf 1 kg Fleisch beziehungsweise 1 l Brühe, es sei denn, ein Gewürz ist besonders hervorgehoben, wie zum Beispiel bei »In elixam anethatum crudum« (»Ungekochte Dillsauce für gekochtes Fleisch«)[40]. In diesem Fall kann es ruhig etwas dominieren. Das Übrige tun die gelegentlichen, mehr oder weniger genauen Mengenangaben, wie »modice«, »multus«, seltener »cyathus« und »scripulus« und andere. Was die Kochzeiten anbelangt, so sollte man sich weitgehend nach den Angaben aus modernen Kochbüchern richten. Insgesamt läßt sich sagen, daß die Gerichte des Apicius das beste Aroma entfalten, wenn die Gewürze frisch sind und man die

40 Apic. 7,6,13.

Speisen, besonders das Geflügel, den Fisch und das Gemüse nicht zu lange kocht, da sonst der bei Apicius beliebte Kontrast zwischen den einzelnen Zutaten leicht verlorengeht und man einen relativ ungenießbaren Eintopf erhält.

Inhalt

Anhang

Römische Literatur

IN RECLAMS UNIVERSAL-BIBLIOTHEK

Geschichtsschreibung

Augustus, *Res gestae / Tatenbericht.* Lat./griech./dt. 88 S. UB 9773

Caesar, *De bello Gallico / Der Gallische Krieg.* Lat./dt. 648 S. UB 9960 – *Der Bürgerkrieg.* 216 S. UB 1090 – *Der Gallische Krieg.* 363 S. UB 1012

Eugippius: *Vita Sancti Severini / Das Leben des heiligen Severin.* Lat./dt. 157 S. UB 8285

Livius, *Ab urbe condita. Römische Geschichte. 1. Buch.* Lat./dt. 240 S. UB 2031 – *2. Buch.* Lat./dt. 237 S. UB 2032 – *3. Buch.* Lat./dt. 263 S. UB 2033 – *4. Buch.* Lat./dt. 235 S. UB 2034 – *5. Buch.* Lat./dt. 229 S. UB 2035 – *21. Buch.* Lat./dt. 232 S. UB 18011 – *22. Buch.* Lat./dt. 256 S. UB 18012 – *Römische Geschichte. Der Zweite Punische Krieg.* I. Teil. 21.–22. Buch. 165 S. UB 2109 – II. Teil. 23.–25. Buch. 160 S. UB 2111 – III. Teil. 26.–30. Buch. 240 S. UB 2113

Nepos, Cornelius, *De viris illustribus / Biographien berühmter Männer.* Lat./dt. 456 S. UB 995

Sallust, *Bellum Iugurthinum / Der Krieg mit Jugurtha.* Lat./dt. 222 S. UB 948 – *De coniuratione Catilinae / Die Verschwörung des Catilina.* Lat./dt. 119 S. UB 9428 – *Historiae / Zeitgeschichte.* Lat./dt. 88 S. UB 9796 – *Die Verschwörung des Catilina.* 79 S. UB 889 – *Zwei politische Briefe an Caesar.* Lat./dt. 95 S. UB 7436

Sueton, *Augustus.* Lat./dt. 200 S. UB 6693 – *Nero.* Lat./dt. 151 S. UB 6692 – *Vespasian, Titus, Domitian.* Lat./dt. 136 S. UB 6694 – *Caesar.* Lat./dt. 191 S. UB 6695

Tacitus, *Agricola.* Lat./dt. 150 S. UB 836 – *Annalen I–VI.* 320 S. UB 2457 – *Annalen XI–XVI.* 320 S. UB 2458 – *Germania.* 80 S. UB 726 – *Germania.* Lat./dt. 112 S. UB 9391 – *Historien.* Lat./dt. 816 S. 8 Abb. u. 6 Ktn. UB 2721

Velleius Paterculus, *Historia Romana / Römische Geschichte.* Lat./dt. 376 S. UB 8566

Philipp Reclam jun. Stuttgart

Römische Literatur

IN RECLAMS UNIVERSAL-BIBLIOTHEK

Vermischte Prosa (ohne Seneca)

Philipp Reclam jun. Stuttgart